Cet ouvrage a été réalisé, en collaboration avec la rédaction des
ÉDITIONS FRANCIS LEFEBVRE, par :

Barthélemy MERCADAL

Agrégé des facultés de droit
Professeur émérite du Conservatoire national des arts et métiers
Couronné par l'Académie des sciences morales et politiques
(Prix Charles Aubert, 2003)

Cet ouvrage a été réalisé, en collaboration avec la Rédaction des ÉDITIONS FRANCIS LEFEBVRE, par :

Barthélemy MERCADAL

Agrégé des facultés de droit
Professeur émérite du Conservatoire national des arts et métiers
Couronné par l'Académie des sciences Morales et politiques
Prix Charles Aubert 2003

ÉDITIONS FRANCIS LEFEBVRE
42, rue de Villiers – 92300 LEVALLOIS
ISSN 1159-8700
ISBN 978-2-36893-487-6

DOSSIER PRATIQUE

MODÈLE UNIVERSEL DE CONTRAT D'AFFAIRES

À jour au 1er novembre 2019

ÉDITIONS
FRANCIS LEFEBVRE

Avant-propos

Lorsque les parties à un contrat sont d'accord sur le contenu de celui-ci, elles n'ont pas à se préoccuper des règles de droit qui sont applicables à leur accord. Leur principal souci doit être de se prémunir contre le risque de devoir recourir à l'exécution forcée du contrat, surtout si celui-ci met en jeu des intérêts internationaux.

Les parties jouissent d'une entière liberté pour fixer les contours de leurs obligations et les modalités d'extinction du contrat. Elles n'ont qu'une seule contrainte : respecter l'ordre public du pays où l'exécution forcée sera éventuellement demandée. Si la relation d'affaires est transfrontalière, elles devront se conformer à l'ordre public international dont le niveau d'exigence est bien moins élevé que celui de l'ordre public interne.

La prise en compte de cet ordre public passe par les étapes qui suivent.

Il convient tout d'abord de déterminer l'étendue de l'ordre public applicable au contrat dans le pays où sont localisés les actifs saisissables du cocontractant dont la défaillance est redoutée.

Les parties ont alors le choix entre porter le litige éventuel devant une juridiction étatique ou devant un tribunal arbitral.

Si elles veulent être jugées par une juridiction d'un État, elles doivent convenir d'une clause attribuant compétence à la juridiction du pays où se trouvent les actifs saisissables. Le jugement vaudra titre exécutoire ouvrant droit à l'exécution forcée sur les actifs localisés dans le ressort de compétence de la juridiction saisie. Si des actifs saisissables sont localisés dans un autre pays, l'exequatur du jugement devra être demandé dans ce pays, l'exécution forcée pouvant alors être refusée si le contrat est contraire à l'ordre public international du juge de l'exequatur, lequel est indépendant de l'ordre public interne de ce juge.

Si les parties portent le litige devant un tribunal arbitral, la sentence sera un titre exécutoire valable aussi longtemps qu'un recours en annulation ne sera pas exercé contre elle. Pour se prémunir contre l'annulation et pour être sûres d'obtenir l'exequatur de la sentence, les parties doivent, d'abord, veiller à mettre leur contrat en conformité avec l'ordre public international du juge de la validité et, ensuite, s'assurer que la sentence est conforme à l'ordre public international du juge de l'exequatur.

C'est en ce sens que le Modèle peut être dit universel : si le contrat est conforme à l'ordre public international de validité comme à celui de l'exequatur, il sera valable partout. Le contrat que nous proposons est donc sans loi désignée mais pas sans droit. Bien entendu, ce schéma ne vaut que si les juges sollicités jugent conformément à la loi… Mais la situation est exactement la même si les parties ont choisi une loi qui les satisfait. Dès lors qu'elles devront passer les frontières, elles devront vaincre l'ordre public international de l'attribution du titre exécutoire et celui de l'autorisation d'exécution forcée.

Présentation du Modèle universel de contrat d'affaires

Partie 1

1 Les Éditions Francis Lefebvre, éditrices du présent modèle, précisent que, conformément à ce qui a été jugé (Cass. 1e civ. 4-5-1999 : JCP.1999.II.10205 note G. Paisant ; Cass. 1e civ. 15-6-1999 : Bull. Joly 1999.1073 note J.-J. Daigre), elles se bornent, en tant qu'éditeur d'un modèle de contrat, à le proposer et ne sont pas parties au contrat conclu entre les parties qui ont utilisé le Modèle.

SECTION I

Les raisons du Modèle

A Besoin juridique

5 La multiplication des échanges provoque une diversification croissante des règles susceptibles d'être appliquées aux contrats à travers lesquels se formalise la commune volonté des contractants, autrement dit couramment « les parties », pour devenir « la **loi des parties** ».

Cette loi est, de temps immémorial, identifiée comme celle que les parties ont choisie pour régir leurs relations contractuelles. À tel point qu'il est ancré dans le savoir juridique, du moins en France, qu'un contrat sans loi est inconcevable. Les parties se tiennent ainsi obligées de **désigner la loi applicable au contrat** qu'elles concluent. Une fois ce choix fait, ouvertement ou implicitement, souvent après d'âpres discussions, elles pensent avoir acquis la sécurité juridique de leur contrat.

6 En réalité, la tranquillité des parties ne sera effective qu'autant que toutes les parties seront disposées à **exécuter spontanément le contrat** conformément à leur convenance. Elle ne sera plus assurée dès lors que germeront entre les parties des désaccords portés par les unes ou les autres devant un juge. Chaque partie pressera alors ce dernier de reconnaître la justesse de ses prétentions. La partie vainqueur s'emparera du jugement valant titre exécutoire pour passer à l'**exécution forcée** dès que nécessaire.

7 À ce stade, la loi applicable choisie n'est pas toujours suffisante pour obtenir l'exécution recherchée. Encore faudra-t-il que le grain de sable de l'**ordre public** ne vienne pas se mettre en travers. Le risque peut se présenter à deux occasions.

La première occasion se niche dans la loi choisie si les investigations n'ont pas été suffisamment portées sur les règles d'ordre public qu'une partie, ou le juge d'office, pourrait soulever dans le cas d'espèce.

La seconde occasion se loge dans l'ordre public que le juge saisi de l'exécution du titre exécutoire fondant la demande d'exécution forcée estimera devoir appliquer et en déduire le refus de l'exequatur.

8 Il appert ainsi de la réalité juridique de l'exécution forcée que la **clé de la sécurité juridique d'un contrat** tient seulement dans le respect de l'ordre public du juge de la validité du contrat et, le cas échéant, dans le respect de l'ordre public du juge de l'exequatur.

Il est dès lors possible de concevoir le régime de tout contrat sur la base d'un Modèle de contrat que les parties pourraient utiliser en toutes circonstances sous la seule condition de le mettre en harmonie avec l'ordre public du lieu où risque d'être demandée son exécution forcée.

Cette conception n'est que la mise en œuvre de la loi fondamentale du régime contractuel tel que l'exprime, dans la législation française, l'article 1102, al. 2 du Code civil : « Chacun est libre de contracter ou de ne pas contracter, de choisir son cocontractant et de déterminer le contenu et la forme du contrat dans les limites fixées par la loi. La liberté contractuelle ne permet pas de déroger aux règles qui intéressent l'ordre public » et que renforce l'article 1162 dudit Code en ces termes :

« Le contrat ne peut pas déroger à l'ordre public ni par ses stipulations, ni par son but, que ce dernier ait été connu ou non par toutes les parties. »

B Besoin économique

9 Le Modèle de contrat présenté nos 100 s. peut être utile à la vie des affaires dans les **pays dans lesquels la législation contractuelle** est aussi **élaborée** que possible. Il avertit les opérateurs économiques et les rédacteurs de leurs contrats que la loi d'airain de l'ordre public commande l'efficacité du contrat (pour un exemple aux États-Unis du bouleversement des prévisions des parties par une application surprise de l'ordre public de la législation de l'État de Louisiane, voir CA du 5e Circuit de La Nouvelle Orléans 8-1-2018 : DMF 2019.153 commentaire Thomas).

10 Dans les **autres pays**, un tel Modèle de contrat peut répondre à divers besoins de la vie des affaires.

D'abord, il apporte un régime du contrat là où existe dans les faits un **vide juridique**, notamment en Afrique. En effet, « c'est principalement dans le droit des contrats que le droit traditionnel africain semble ne pas avoir les principes, les doctrines et les concepts adaptés au monde moderne » (Gluckman cité par S.A. Biadji, La stabilité du droit contractuel civil et commercial sénégalais - Une analyse à la lumière du droit français : Revue de droit comparé en Afrique 2017 vol. 2 p. 135 no 7). Au sein de ce continent, c'est dans la zone de l'Organisation pour l'harmonisation en Afrique du droit des affaires (Ohada) que le besoin d'un modèle de contrat est le plus aigu. En l'absence d'un acte uniforme sur le contrat, qui est attendu depuis longtemps (en ce sens, S.A. Badji, ouvrage précité p. 130 s., spécialement p. 153 ; K. Dogue, La confirmation d'une théorie générale des contrats commerciaux Ohada : Revue de l'Ersuma 2018-1 p. 223, spécialement p. 253 in fine et 254), le droit commun du contrat est propre à chaque État partie. Certains sont dotés d'un Code des obligations (Sénégal : Loi 1976-60 du 12-6-1976 portant Code des obligations civiles et commerciales ; Mali : Loi 1987-31 AN-RM du 29-6-1987 portant Code des obligations ; Guinée : Loi 004/APN/83 du 16-2-1983 portant Code civil guinéen ; Congo : Décret du 30-7-1888 intitulé « Des contrats ou des obligations en général »). D'autres n'ont pas adopté une législation spécifique, de sorte que, dans ces pays, c'est le droit en vigueur au jour de la proclamation de leur indépendance qui s'applique (B. Diambou, De l'application du droit étranger au Mali et par-delà dans les pays francophones de l'espace Ohada » : RDAA Juillet 2015, http://www.institut-idef.org/De-l-application-du-droit-etranger.html). Adopter le Modèle de contrat proposé permettrait de réduire la diversité et l'incertitude juridique des droits du contrat applicables dans la zone, ce qui correspond aux objectifs de l'Ohada. L'exigence est d'autant plus pressante que l'application des actes uniformes en vigueur passe par de nombreux emprunts au droit commun du contrat (sur un inventaire quasi exhaustif de ces règles, voir P.-E Audit, A. Ghozi et C. Grimaldi : Petites Affiches 2015 no 192 spécial, Le droit Ohada, bilans et perspectives, Esquisse d'un droit commun des contrats à partir des actes uniformes p. 49).

Ensuite, le Modèle de contrat peut aider à l'**unification du droit des contrats** pour favoriser le développement des échanges en simplifiant la conclusion des contrats et en augmentant leur sécurité juridique. Le rapport Attali sur « La Francophonie et la Francophilie, Moteurs de croissance durable », publié en août 2014, a d'ailleurs recommandé à l'Organisation de la Francophonie (OIF) à cet effet l'élaboration de contrats types. Selon ce rapport, l'offre d'un droit des contrats pour tous les acteurs économiques de la Francophonie qui échangent avec des partenaires de tradition juridique de common law, accroîtrait leur pouvoir de négociation car ils proposeraient eux-mêmes à ces derniers un contrat concret, et non une loi ou un équivalent abstrait. Il a d'ailleurs déjà été tenté en Afrique de pallier ce besoin, par exemple pour faciliter les échanges entre le Burkina-Faso et le Ghana, en coopérant à la formulation de normes contractuelles communes (M. Lamoureux, Introduction au droit ghanéen des contrats : Éd. Bruylant, 2004, p. 13-14) ; ce besoin est appelé à devenir plus pressant depuis l'annonce dans le journal Le Monde du 5 juillet 2019 de la naissance de la zone de libre-échange continentale africaine (Zlecaf), qui regroupe vingt-quatre États et qui mécaniquement doit entraîner une multiplication des échanges tant entre des États membres de même tradition juridique, soit civiliste, soit de common law, qu'entre des États de tradition juridique différente, les uns civilistes, les autres de common law.

Enfin, le Modèle de contrat offre **des normes contractuelles adaptables** à une pluralité de situations géographiques soumises à des législations différentes car la sécurité juridique de ces normes passerait simplement par la vérification de leur conformité avec l'ordre public du lieu de leur exécution forcée. De telles normes pourraient notamment servir le projet des « Nouvelles Routes de la Soie » qui passent par la conclusion de contrats avec des opérateurs d'une multitude de pays.

SECTION II
Concept du Modèle

11 Pour répondre aux besoins évoqués n°s 5 s. et à l'appel du rapport Attali (nº 10), les Éditions Francis Lefebvre, partant d'une idée soumise par l'Institut du droit d'expression et d'inspiration françaises (Idef), proposent un Modèle de contrat offert à la libre adhésion et à la négociation des parties pour l'adapter aux utilités qu'elles recherchent. Il est dénommé : « Modèle Universel de Contrat d'affaires – Droit commun à tout contrat » et nommé dans les développements qui suivent « Modèle ».

12 Le Modèle proposé est rédigé sous la forme d'un contrat qui définit lui-même les règles qui lui sont applicables. La **liberté contractuelle des parties** est bornée par une seule **limite** qu'elles doivent prendre en considération pour assurer l'exécution forcée du contrat, à savoir l'**ordre public du juge saisi** :
- soit d'une demande de validation du contrat en vue de la délivrance d'un titre exécutoire dans l'ordre juridique de ce juge, qui a alors le pouvoir d'accorder directement la force publique pour mettre en œuvre l'exécution forcée de sa décision ;
- soit d'une demande d'exequatur d'un jugement rendu par une juridiction étrangère ou d'une sentence rendue par un tribunal arbitral.

Seul l'ordre public de l'un ou l'autre de ces juges s'impose aux parties, puisque :
- par définition, tout ce qui n'est pas d'ordre public est supplétif et donc à la libre disposition des parties (F. Terré, Introduction générale au droit : Précis Dalloz 2e éd. 1994 nº 425 p. 369) ;
- toute décision d'une juridiction étrangère ou d'un tribunal arbitral ne peut obtenir l'exécution forcée dans l'ordre juridique du juge saisi à cet effet que si elle n'est pas contraire à l'ordre public que ce juge a mission de faire respecter dans l'espèce qui lui est soumise, cet ordre public étant, généralement, l'ordre public international de ce juge (n°s 17 s.).

Le respect de l'ordre public est exigé tout autant dans les législations de droit civil (dit « civil law » par les juristes de common law) qu'en common law.

Dans les législations de droit civil, la règle est suivie notamment par le juge français qui, en tant que juge de la validité du contrat, doit vérifier la conformité de la solution qu'il applique à la conception française de l'ordre public international, même si le droit étranger est comparable au droit français (Cass. com. 16-4-1991 nº 89-19.258 : Bull. civ. IV nº 147 : censure de l'arrêt qui s'est fondé sur l'absence de différence, en l'espèce, entre le droit belge et le droit français des transports, sans rechercher si les règles de droit belge, applicables au contrat litigieux, étaient conformes à l'ordre public international français) et qui, en tant que juge de l'exequatur, doit se livrer à une appréciation autonome de cette conception car « il n'est lié, dans cet examen, ni par les appréciations portées par le tribunal arbitral, ni par la loi de fond choisie par les parties » (CA Paris 27-9-2016 nº 15/12614 : Rev. arb. 2016.som.954). Inversement, il n'a pas à rechercher d'office la loi applicable si le litige ne met pas en cause l'ordre public français (Cass. 1e civ. 9-3-1983 nº 82-10.654 : JCP G 1984.II.20295 note Courbe ; Cass. 1e civ. 4-12-1990 nº 89-14.285 : Clunet 1991.371 note Bureau ; Cass. 1e civ. 10-12-1991 nº 90-11.520 : Bull. civ. I nº 346). Cette règle est aussi suivie par d'autres juges, par exemple celui de Dubaï selon lequel la sentence dont l'exequatur est demandé ne doit pas être contraire à l'ordre public de l'État devant les tribunaux duquel cette demande est présentée, peu important que cette sentence soit réputée valable et susceptible d'exécution dans un autre État dont elle ne violerait pas les règles d'ordre public (C. cass. Dubaï 9-11-2008 : Rev. arb. 2010.370), étant noté que les juridictions étatiques des Émirats

Arabes Unis statuent sur les bases du droit civil, contrairement à la juridiction privée du Centre Financier International de Dubaï (Dubaï International Finance Centre - « DIFC »), qui statue sur la base du régime défini par le Centre qui est d'inspiration « common law ».

En common law, la règle fondamentale veut que lorsqu'un contrat, qui comporte un ou plusieurs aspects internationaux, contrevient à l'ordre public du pays dans lequel l'exécution forcée est demandée, cet ordre public a préséance sur toute autre législation étrangère qui pourrait s'appliquer et le pays dans lequel l'exécution forcée est demandée conserve le pouvoir d'annuler le contrat (Ghana High Court Kessie v. Charmant [1973] 2 G.L.R. 194 : « Where the action is in contract and there is a foreign element involved, the rule as to public policy still applies over and above other systems of foreign law that may be applicable if the contract infringes the distinctive public policy of our law... [notamment] in the case of a public officer who uses his official position to procure a business advantage for another in return for a private reward. Such an act is injurious to the public interest and tends to undermine the high standards which one is entitled to expect of public officials in a responsible position of authority or influence »).

La prégnance de la supériorité de l'ordre public est si réelle qu'une décision du Kenya s'y réfère à la fois en français et en anglais : « matter of ordre public international and public policy » (Republic of Kenya High Court Commercial and Admiralty Division 5-10-2018, Kenya Airports Authority v. World Duty Free Company Ltd T/A).

– à quoi servirait-il d'avoir un contrat en tout point conforme à une loi applicable s'il ne pouvait pas être exécuté au lieu où il doit produire son effet ?

Les parties doivent se soucier elles-mêmes de l'exécution forcée de la décision attendue car elles ne sauraient compter, notamment, sur les tribunaux arbitraux. Certains d'entre eux n'hésitent pas à souligner que leur mission est de juger le différend qui leur est soumis « indépendamment des éventuelles difficultés d'exécution rencontrées ensuite par les parties à la procédure », ce qui provoque l'étonnement de B. Rémy (JDI 2019.289) qui écrit : « La question est pourtant d'importance puisque la crédibilité, l'utilité et la légitimité des tribunaux arbitraux seraient nécessairement affectées par l'impossibilité pour les investisseurs de faire exécuter leur sentence ».

13 **En pratique,** avant de rédiger leur contrat, les utilisateurs du Modèle doivent chercher à parer au risque, couru par toute partie à un contrat, d'avoir à procéder à l'exécution forcée du contrat. À cet effet, ils doivent :

– déterminer où sont localisés les actifs de la partie débitrice susceptibles d'être l'objet d'une procédure d'exécution forcée, en pratique d'une saisie ; selon Maître Baumgartner, avocat international, interrogé dans un colloque sur la loi applicable, c'est « la toute première question à se poser (...). Cette question est en effet primordiale pour le cas où le créancier devrait poursuivre l'exécution forcée du contrat. On va alors choisir la loi du lieu de ses actifs pour pouvoir choisir le juge du même lieu et être ainsi en mesure de poursuivre aussi facilement que possible l'exécution forcée du contrat si cela s'avérait nécessaire » (F. Baumgartner, Faut-il avoir confiance dans la réforme : RDC 2015.668 ; cf. Cour suprême des Pays-Bas (Hoge Raad) 17-4-2015 : DMF 2018.641 obs. P.-A. Mbaye Seck, le juge relevant que la partie condamnée par la sentence dont l'exequatur lui est demandé a des actifs sur le territoire néerlandais) ;

– déterminer l'ordre public que le juge saisi de la demande d'exécution forcée est susceptible d'opposer pour rejeter la demande.

SECTION III
Analyse du Modèle

A Caractéristiques du Modèle

Modèle conventionnel

14 Le Modèle n'est pas imposé ; il est choisi par une manifestation expresse de **volonté des parties**. Il dépend absolument et intégralement de la volonté des parties qui sont libres de l'adopter

ou non, de supprimer les articles qui ne leur conviennent pas, de modifier ceux qu'elles entendent conserver. En un mot, les articles du Modèle ne sont que des propositions ou des suggestions.
Mais le Modèle ne s'applique que s'il est en conformité avec l'ordre public de l'État où le contrat doit être exécuté, le dernier mot revenant au juge de cet État qui peut invalider le contrat ou refuser l'exécution d'un contrat qui a été reconnu valide soit par une décision de justice étrangère, soit par une sentence arbitrale.

Modèle d'un contrat conclu par négociation

15 Le Modèle proposé suppose une négociation entre les parties. Il n'est donc pas conçu pour l'hypothèse où la rencontre de la volonté des parties est fondée sur la rencontre d'une offre suivie d'une acceptation. Il peut néanmoins être utilisé comme source d'inspiration des conditions générales des contrats qu'une partie conclut.

Modèle concret et juste

16 Le Modèle cherche à répondre à la demande la plus affirmée des contractants, à savoir que l'exécution du contrat soit autant que possible conforme aux volontés qu'ils ont exprimées. Les **standards**, tels que « excessif », « imprévisible », « manifeste », « grave », etc., **dont le sens dépend des appréciations souveraines du juge**, sont évités chaque fois qu'une formulation concrète, notamment chiffrée, a paru proposable. Les juges n'hésitent pas d'ailleurs à fonder leurs appréciations sur un critère chiffré ; ainsi, un contrat de franchise a été annulé pour manquement du franchiseur à son obligation précontractuelle d'information, le franchisé ayant prouvé que son chiffre d'affaires avait été de 40 % inférieur aux prévisions du franchiseur (CA Montpellier 21-10-2014 n° 13/03206 : JCP G 2015 n° 7-198), tandis qu'un autre contrat de franchise a été validé, le franchisé en liquidation judiciaire se plaignant seulement d'un écart de 7, 5 % (CA Montpellier 21-10-2014 n° 13/03207 : JCP G 2015 n° 7-198).
Si les parties recourent aux standards précités, elles doivent savoir qu'elles acceptent alors, soit le pouvoir d'appréciation de l'arbitre qui, au regard du droit français par exemple, ne peut pas être remis en cause car il n'est pas un élément de l'ordre public interne et international français, soit le pouvoir d'appréciation du juge qui ne peut être remis en cause que dans les cas où la dénaturation du sens retenu est un élément de l'ordre public interne (Cass. civ. 17-11-1976 : Rev. arb. 1977.281 notes Robert ; Cass. 1re civ. 11-12-1979 : Bull. civ. I p. 255 ; Cass. 2e civ. 28-4-1980 n° 78-12.519 : Bull. civ. II n° 88 ; CA Paris 21-3-2002 : Rev. arb. 2002.773) et international (Cass. 1e civ. 20-12-1993 : Bull. civ. I p. 259).

17 Le droit du contrat et des obligations devrait perdre, au moins dans une certaine mesure, son caractère abstrait dénoncé par certains juristes, en particulier africains (S.A. Biadji, La stabilité du droit contractuel civil et commercial sénégalais – Une analyse à la lumière du droit français : Revue de droit comparé en Afrique 2017 vol. 2 p. 134 n° 5), car les **articles** proposés sont **malléables** au gré des parties sous la seule réserve, il est rappelé, de l'ordre public du juge saisi. Le Modèle donne donc à ceux qui y adhèrent le moyen de faire un contrat à leurs mains, avec le minimum de contrainte. Cela évitera que leur soit appliqué par des juges ou des arbitres un droit qu'ils n'ont pas choisi (pour un exemple, voir Sentence CCI n° 17106 en 2013 : JDI 2018.192, spécialement p. 200 et 205).

18 Cette faculté de modifier les articles proposés offre ainsi l'occasion de réaffirmer que « contractuel [peut dire] juste » puisque le contrat sera l'œuvre des parties, sauf si l'ordre public en empêche l'exécution forcée au motif que le **contrat** est **contraire à un intérêt général ou à un intérêt privé digne de protection** au lieu où son exécution forcée est demandée. Faire de l'ordre public de ce lieu le critère déterminant de la force obligatoire du contrat permet d'imposer la conception de l'utile et du juste qu'a le juge du for saisi. Certes, si aucune des parties ne recourt à la justice, la clause injuste survivra. Mais il en est ainsi dans tous les cas dès lors que la partie victime de la clause injuste se refuse à affronter le coût pécuniaire et psychique du procès.

19 Le Modèle colle en outre au **particularisme des diverses situations contractuelles** et fait ainsi écho aux juristes des grandes entreprises qui proclament : « Legal is glocal ! (global + local) » (O. Chaduteau : Juristes d'entreprise magazine, oct.-nov.-déc. 2016 n° 27 p. 13).

Modèle fondé sur les principes de droit et la jurisprudence

20 Les articles du Modèle sont tirés, d'une part, des **principes quasi universels** du droit contractuel et, d'autre part, des solutions données aux divers incidents d'exécution des contrats que révèle le contentieux les affectant, principalement celles émanant de la **jurisprudence** française mais aussi de diverses jurisprudences étrangères, notamment de common law. Les parties peuvent ainsi trouver dans les articles du Contrat la source de précisions qui ne sont pas dans les textes de loi. Le vécu est toujours plus riche que l'imaginaire. Selon la formule bien connue, « la réalité dépasse la fiction ».

21 Les **articles** du Modèle peuvent donc suivre l'évolution du contentieux, ce qui permet une **mise à jour en continu**. Le Modèle est adaptable sur l'instant à toute nouveauté. Il suffit d'infléchir un article, de substituer un nouvel article à un autre ou d'en créer un nouveau. Il est aussi révisable par les parties qui peuvent corriger les imperfections qu'il peut comporter.

Modèle conforme à une tradition juridique éprouvée

22 Le Modèle est de culture juridique civiliste, donc conforme à la tradition juridique de **droit écrit** qui est fondamentalement inspirée du droit romain. Il repose ainsi sur un fondement juridique ancestral et rejoint le droit qui couvre géographiquement les deux-tiers des ordres juridiques du monde (B. Mercadal, De la culture juridique civiliste Mélanges Bruno Oppetit, 2009).

Il ne bouleverse pas cette culture juridique afin d'éviter aux innombrables juristes qui la pratiquent de se sentir dépaysés. Il conserve ainsi la terminologie traditionnelle du droit civiliste du contrat en usant par exemple des notions d'« objet » et de « cause ». En effet, l'exemple de la réforme française du droit des contrats issue de l'ordonnance 2016-131 du 10 février 2016 qui a supprimé cette terminologie s'avère davantage source de complications que de simplifications. Sans les nommer, l'ordonnance a dû d'ailleurs rétablir les fonctions de ces deux concepts (B. Mercadal, Mémento Droit commercial 2019, Éd. Francis Lefebvre, n°s 12400 s.).

Modèle préservant les intérêts étatiques

23 Le Modèle permet de respecter la souveraineté juridique des États et de préserver les intérêts que ces derniers jugent eux-mêmes vitaux. Comme le relève M. Audit (note sous CA Paris 16-1-2018 : D. 2018.1635), par le biais de l'ordre public « l'intérêt étatique reprend pied dans l'arbitrage commercial international » et plus largement, ajouterons-nous, en matière contractuelle.

Il en résulte deux conséquences qui ont valeur de loi d'airain tant que le contrat d'affaires ne sera pas régi par une loi universelle applicable par une juridiction qui délivrera des titres exécutoires de portée universelle :

– un **contrat dit « sans loi »** ne peut être ramené à exécution que s'il est conforme à l'ordre juridique de l'État dont la force publique est sollicitée.

Cette solution, qui dispense de placer le contrat sous une loi désignée, est connue sous le nom de « contrat sans loi ». Elle a été soutenue dès 1974 (B. Mercadal, Les contrats de coopération interentreprises : Éd. F. Lefebvre n° 67) et à nouveau défendue en 1977 (DPCI 1977.457), puis en 1978 (DPCI 1978.576) à la suite d'une réplique critique de Paul Lagarde (Rev. crit. 1978.247). Elle est aujourd'hui appliquée, sinon spontanément acceptée (cf. Heuzé, La réglementation française des contrats internationaux p. 122 s.). Les témoignages en sont abondants.

a. La **législation française** (CPC art. 1511), et aussi par exemple celle de l'**Ohada** (Règlement d'arbitrage de la CCJA, art. 17 ; Acte uniforme relatif à l'arbitrage, art. 15), n'impose pas la recherche du droit applicable et recommande aux arbitres de trancher le litige conformément aux « règles de droit » que les parties ont choisies et, à défaut, conformément à celles qu'ils estiment appropriées.

b. Les **juges** n'hésitent pas à résoudre les litiges nés des contrats internationaux sans rechercher le droit applicable aux contrats en cause, ce que montrent les décisions suivantes :

– Cass. civ. 5-12-1910 : S. 1911.1.129 note Lyon-Caen : refus de sanctionner la cour d'appel pour avoir estimé que les parties « n'entendaient se soumettre à la loi américaine que pour tout ce qui n'aurait pas été expressément prévu par la charte-partie » (dans le même sens, à propos de la loi française, CA Rouen 17-12-1987 : DMF 1989.440) ;

– Cass. soc. 25-5-1977 : Bull. civ. V p. 267 : approbation de la cour d'appel qui a directement fait application de l'ordre public international français ;
– Cass. civ. 6-6-1978 : Clunet 1978.907 note Oppetit : application, sans s'interroger sur la loi applicable, du droit des parties à renoncer à la clause d'arbitrage, ce qui revient à tenir, sans le dire, ce droit comme d'ordre public international français ;
– CA Paris 4-2-1958 : JCP G 1958.II.10612 note Francescakis : exequatur d'un jugement étranger qui n'a pas été rendu selon la loi française désignée comme compétente par la règle française de conflit de lois dès lors que l'ordre public n'était pas méconnu ;
– CA Paris 16-3-1960 : Clunet 1960.1060 : inutilité de la recherche du droit applicable dès lors que l'ordre public international français devait être appliqué (dans le même sens : CA Metz 5-1-1977 : Rev. soc. 1977.488 ; CA Aix 27-2-1980 : GP 1980.783 note Rodière ; CA Aix 16-9-1983 : Bull. cour d'Aix 1983/3 p. 4 ; CA Paris 17-12-1991 : Rev. arb. 1993.281 note Synvet) ;
– CA Paris 24-1-1991 et TGI Paris 19-9-1991 : D. 1992.43 note Jarrosson : affirmation qu'il n'y a pas lieu de préciser le droit étatique sur le fondement duquel la décision est rendue dès lors que le contrat est conforme aux principes généraux qui régissent la matière, c'est-à-dire pratiquement à l'ordre public international français.

c. Les **arbitres** ont pour attitude fréquente de ne pas rechercher le droit applicable (Sentences CCI : n° 2583 en 1976, Clunet 1977.950 ; n° 1434 en 1975, Clunet 1976.978 ; n° 1990 en 1972, Clunet 1974.897 ; n° 2375 en 1975, Clunet 1976.973 ; n° 7205 en 1993, Clunet 1995.1031 obs. Derains ; Sentence CCI n° 12603 en 2004 : GP 2008.som. 2 juillet obs. Jolivet ; dans le même sens, les décisions du Tribunal des différends irano-américains citées au Clunet 1985 p. 847 notes 299 et 300). En particulier, est à relever la sentence CCI n° 17803 en 2012 (JDI 2018.184 obs. P. Cavalieros) qui a validé un contrat soustrait à toute loi et aux Principes d'Unidroit dès lors qu'il y était précisé que ce contrat « will be of a commercial nature and will be governed by its own clauses, or in its defect or interprétation, by the international uses for distribution agreements ».

Dans les arbitrages relatifs aux affrètements maritimes, il a été estimé que 5 % des sentences recherchent le droit applicable, les autres tenant la charte-partie pour loi des contractants (Monetti, Arbitrage et affrètements, thèse, Rouen 1981 p. 8).

Les juges entérinent ces solutions, considérant que les arbitres n'ont, en dehors de celle que leur imposeraient les parties, aucune obligation de déterminer le droit applicable au fond du litige s'ils peuvent juger au regard des seules stipulations du contrat (CA Paris 10-6-2004 : Rev. arb. 2004.733. som.).

Il en est, a fortiori, de même si les arbitres statuent comme amiables compositeurs (Sentences CCI n° 3267 en 1979 : Clunet 1980.962 ; n° 3742 en 1983 : Clunet 1984.910), à condition de respecter l'ordre public éventuellement applicable (B. Mercadal Mémento Droit commercial 2019, Éd. Francis Lefebvre n° 71054).

d. La **doctrine** constate que des arbitres s'affranchissent totalement de la recherche du droit applicable (Goldman : Clunet 1979 p. 496 s. ; Derains : Rev. arb. 1986.375 ; Lalive : Rev. arb. 1986.329) ; les juges font la même constatation (Synvet note sous CA Paris 17-12-1991 : Rev. arb. 1993.281).

Certains auteurs vont même jusqu'à dénoncer le gaspillage d'intelligence qu'a entraîné cette recherche du droit applicable à travers la théorie des conflits de lois en laquelle ils voient un « jeu de l'esprit » (D. Bredin : Mélanges Hébraud p. 114) tandis que d'autres remarquent que l'impossibilité théorique du contrat sans loi n'est « qu'une illusion, puisqu'un amiable compositeur peut trancher un litige sans appliquer aucune règle » (P. Mayer : Mélanges Bellet p. 393), ce qui n'est pas totalement exact car l'amiable compositeur doit respecter l'ordre public applicable comme il a été dit ci-dessus au c.

e. Même si, selon les statistiques de la CCI, 97 % des contrats qui sont soumis à sa Cour d'arbitrage ont désigné une loi nationale applicable, la **pratique** n'hésite pas à élaborer des contrats dont les seules stipulations sont censées faire la loi des parties ; on relève, par exemple :
– les clauses modèles CCI sur la force majeure et l'imprévision (Document 460-21/1/TR du 23-9-1983) présentées comme se suffisant à elles-mêmes, sous la seule réserve de l'ordre public ;
– la recommandation de l'Association allemande des constructeurs de machines incitant à se contenter du contrat, citée par le rapport Lalive (2e congrès international du droit privé Rome 9-15 septembre 1976 p. 14 note 17) ;

Ces solutions sont, à nos yeux, juridiquement fondées et d'unification du droit car, si ces contrats ne désignent pas formellement une loi, ils ne sont pas pour autant « déjuridisés ». Il faut, en effet, distinguer les règles qui gouvernent un contrat de celles qui vont lui conférer sa force obligatoire : les premières peuvent être l'œuvre des parties alors que les secondes ne peuvent tirer leur autorité que d'une souveraineté étatique (en ce sens, CA Aix 16-9-1983 : Bull. cour d'Aix 1983/3 p. 4 : « la valeur juridique du contrat ne peut être fixée qu'en fonction du système législatif auquel il est demandé de reconnaître force exécutoire à ce contrat et de sanctionner son inexécution partielle »). À défaut d'exécution spontanée, tout contrat est nécessairement soumis à l'ordre juridique du juge saisi de la demande d'un titre exécutoire ou d'une autorisation d'exécution forcée, car ce juge ne peut faire droit à la demande qu'après avoir vérifié la conformité des clauses du contrat à appliquer avec l'ordre public de l'ordre juridique qu'il a la charge de faire respecter.

– un **contrat soumis à** une **loi** donnée **échappe** inéluctablement à l'**ordre public de cette loi** dès lors que son exécution forcée dépend de l'ordre public d'une autre loi.

C'est ce que valide implicitement l'arrêt de la Cour de cassation française (Cass. 1e civ. 22-10-2008 n° 07-15.823 : D. 2009.200 note Janet-Seseke) qui a jugé que la clause attributive de juridiction incluse dans un contrat doit recevoir application dès lors que le litige en relève, peu important que « des dispositions impératives constitutives de lois de police soient applicables au fond du litige ». En effet, ces dispositions ne régiront pas la délivrance par la juridiction saisie du titre exécutoire convoité, et, au-delà, le cas échéant la délivrance de l'exequatur par une autre juridiction, si elles ne sont pas conformes à l'ordre public international de ces juridictions.

Modèle valable pour tout contrat

24 Le Modèle peut servir de régime de droit commun à tout contrat spécial : vente, location, prestation de service.

B Apports du Modèle

Sécurité juridique du contrat

25 En se fiant au Modèle, les parties ont, pour une bonne part, entre leurs mains le moyen de s'assurer que leur commune volonté exprimée dans le Contrat a le maximum de chance de ne pas être surprise. D'abord, la **mise en conformité avec l'ordre public** commandant la délivrance du titre exécutoire ou l'autorisation de l'exécution forcée limite le champ des sources d'invalidation du contrat par rapport à ce qu'est la mise en conformité du Contrat avec la loi applicable. Ensuite, la mise en œuvre, aussi loin que possible et certes laborieuse, de **solutions concrètes** réduit l'incertitude du recours aux standards qui livrent le Contrat à l'aléa inhérent à l'interprétation inéluctable du juge ou de l'arbitre en cas de désaccord des parties sur le sens à leur donner. Enfin, la mise en place d'un **recours au règlement amiable** des différends organisé par le Contrat lui-même dès sa conclusion permet aussi d'éviter que les difficultés d'exécution s'enveniment et conduisent rapidement à une inexécution du contrat, mettant à bas les perspectives initiales.

Introduction au premier plan du droit commun du contrat

26 Plusieurs auteurs ont écrit que « Il n'est de recommandation que d'appeler à la mise au point de contrats types » (J. Attali : Rapport, précité n° 10 ; V. Gomez-Bassac : Rapport sur l'élaboration d'un Code européen des affaires p. 69 s.). Or, aucun contrat ou contrat type portant sur un objet déterminé ne peut se passer des **règles fondamentales qui gouvernent les rapports contractuels**. Le Modèle rappelle à la pratique contractuelle que les divers contrats spéciaux conclus dans la vie des affaires ne peuvent l'être que parce qu'il existe par ailleurs un socle commun de règles qui leur est indispensable.

27 Les parties qui liront le Modèle avant de conclure leur contrat, ou se le feront expliquer par un professionnel du droit, apprendront ainsi des règles dont, en tant qu'agents économiques, elles ne soupçonnent pas, bien souvent, l'existence. Combien de contrats sont-ils conclus sur la **connaissance** approximative **des règles de droit commun** susceptibles de leur être appliquées à l'heure de l'examen de leur validité ? Le Modèle rend ces règles accessibles aux parties et leur donne une chance de découvrir leur existence, voire de les appréhender, sans autre effort.

Rapprochement des droits régissant le droit commun du contrat

28 En fixant des **règles** susceptibles de recevoir **application en différents lieux,** dès lors que seul l'ordre public international peut y faire obstacle, le Modèle provoque insensiblement un rapprochement des lois nationales sur les contrats alors que souvent les Parlements nationaux ne sont pas disposés à ratifier des lois d'unification. Comme l'a relevé G. Canivet : « En droit international privé, la notion d'ordre public international est un moyen plus discret de construction des standards de reconnaissance de la conformité des systèmes judiciaires. La jurisprudence des juridictions des États en fixe les critères et refuse tout effet international aux décisions rendues par ces juridictions qui transgressent ces règles d'ordre public. Pour faire reconnaître un effet international à ses jugements, tout système judiciaire est donc incité à se conformer à ces standards » (La justice : un avenir commun dans un monde divisé in Le rôle des juridictions dans la gouvernance mondiale : Gonthier Memorial Lecture. Montreal, June 23, 2017 / Conférence commémorative Gonthier. Montréal, 23-6-2017). Le rapprochement se fait ainsi spontanément sans intervention des États souvent réticents à consentir des sacrifices de souveraineté et sans opposition des citoyens pour qui le droit des contrats, comme le relève R. Cabrillac (Un Code européen des affaires, une chance pour la construction européenne : D. 2019.1191), est un élément du droit civil, et non du droit des affaires, qui « constitue la quintessence de chaque tradition nationale » (sur ces réticences, voir L. Vogel, Pour un Code européen des affaires : D. 2018. 1688 et diverses lois modèles élaborées en dehors des États notamment les Principes Ohadac sur les contrats du commerce international, le projet de texte uniforme portant droit général des obligations dans l'espace Ohada et « Le Code civil arabe unifié » élaboré par la ligue arabe en 1995 à qui on attribue aujourd'hui la valeur de loi modèle dont la version en arabe est disponible via le lien suivant : https://carjj.org/laws).

Compatibilité recherchée avec les régimes de common law

29 Le Modèle repose sur le parti pris d'être, quoique de culture juridique civiliste, compatible autant que possible avec les différentes common law avec lesquelles il peut être confronté pour son exécution forcée. Par exemple, son utilisation dans les échanges entre les pays civilistes et les pays de common law éviterait une **controverse sur les différences entre les règles applicables** qui sont parfois difficiles à connaître (cf. Cass. 1e civ. 2-2-1988 n° 86-10.704 : Bull. civ. I n° 29 qui applique la loi française en raison de l'impossibilité de découvrir la teneur de la loi du Kenya en matière extracontractuelle qui était désignée comme applicable par la règle de conflit).
En concentrant l'attention des négociateurs seulement sur l'ordre public de la validité et sur celui, différent, de l'exequatur des pays impliqués par le contrat, le Modèle réduit le risque d'incompatibilité, cet ordre public étant en vertu d'un consensus international, entendu restrictivement et limité aux règles dont la violation est intolérable.
En outre, ce contrôle par l'ordre public, assure mieux la sécurité juridique du contrat que la connaissance, en soi, des règles de common law. En effet, il peut s'avérer aléatoire de s'y fier, même entre pays de common law. Une décision (Nigéria Federal High Court of Nigeria d 17-11-2014, Access Bank PLC c/ Erastus Bankole Olapido Akingbola ; n° 423) en offre l'exemple en refusant l'exequatur au Nigéria pour violation de l'ordre public de cet État d'une décision de la High Court of Justice, Queen's Bench Division, Commercial Court London du 31 juillet 2012.

Outil pédagogique

30 Le Modèle peut être une voie pour rendre le droit commun du Contrat accessible et assimilable par des acteurs de la vie des échanges non juristes de métier.

SECTION IV
Utilisation du Contrat

A Au moment de la conclusion du Contrat

31 Les parties, qui ont convenu d'adopter le Modèle comme régime du contrat qu'elles veulent conclure, doivent :
- **se l'approprier** car il formalise sous forme d'articles le corpus juridique indispensable à tout contrat, appelé par les juristes « droit commun du contrat » et qui souvent, au moment de la conclusion du contrat, échappe aux parties qui l'ignorent ou ont perdu le souvenir de toutes ses dispositions alors que certaines d'entre elles auraient retenu leur attention si elles les avaient eus à l'esprit avant de donner leur consentement ; cette appropriation est une condition indispensable car il n'est pas un contrat type d'un contrat préfabriqué, autrement dit un formulaire dans lequel il suffit de remplir quelques blancs ; il est un modèle présentant les règles générales gouvernant les contrats afin que les parties réfléchissent et se décident en connaissance de ces règles ; un gain de temps au moment de conclure peut s'avérer une grosse perte financière au jour de l'exécution ; s'il existe un contentieux du contrat, c'est peut-être parce que les contrats sont trop vite conclus dans l'oubli de bien des règles susceptibles de les concerner, le moment venu ; la sécurité juridique ça s'achète, ça ne tombe pas du ciel ; à notre avis, une telle appropriation suppose avant tout une lecture attentive des articles composant le Modèle pour se pénétrer de son contenu (nos 100 à 335) ainsi que de la présente partie « Présentation » (nos 1 à 32) et de l'annexe « Ordre public » (nos 400 à 452), lequel commande la validité du contrat à conclure ;
- **s'identifier** comme il est dit aux articles XX et suivants (nos 101 s.) ;
- **compléter les articles** qui prévoient expressément que les parties ont à préciser leur commune volonté ;
- **se nommer formellement** dans tous les articles où sont utilisés les mots « les parties », « la partie créancière », « la partie débitrice », « l'une ou l'autre des parties », « l'autre partie » ;
- **supprimer les articles qui perdent leur raison d'être** compte tenu des choix qu'elles ont opérés, étant entendu qu'à défaut de suppression formelle n'est pas applicable l'article qui n'est pas compatible avec l'objet et le but du Contrat ;
- **conserver les articles non contraires aux volontés** qu'elles ont exprimées, même si ces articles ne présentent pas une utilité évidente au jour de la conclusion du Contrat car, l'avenir n'appartenant à personne, des opportunités de les utiliser peuvent apparaître ;
- **concrétiser les standards** dont l'interprétation par le juge est potentiellement source d'aléa par des critères chiffrés chaque fois que possible ;
- se pénétrer du précepte que le succès du Contrat pour chaque partie est dans la formulation aussi précise que possible de son objet et de sa cause qui expriment ses attentes ;
- retenir qu'une seule règle fait obstacle à l'exécution forcée des articles du Modèle, à savoir l'**interdiction de violer l'ordre public** applicable au lieu où le titre exécutoire doit être demandé et l'ordre public applicable au lieu où le titre exécutoire obtenu doit être exécuté ;
- se préparer à l'application de cette dernière règle en **fixant le lieu de localisation** de leurs **actifs** après s'être informées sur l'ordre public appliqué par le juge compétent pour délivrer le titre exécutoire ou l'autorisation d'exécution forcée ;
- **désigner le juge compétent** ou prévoir la constitution du tribunal arbitral pour juger de la validité des clauses du Contrat ;
- accepter de **nommer un médiateur** afin de rechercher en toutes circonstances la solution amiable des différends et, pour les différends les moins lourds de conséquence, donner, sous la seule réserve

du recours en annulation, pouvoir au médiateur de trancher le litige afin de régler le plus rapidement possible la question litigieuse qui peut paralyser l'exécution du contrat.

À notre avis, le médiateur doit être doté de sérieuses connaissances juridiques car, pour accepter un accord amiable chaque partie doit être convaincue de la portée de l'avis du médiateur quant à la solution juridictionnelle qui sera la plus probable si le conflit est soumis à un juge ; sur l'intérêt et le régime de la médiation, voir le Rapport du Club des Juristes, février 2019, Médiation et entreprise, L'opportunité de l'autodétermination : une liberté créatrice de valeur.

B En cours d'exécution du Contrat

32 Chaque partie doit observer les **précautions** suivantes :
- dès qu'un motif de se plaindre de l'attitude de l'autre partie apparaît, formuler des réserves sans équivoque pour s'en ménager la preuve ;
- surveiller les délais de notification et de prescription, les faits d'interruption (avec ou non interversion de la prescription) ou de suspension de prescription ainsi que la possibilité de répliquer à temps par une demande reconventionnelle ;
- ne pas accréditer une interprétation du contrat, qu'elle serait ultérieurement portée à contester, en acceptant une exécution des obligations contractuelles contraire à la thèse qu'elle viendrait à soutenir ;
- éviter, lorsqu'elle participe à l'exécution d'un ouvrage auquel concourent plusieurs entreprises, d'apparaître aux yeux des tiers comme si elle agissait solidairement avec ces entreprises, voire comme des associés de fait.

Modèle universel de contrat d'affaires (Contract template for general business agreements)

Partie 2

Version française

CHAPITRE 1

Les parties

100 **Art. XX** Les parties sont les signataires de l'avant-contrat relatif aux pourparlers et les signataires du contrat définitif si les pourparlers aboutissent.

SECTION I

Identification des parties

A Parties elles-mêmes

101 **Art. XX** Entre les soussigné(e)s :

– X

Si X est une personne physique : nom patronymique et prénom, domicilié(e) à … (*numéro et rue, code postal, ville*), inscrit(e) au registre de … sous le numéro…, né(e) le … à …, de nationalité … ;

Si X est une personne morale de droit privé : dénomination, forme sociale, au capital de …, ayant son siège social à …, immatriculée au registre … de … (ou incorporée à), représentée au contrat par N (*nom patronymique et prénom*), son représentant légal, qualité attestée par la production de … (*par exemple extrait de K bis ou pièce équivalente*) ;

Si X est une personne morale de droit public : dénomination, nature juridique, acte de constitution, ayant son siège à …, représentée au contrat par N (*nom patronymique et prénom*), agissant en qualité de …, qualité attestée par la production de … ;

Agissant en son nom et pour son compte ;

– B, C, D… (*autres parties agissant conjointement*) : *mêmes conditions d'identification*

ET

– Y

Si Y est une personne physique : nom patronymique et prénom, domicilié(e) à … (*numéro et rue, code postal, ville*) inscrit(e) au registre de …, né(e) le …, à …, de nationalité … ;

Si Y est une personne morale de droit privé : dénomination, forme sociale, capital de … €, ayant son siège social à …, immatriculée au registre… de… (ou incorporée à), représentée au contrat par N (*nom patronymique et prénom*), son représentant légal, qualité attestée par la production de … (par exemple extrait de K bis ou pièce équivalente) ;

Si Y est une personne morale de droit public : dénomination, nature juridique, acte de constitution, ayant son siège à …, représentée au contrat par N (*nom patronymique et prénom*), agissant en qualité de…, qualité attestée par la production de… ;

Agissant en son nom et pour son compte ;

– E, F, G… (*autres parties agissant conjointement*) : *mêmes conditions d'identification*,

Il est convenu de conclure un contrat, par la suite le « Contrat », selon les articles et conditions qui suivent, individualisés sous le terme « d'articles ».

102 **Art. XX** Les parties qui concluent le Contrat au même titre, avec les mêmes droits et les mêmes obligations, sont dites « conjointes ». Chacune ne peut invoquer que ses droits dans le Contrat et ne répond que des obligations qu'elle a souscrites et que des faits qu'elle commet. Les droits et obligations des parties conjointes sont divisibles entre elles.

Les parties ne sont plus conjointes si elles se déclarent expressément solidaires tant à titre de créanciers (solidarité dite « active ») qu'à titre de débitrices (solidarité dite « passive »). Il s'ensuit l'application, selon leur accord, des articles XX à XX et XX à XX (n°s 207 à 208 et 214 à 217).

Au besoin, les parties conjointes ou solidaires désignent un mandataire commun, dit « chef de file », qui les engagent dans la mesure des pouvoirs qu'elles lui ont conférés et qui sont attestés par l'acte d'habilitation du chef de file annexé au Contrat.

103 **Art. XX** Aux termes du Contrat, « la partie » ou « une partie » ou encore « la partie X ou Y » s'entend autant d'une partie unique que des parties qui, le cas échéant, ont conclu le Contrat conjointement ou solidairement.

B Parties représentées

104 **Art. XX** Entre :

D'une part :

X, tel que défini à l'article XX (n° 101), représenté(e) par son mandataire (*nom patronymique et prénom*), qui a justifié de ses pouvoirs par la production d'une procuration, établie au besoin par un officier public ou ministériel, émanant de X, déterminant ses pouvoirs, et qui a déclaré par un écrit, joint aux présentes, n'être en opposition d'intérêts avec aucune des parties ici mentionnées.

Ou, le cas échéant,

Agissant à titre de représentant investi par la loi ou par un juge compétent à cet effet conformément à la loi nationale de l'intéressé.

D'autre part :

– Y, tel que défini à l'article XX (n° 101), représenté par son mandataire (*nom de famille et prénom*) qui a justifié de ses pouvoirs par la production d'une procuration, établie au besoin par un officier public ou ministériel, émanant de Y, déterminant ses pouvoirs, et qui a déclaré par un écrit joint aux présentes n'être en opposition d'intérêts avec aucune des parties ici mentionnées.

Ou, le cas échéant,

Agissant à titre de représentant investi par la loi ou par un juge compétent à cet effet conformément à la loi nationale de l'intéressé.

C Partie se portant fort

105 **Art. XX** La partie X, telle que définie à l'article XX (n° 101), s'engage envers la partie Y, telle que définie au même article, à faire ratifier, à la date du ... au plus tard, le Contrat – ou telle obligation du contrat – conclu entre elles, par un tiers dénommé.

Si le tiers notifie dans le délai prescrit et par écrit aux parties X et Y qu'il ratifie l'engagement pris par la partie X, celle-ci est libérée de son obligation et le tiers devient de ce fait rétroactivement partie au contrat avec la partie Y, à compter du jour où celui-ci a été conclu entre X et Y.

Si la partie X et la partie Y n'ont pas, l'une et l'autre, reçu de notification du tiers à l'expiration du délai convenu, le Contrat conclu entre elles est caduc et la partie Y n'a droit qu'à une indemnité forfaitaire de … la couvrant de son préjudice tant au titre de ses dépenses ou des pertes qu'elle subit du fait de l'inexécution que du gain manqué, tels que définis à l'article XX (n° 284). La partie X ne peut pas lui opposer qu'elle n'aurait pas pu obtenir exécution de l'engagement promis par le tiers même si ce dernier l'avait ratifié. La partie X n'est pas tenue à cette indemnisation si la partie Y accepte son offre de conclure le Contrat objet du porte-fort pour elle-même et d'en devenir partie à la place du tiers défaillant.

Si la partie X s'est engagée envers la partie Y à exécuter elle-même l'engagement promis en cas de défaillance du tiers, elle est tenue à cette exécution si la partie Y lui notifie, à la date du … (*un mois après expiration du délai imparti au tiers à l'alinéa premier pour prendre parti*) au plus tard, avec justification à l'appui, que l'engagement promis n'a pas été exécuté par le tiers.

SECTION II
Condition juridique des parties

A Capacité des parties

106 **Art. XX** Chaque partie déclare être capable de conclure le Contrat au regard de sa loi personnelle, c'est-à-dire :
- si elle est une personne physique, la loi de sa nationalité ;
- si elle est une personne morale, la loi du lieu où elle est immatriculée ou incorporée.

Chaque partie peut exiger d'une autre la production d'une pièce attestant ses affirmations.

Seule la partie incapable peut agir en nullité du Contrat dans les conditions précisées aux articles XX à XX (n°s 327 à 330).

B Engagement des parties par représentation

107 **Art. XX** La partie représentée est obligée par les actes accomplis en son nom et pour son compte conformes au pouvoir donné au mandataire qu'elle a désigné, ou à celui conféré par la loi au représentant qu'elle investit, ou à celui déterminé par le juge qui habilite un représentant judiciaire.

Le représentant, quel qu'il soit, est personnellement engagé s'il a conclu le Contrat, profiterait-il au représenté, en son nom propre, au-delà de ses pouvoirs ou contrairement à l'objet et à la finalité des pouvoirs conférés.

Le représentant n'est pas garant de la bonne exécution du Contrat qu'il a conclu dans la limite de ses pouvoirs, sauf engagement exprès et entendu littéralement de sa part au profit du cocontractant.

C Liberté de contracter

108 **Art. XX** Chaque partie certifie que sa capacité et son pouvoir de contracter ne sont entravés par aucune procédure collective ou d'insolvabilité, aucune promesse de contrat, aucun pacte de préférence et aucune interdiction ou déchéance susceptible de faire obstacle à la validité de son engagement.

Au cas où une partie prouverait que cette certification comporte une inexactitude inspirée par le fruit d'une volonté de tromper, et qu'elle en subit un préjudice, le Contrat serait nul comme il est dit aux articles XX à XX (nos 327 à 330). Sauf ce cas de fraude, l'inexactitude ne donnerait lieu qu'à réparation du préjudice prouvé en résultant dans les conditions fixées aux articles XX et suivants (nos 280 s.).
Si l'une des parties est une personne physique mariée, il lui incombe, si une autre partie le lui demande, d'apporter la preuve qu'elle a, en vertu de son régime matrimonial, le pouvoir de contracter.

D Activités des parties

109 **Art. XX** La partie X exerce l'activité de …
La partie Y exerce l'activité de …

CHAPITRE 2

L'avant-contrat

SECTION I

Conclusion de l'avant-contrat

A Signature de l'avant-contrat

110 **Art. XX** La signature du présent écrit portant « avant-contrat », assortie du paraphe du présent article, emporte, par elle-même, conclusion de l'avant-contrat entre les signataires et application des articles XX à XX (n°s 110 à 127) et, pour les compléter en tant que de besoin, des articles XX à XX (n°s 128 à 335), sous réserve des modifications que les parties conviendront de leur apporter.
De par sa signature, chaque partie est réputée avoir pris connaissance des articles qui lui sont applicables et renonce à prétendre qu'elle les a ignorés, sauf si elle prouve qu'ils lui ont été dissimulés. Ces articles ne peuvent donner lieu à la délivrance d'un titre exécutoire ou d'une autorisation d'exécution forcée par le juge compétent défini aux articles XX et XX (n°s 322 et 323) qu'à la condition de ne pas être contraire à l'ordre public du for au nom duquel ce juge se prononce.
L'ordre public du juge compétent faisant échec à l'avant-contrat est celui en vigueur à la date de la conclusion du contrat. La modification ultérieure de cet ordre public n'est applicable à l'avant-contrat que si la partie qui l'invoque établit devant le juge compétent défini aux articles XX et XX (n°s 322 et 323) que l'application est justifiée par d'impérieux motifs d'intérêt public.
Les dispositions des alinéas précédents sont aussi applicables si les parties, à défaut d'avoir adopté les articles de l'avant-contrat au moment de l'échange de leur consentement, conviennent expressément, un litige une fois né, de faire trancher celui-ci par application de ces articles, en les désignant comme droit applicable dans leurs conclusions réciproques devant le juge compétent ou dans l'acte de mission du tribunal arbitral constitué.
Hors ce cas, les articles de l'avant-contrat ne sont pas applicables en tant que tels, quel qu'ait pu être le comportement des parties, sauf en cas de référence expresse écrite aux articles de l'avant-contrat.

B Champ d'application des articles de l'avant-contrat

111 **Art. XX** Les articles de l'avant-contrat s'appliquent dans les conditions exposées à l'article XX (n° 110).

112 **Art. XX** Les points de droit non régis par l'avant-contrat sont réglés par transposition de l'article XX (n° 130).

SECTION II

Articles de l'avant-contrat

A Contrat de pourparlers

1 Régime des pourparlers

a Engagement des parties

113 **Art. XX** Quelles que soient les circonstances qui les ont rapprochées (démarche directe de l'une envers l'autre, réponse de l'une à l'offre de l'autre, intermédiation d'un tiers), les parties sont entrées en pourparlers en vue de la conclusion d'un contrat définitif, ci-après « le Contrat », à la date du ....

Dès cette date, leurs échanges ont été placés sous les règles suivantes :

1. Tout échange antérieur à ladite date n'oblige pas contractuellement les parties, qui ne peuvent être traduites en justice que pour leurs agissements délictueux, civilement ou pénalement.
2. Une partie peut proposer à l'autre, qui est libre de l'accepter ou non, l'intervention d'un tiers pour faciliter la conclusion de leur accord définitif ; l'intervention du tiers, sauf clause contraire de leur accord, est soumise, en tant que de besoin, aux mêmes règles que s'il était médiateur chargé de résoudre un différend dans la mesure des règles applicables au rapprochement des parties, lesquelles restent entièrement maîtresses de leur décision de conclure ou non le Contrat.
3. Les parties font la preuve de l'existence et du contenu de leurs pourparlers par tous moyens.
4. Chaque partie est libre de ne pas conclure le Contrat en discussion.

b Fautes des parties

Renonciation fautive à conclure le contrat en discussion

114 **Art. XX** Dans le cas où une partie renonce à la conclusion du Contrat par intention de nuire à l'autre partie ou avec la conscience que la rupture causera un préjudice à cette dernière, elle doit à la partie victime de la rupture des pourparlers le remboursement des frais dûment justifiés qu'elle a exposés pour mener ces pourparlers et une indemnité pour perte de la chance de conclure le Contrat équivalente à ... % de la marge brute qu'elle pouvait espérer retirer de la conclusion et de l'exécution du Contrat.

Dissimulation d'informations

115 **Art. XX** Si le Contrat est conclu et qu'une partie a commis une faute au cours des pourparlers, la partie victime peut invoquer cette faute à compter du jour de la conclusion du Contrat pour obtenir réparation du préjudice en résultant ; elle peut notamment invoquer :

- le fait que son cocontractant ne l'a pas spontanément informée sur les caractéristiques de la prestation qu'il a proposée de lui fournir alors qu'il savait cette information déterminante de son consentement ;
- le fait que son cocontractant lui a, intentionnellement ou non, communiqué une information inexacte ;

– la violation par son cocontractant de son engagement de confidentialité sur les informations qu'elle lui a communiquées conformément aux conditions fixées à l'article XX (n° 189) ;
– si le Contrat a pour objet l'octroi d'un crédit, le défaut de mise en garde par son cocontractant, professionnel du crédit, contre les risques d'endettement que la partie encourait compte tenu de ses ressources.
La partie victime de la faute qui lui a fait perdre la chance de ne pas conclure le Contrat a droit à être indemnisée par la partie fautive de la perte qu'elle a subie de ce fait, équivalente à la différence entre le prix contractuel des prestations qu'elle a reçues et la valeur réelle de ces prestations.

2 Engagements particuliers

a Égal pouvoir de négociation

Mémento Droit commercial n° 18513

116 **Art. XX** Pour l'appréciation de leurs fautes respectives, les parties sont considérées comme disposer d'un égal pouvoir de négociation au cours de leurs pourparlers dès lors que leurs chiffres d'affaires respectifs, tels qu'elles les ont échangés, n'accusent pas, à la date de la signature du Contrat, une différence supérieure à … % (*30 % par exemple*).
Lorsque le chiffre d'affaires d'une partie est supérieur de plus de … (*50 % par exemple*) du chiffre d'affaires de l'autre partie, cette dernière peut invoquer l'existence d'un état de dépendance si elle prouve qu'elle a subi une perte de marge brute de … % (*15 % par exemple*).

b Reconnaissance des informations reçues

117 **Art. XX** Chaque partie reconnaît avoir reçu de l'autre les informations qu'elle lui a demandées sur la prestation offerte. Cet échange est constaté dans un procès-verbal qui fait foi de l'existence et du contenu des informations échangées, annexé au Contrat.

c Engagement à faire confiance

118 **Art. XX** Lorsqu'une partie, sollicitée de donner des informations sur sa prestation, a assuré à la partie demanderesse qu'elle « pouvait lui faire confiance » sur les qualités de sa prestation qu'elle lui a présentées, elle s'est engagée par-là à lui garantir les résultats annoncés. Dès lors que la partie bénéficiaire de cette garantie prouve que les résultats ne sont pas atteints, elle a droit à réparation dans les conditions prévues aux articles XX à XX (n°s 280 à 288).
Si la partie sollicitée a refusé de garantir la parfaite adéquation de la prestation aux attentes de la partie demanderesse de la garantie, cette dernière doit, pour obtenir réparation de son dommage prouvé, démontrer que celui-ci est imputable aux déclarations inexactes de la partie sollicitée.

B Issues des pourparlers

119 **Art. XX** Compte tenu du résultat de leurs pourparlers, les parties conviennent de conclure un/une … (*à choisir parmi les engagements ci-dessous*).

1 Accord de principe

120 **Art. XX** Les parties constatant leur accord pour conclure un Contrat de … (*qu'elles qualifient nommément*), mais dont elles ne veulent pas ou ne peuvent pas pour le moment déterminer

les obligations caractéristiques, conviennent de s'engager à conclure un engagement de principe affirmant leur intention de conclure le contrat envisagé et renvoyant à des pourparlers futurs la détermination des obligations.
La partie qui refuse les pourparlers qu'implique l'accord de principe ou refuse à leur terme de conclure le contrat définitif pour quelque motif que ce soit ne peut pas être contrainte de conclure le Contrat. Elle doit seulement rembourser à l'autre partie les frais justifiés que cette dernière a exposés pour les pourparlers.

2 Promesse de conclure le Contrat

a Promesse unilatérale

Mémento Droit commercial n°s 11915 s.

121 **Art. XX** La partie X promet à la partie Y que celle-ci aura le droit, dit « option », au plus tard le … (*date chiffrée*), de décider si le Contrat définitif sera conclu, sur les bases des clauses suivantes :
- le contrat comportant la promesse est régi par les articles XX à XX (n°s 128 à 335) auxquelles renvoient les clauses citées ci-après ;
- la partie X s'engage à fournir à la partie Y les prestations suivantes… (*à déterminer conformément aux articles XX et suivants : n°s 141 s.*) ;
- la partie Y s'engage à payer à la partie X le prix de … (*chiffré ou déterminable conformément aux articles XX et suivants : n°s 144 s.*), si elle lève l'option ;
- la partie X s'engage envers la partie Y irrévocablement à maintenir sa promesse jusqu'à la date du … (*reprendre la date ci-dessus indiquée*) ; au cas où elle la révoquerait avant cette date, la partie Y pourra néanmoins, si elle le souhaite, lever l'option ;
- la partie Y s'engage à payer à la partie X une indemnité d'immobilisation de … % (*par exemple 10 %*) du montant du prix prévu par la promesse si elle n'a pas levé l'option à l'expiration du délai prévu à l'alinéa 1 ; si la promesse est caduque avant la date d'expiration dudit délai pour toute raison non imputable à la partie X, le montant de l'indemnité est réduit proportionnellement au temps écoulé entre le jour de la signature de la promesse et celui de la survenance de la caducité.

La levée de l'option obéit aux règles suivantes :
- elle doit être notifiée au promettant par le procédé choisi par les parties parmi ceux prévus à l'article XX (n° 179) ;
- le délai d'option est opposable de plein droit aux héritiers de chaque partie ;
- le délai d'option expire soit le … (*date fixée*) à minuit ; si ce jour est un samedi, un dimanche ou un jour férié, il expirera le premier jour ouvrable suivant ;
- le délai d'option est décompté selon les modalités fixées à l'article XX (n° 179) ;
- si la promesse est subordonnée à une condition suspensive, le délai d'option est fixé selon l'une des modalités choisie par les parties parmi celles présentées à l'article XX (n° 179) ; il court à compter du jour de la réalisation de la condition ; la partie qui apprendra la première la réalisation de la condition notifiera sans délai à l'autre partie l'information selon l'une des modalités choisie par les parties parmi celles présentées à l'article XX (n° 180) ; le délai d'option expire à la date limite fixée pour la réalisation de la condition ou du jour où il sera établi que la réalisation de la condition est devenue impossible ; toute modification du délai d'option n'entraîne pas, sauf convention contraire expresse, une modification corrélative du délai de réalisation de la condition ;
- la levée de l'option n'entraîne la conclusion du Contrat promis que si le paiement du prix prévu par la promesse est concomitant ;
- si l'une des conditions ci-dessus énumérées de la levée de l'option fait défaut, la promesse est caduque de plein droits et aucune partie ne peut demander la réalisation forcée du contrat promis, même moyennant une réduction du prix prévu à titre de dommages-intérêts ;
- si les conditions ci-dessus énumérées de la levée de l'option sont toutes remplies, le contrat promis est conclu au jour de la levée de l'option conformément aux articles de la promesse ; seules

les modifications de ces articles expressément acceptées par les parties après la levée de l'option, dans un avenant au sens de l'article XX (n° 164) conclu à cet effet, font partie intégrante du contrat définitif, lequel constitue le Contrat ;
- si la partie X refuse de conclure le Contrat promis, la partie Y peut obtenir un jugement valant acte de conclusion du Contrat ou, à son choix, la résolution de la promesse par application des articles XX à XX (nos 278 et 279) ou un arrangement amiable conformément aux articles XX et suivants (nos 314 s.) ;
- la prescription de l'action en nullité du Contrat conclu, visée à l'article XX (n° 325), commence à courir du jour de la levée de l'option.

b Promesse synallagmatique

Mémento Droit commercial nos 11910 s.

122 **Art. XX** La partie X promet à la partie Y que celle-ci aura le droit, dit « option », au plus tard le … (*date chiffrée*), de décider si le contrat définitif sera conclu, sur les bases de l'article XX (n° 120). Réciproquement, la partie Y promet à la partie X que celle-ci aura le droit, dit « option », au plus tard le … (*date chiffrée*), de décider si le contrat définitif sera conclu, sur les bases des clauses telles qu'exposées à l'article XX (n° 120).

Les parties reconnaissent expressément que le contrat définitif ne sera conclu que lorsque chaque partie aura levé l'option qui lui est ci-dessus reconnue et dans les termes de l'article XX (n° 120). Si ces conditions ne sont pas remplies, la promesse sera caduque du jour où la date d'expiration du délai des options sera échue.

3 Pacte de préférence

Mémento Droit commercial nos 26630 s.

123 **Art. XX** La partie X s'engage à proposer prioritairement à la partie Y de conclure le contrat … (*nommément qualifié*) et à lui faire connaître sa décision au plus tard le … (*préciser la date*), sous peine de caducité du pacte. Le délai est réputé expiré à minuit dudit jour, peu important les dates auxquelles les signatures ont été effectivement apposées sur l'écrit valant pacte.

La proposition de la partie X doit préciser les spécifications de la prestation essentielle du contrat envisagé telles que fixées aux articles XX à XX (nos 141 à 143) et mentionner le prix dû en contrepartie, chiffré ou déterminable conformément aux conditions exposées aux articles XX et XX (nos 144 et 145).

La proposition de la partie X doit être notifiée à la partie Y dans les conditions exposées à l'article XX (n° 180).

La partie Y doit, dans le délai de… (*par exemple, un mois*) à compter de la date de réception de la proposition de la partie X, lui notifier dans les conditions exposées à l'article XX (n° 178) si elle accepte sa proposition aux conditions fixées. Dès lors que celles-ci définissent la prestation essentielle et le prix dû en contrepartie, l'acceptation de la partie Y oblige la partie X à conclure le contrat envisagé comme est tenu le promettant d'une promesse unilatérale de contrat.

À défaut de réponse de la partie Y dans le délai d'un mois susvisé, le pacte est caduc. La partie X est alors libre de conclure le contrat envisagé avec tout tiers. Elle n'a droit à aucune indemnité.

La partie Y peut renoncer au pacte de préférence expressément et notifier sa renonciation à la partie X conformément à l'article XX (n° 180) ; elle est réputée y avoir renoncé si elle refuse de le conclure aux conditions de la proposition de la partie X qui est conforme aux articles du pacte. La renonciation emporte déchéance du droit de préférence accordée à la partie Y et quitus au profit de la partie X.

Si le pacte est annulé, la partie X est libérée de sa promesse de consentir une préférence à la partie Y et la partie Y n'a droit à aucune indemnité.

Un tiers qui connaît l'existence du pacte et qui est intéressé à conclure le contrat prévu par le pacte peut demander par écrit à la partie Y de confirmer, au plus tard le … (*préciser la date*), l'existence du pacte et si elle entend s'en prévaloir. L'écrit doit mentionner qu'à défaut de réponse au terme de ce délai, le bénéficiaire du pacte ne pourra plus solliciter sa substitution au contrat conclu avec le tiers ou la nullité de ce contrat.

Si la partie X a conclu le contrat envisagé avec un tiers qui connaissait le pacte et l'intention de la partie Y de s'en prévaloir, elle peut lever le risque d'annulation du contrat tant que l'action en annulation de ce contrat n'est pas prescrite. Elle doit alors exiger de la partie Y qu'elle demande l'annulation du contrat passé avec le tiers en méconnaissance de ses droits et être substituée au tiers. La partie Y est alors tenue d'agir en nullité de l'acte frauduleux devant le juge compétent, comme déterminé aux articles XX et XX (n°s 322 et 323), sous astreinte de … (*somme d'argent*) par jour de retard à compter du jour où la partie X l'a mise en demeure jusqu'à la réception par elle de la copie de l'acte introductif d'instance contre le tiers complice. Cette sanction ne peut être opposée au tiers que si elle est prévue par le pacte lui-même, le tiers étant alors présumé l'avoir connue, sauf s'il apporte la preuve contraire. Les frais de toute nature engendrés par l'exercice de cette action sont à la charge exclusive de la partie X qui l'a requise.

Si la partie Y ne parvient pas à établir la connaissance du pacte par le tiers, elle ne peut demander à la partie X que des dommages et intérêts d'un montant de ….

4 Contrat cadre

124 **Art. XX** Les parties s'engagent à conclure, au fur et à mesure de leurs besoins, des contrats, dits « d'application », pour exécuter les obligations de fourniture en nature de biens ou de services, en contrepartie d'un prix, dans les conditions suivantes :

- les obligations relatives aux fournitures en nature susvisées sont déterminées par transposition des articles XX à XX (nos 141 à 152) ;
- le prix des prestations à fournir est fixé soit dans le contrat cadre soit, à défaut, par la partie fournisseur, qui en est créancière, dans les contrats d'application ; dans ce cas, celle-ci, à son choix, fixe le prix soit par référence au prix du marché, à ses tarifs en vigueur au jour de la conclusion des contrats d'application ou, à défaut de tarifs, au prix qu'elle pratique avec la majorité de ses clients, soit en fonction des paramètres suivants (*par exemple, prix de la main-d'œuvre, de la matière première utilisée, des services divers et de l'énergie*) entrant dans la composition du prix de revient de son activité ; si elle estime le prix disproportionné par rapport à la valeur des prestations fournies, la partie débitrice peut saisir, au besoin, le médiateur d'une demande tendant à obtenir un prix proportionné dans les conditions fixées aux articles XX et suivants (nos 314 s.) ; cette demande suspend le règlement du prix facturé pendant … (*nombre, par exemple, trente jours*) à compter du jour où le débiteur a notifié au fournisseur sa contestation du prix facturé dans les conditions fixées à l'article XX (n° 180) ; si les parties ne sont pas parvenues à un accord à l'expiration de ce délai, le médiateur est investi du pouvoir de fixer le prix dans le délai de … (*nombre, par exemple quinze jours*) à compter du constat écrit du défaut d'accord des parties dressé par elles et qui lui est notifié à l'initiative de la partie la plus diligente dans les conditions exposées à l'article XX (n° 180). La décision du médiateur n'est pas susceptible de recours ;
- les contrats d'application sont soumis aux articles XX à XX (nos 128 à 335) qui prévalent sur les clauses du contrat cadre ;
- l'extinction du contrat cadre, pour quelque cause que ce soit, emporte caducité des contrats d'application.

Le refus de conclure les contrats d'application par l'une ou l'autre des parties entraîne la résolution de plein droit du contrat cadre. Le dommage qui en résulte pour la partie victime de la résolution ouvre droit à cette dernière d'obtenir la réparation du préjudice subi comme il est dit à l'article XX (n° 284).

5 Contrat avec faculté de dédit

125 **Art. XX** La partie … (*X ou Y*) peut se retirer du Contrat en versant à l'autre partie (*Y ou X*) une somme convenue, dite « dédit ».

Le retrait ne peut être invoqué que pendant le délai de …, à compter de la date de signature du Contrat.

Il n'est recevable que s'il est pur et simple et précédé d'une notification soumise aux conditions de l'article XX (n° 180) adressée par la partie … (*X ou Y*) à la partie … (*Y ou X*) fixant la date à laquelle prendra effet le retrait. La partie … (*X ou Y*) est tenue d'exercer la faculté de dédit sans intention de nuire ni conscience de causer ce faisant à la partie … (*Y ou X*) un préjudice. Toute autre faute ne peut pas invalider l'exercice de la faculté de dédit.

Tant que le délai pour exercer le dédit n'est pas expiré, l'exécution du Contrat peut être repoussée par la partie (*X ou Y*).

Après l'exercice de la faculté de dédit, le Contrat est caduc dans les conditions fixées à l'article XX (n° 331).

À défaut d'exercice de la faculté de dédit à la date d'échéance prévue pour sa mise en œuvre, l'exécution du Contrat est de droit.

6 Échec des pourparlers

126 **Art. XX** Le cas échéant, les parties prennent acte de leurs divergences et mettent fin à leurs pourparlers.

En conséquence, elles conviennent de faire application des règles suivantes.

Chaque partie :

- supporte les frais qu'elle a engagés aux fins des pourparlers ;
- s'engage à respecter, dans les termes fixés à l'article XX (n° 189), la confidentialité des informations dont il lui a été donné connaissance ;
- restitue à l'autre partie les documents que cette dernière a pu mettre à sa disposition.

Si une partie, avec l'accord de l'autre, a commencé à exécuter le contrat au cours des négociations, elle a droit à restitution de cette exécution soit en nature si possible, soit par versement d'une indemnité limitée à la récupération des dépenses exposées.

127 **Art. XX** L'échec des pourparlers entraîne la caducité des articles XX à XX (n°s 128 à 335), sauf ceux qui restent utiles à la liquidation des intérêts des parties.

Fait à … le … (*date en lettres et en chiffres*)
Signature de la partie X .... Signature de la partie Y

CHAPITRE 3

Contrat définitif

SECTION I
La conclusion du Contrat

A Adoption des articles du Contrat

1 Signature du Contrat

128 **Art. XX** La signature du présent écrit et les paraphes requis par l'article XX (n° 158), emportent, par eux-mêmes, conclusion du Contrat définitif (ci-après « le Contrat ») entre les signataires et application des articles du Contrat, à compter de la date portée sur le présent écrit conformément à l'article XX (n° 156). Il en est de même de la signature électronique donnée dans les conditions exposées à l'article XX (n° 158). Par la suite, cette date est dite « date de conclusion du Contrat ».

Les parties ne sont liées par le Contrat qu'à compter de la date d'apposition de leur signature.

De par sa signature, chaque partie est réputée avoir pris connaissance des articles du Contrat et renonce à prétendre qu'elle les a ignorées, sauf si elle prouve qu'elles lui ont été dissimulées. Ces clauses ne peuvent donner lieu à la délivrance d'un titre exécutoire ou d'une autorisation d'exécution forcée par le juge compétent au sens des articles XX et XX (nos 322 et 323) qu'à la condition de ne pas être contraire à l'ordre public du for au nom duquel il juge.

L'ordre public du juge compétent faisant échec aux articles du Contrat est celui en vigueur à la date de la conclusion du contrat. La modification ultérieure dudit ordre public n'est applicable au Contrat que si la partie qui l'invoque établit devant le juge compétent au sens des articles XX et XX (nos 322 et 323) que l'application de cette modification est justifiée par d'impérieux motifs d'intérêt public.

Les dispositions des alinéas précédents sont aussi applicables si les parties, à défaut d'avoir adopté les articles du Contrat au moment de l'échange de leur consentement, conviennent expressément, un litige une fois né, de faire trancher celui-ci par application de ces articles, en les désignant comme droit applicable dans leurs conclusions réciproques devant le juge compétent ou dans l'acte de mission du tribunal arbitral constitué.

Hors ce dernier cas, les articles du Contrat ne sont pas applicables en tant que tels quel qu'ait pu être le comportement des parties, sauf si celles-ci y font expressément référence.

2 Champ d'application des clauses du Contrat

129 **Art. XX** Les articles du Contrat s'appliquent, tels quels ou tels que modifiés par les parties, au contrat spécial expressément qualifié par les parties « contrat de … » (*les parties désignent ici le contrat qu'elles entendent conclure, soit un des contrats nommés ou selon le langage courant, soit une*

dénomination créée par elles). En vertu de leur accord exprès résultant de l'adoption de la présente clause, les parties conviennent de lier le juge compétent au sens des articles XX et XX (nos 322 et 323) ou l'arbitre désigné en application de l'article XX (nº 326) sur cette qualification à laquelle elles entendent limiter le débat devant l'un ou l'autre.

Les articles du Contrat s'appliquent également à tous les actes collatéraux au Contrat dont l'éventualité est envisagée dans les articles subséquents, sauf dérogation expresse, le cas échéant.

Ces articles prévalent sur toute autre règle légale, coutumière, d'usage ou figurant dans un document quelconque émis par l'une ou l'autre des parties sous quelque forme que ce soit.

L'application de tout article du Contrat qui n'a pas été modifié ou supprimé peut être demandée par chaque partie à tout moment à compter de la conclusion du Contrat et après son extinction dans les conditions définies à l'article XX (nº 295), dès lors que la partie intéressée invoque une circonstance qui entre dans son champ d'application.

Seuls les articles lient les parties signataires du Contrat.

130 **Art. XX** Les points de droit non régis par les articles du Contrat sont régis par la loi du for du juge compétent au sens des articles XX et XX (nos 322 et 323) pour connaître des litiges nés du Contrat ou, en cas de recours à l'arbitrage, par la loi applicable par la juridiction du lieu où la sentence a été rendue désigné à l'article XX (nº 322), qui est compétente pour connaître du recours en annulation d'une sentence arbitrale.

131 **Art. XX** Dans le cas où plusieurs contrats servent le même but que celui du Contrat, tel que défini aux articles XX à XX (nos 149 à 152), ces contrats sont des contrats accessoires au Contrat, réputé principal ; ils forment avec le Contrat, quelle que soit leur qualification et quelles que soient les parties entre lesquelles ils sont conclus, un tout indivisible, dénommé « contrats interdépendants ».

Ces contrats sont : ... (*énumération à dresser par les parties*) ; un contrat non visé dans cette énumération est réputé indépendant, sauf si les parties s'accordent ultérieurement, par un avenant au sens de l'article XX (nº 164) pour le tenir interdépendant du Contrat.

Tout contrat interdépendant du Contrat :

- est soumis aux articles applicables au Contrat ;
- s'interprète à l'aune de sa compatibilité avec l'ensemble contractuel indivisible ;
- entre en vigueur au jour fixé par les parties ou, à défaut, au jour de l'entrée en vigueur du Contrat ;
- est non avenu si la condition suspensive commandant l'entrée en vigueur du Contrat est défaillante ; réciproquement, la défaillance de la condition suspensive empêchant un contrat accessoire d'entrer en vigueur entraîne la caducité du Contrat et des autres contrats accessoires ;
- est soumis aux règles de preuve fixées par le Contrat ;
- est soumis à la compensation globale des créances et dettes respectives certaines, liquides et exigibles issues des différents contrats interdépendants ;
- peut être paralysé par l'exception d'inexécution soulevée par une partie à un autre contrat qui invoque l'inexécution dudit contrat par une de ses parties ;
- est soumis aux règles de la prescription des actions en justice fixées à l'article XX (nº 325) ;
- est caduc de plein droits dès lors qu'un autre des contrats interdépendants prend fin, pour quelque cause que ce soit, à la date où ce contrat a été éteint ;
- est soumis aux articles XX et suivants (nos 312 s.) relatifs au contentieux du Contrat pour tout litige qui le concerne ;
- est considéré comme un contrat international, notamment quant à l'ordre public qui lui est applicable, si le Contrat principal est lui-même international.

B Validité du consentement des parties

1 Réalité des consentements

132 **Art. XX** Les parties signataires du Contrat sont présumées être celles qui y ont réellement consenties.
La partie qui a fait conclure le Contrat par un tiers, sans le présenter comme son mandataire, est tenue personnellement des obligations incombant au tiers si l'interposition de personnes est prouvée par l'autre partie.
Si les parties sont convenues de dissimuler et de tenir secret un contrat distinct de celui nommé à l'article XX (n° 129), elles sont tenues d'exécuter entre elles le contrat secret.
Le contrat secret est inopposable aux tiers et notamment aux créanciers de l'une ou l'autre des parties, même s'il est à terme ou conditionnel. Les tiers qui ont établi par tous moyens l'existence de l'acte secret peuvent s'en prévaloir même si l'acte simulé ne leur porte pas préjudice, si la simulation a été faite sans intention de leur nuire ou de frauder la loi ou encore s'ils ne justifient pas d'une créance antérieure à l'acte attaqué.

133 **Art. XX** Si une partie s'est présentée comme étant une société, elle est personnellement tenue des obligations incombant à cette dernière dès lors que l'autre partie prouve que cette société est fictive.

2 Intégrité des consentements

134 **Art. XX** La signature du Contrat (n° 128) par les parties produit effet dès lors que chacune a exprimé son consentement :
- librement, à savoir sans contrainte physique, morale ou économique, sans chantage aux voies de droit pour obtenir un avantage disproportionné ; est présumée jusqu'à preuve contraire subir : une contrainte économique la partie qui n'a pas un égal pouvoir de négociation au sens de l'article XX (n° 116) ; un chantage, la partie qui a dû accepter un coût supérieur de … % (par exemple, au coût de la prestation, au prix moyen du marché ou autre référence choisie parmi les modalités de détermination du prix visées à l'article XX : n° 144) pour la prestation de l'autre partie ;
- avec la conscience de s'engager, chaque partie devant être saine d'esprit pour s'engager ;
- en raison de la personnalité de l'autre partie telle que mentionnée n° 101 ;
- sur la base des articles XX à XX régissant les pourparlers (n°s 113 à 118) et des articles XX à XX et XX (n°s 141 à 143 et 149) définissant les caractéristiques des prestations et le but du Contrat, le contenu de tous ces articles étant réputé déterminant de leur consentement réciproque.

Si l'une des conditions ci-dessus n'est pas exacte, par omission ou par affirmation, à la date de la signature du Contrat, la partie victime de l'inexactitude peut, et elle seule, demander réparation sous forme de dommages-intérêts. En cas de réticence ou de tromperie intentionnelle, elle peut en outre demander la nullité du Contrat.
L'annulation est prononcée par le juge ou l'arbitre par application des articles XX à XX (n°s 327 à 330).

3 Échange des consentements sous condition suspensive

135 **Art. XX** Le Contrat n'est pas conclu à la date des signatures de l'écrit comme précisé à l'article XX (n° 158) si l'engagement d'une partie est pris sous condition suspensive ; la conclusion du Contrat est dans ce cas suspendue jusqu'à la date où l'événement prévu, à savoir … (*préciser l'événement*) se produira, pourvu qu'il survienne au plus tard le … (*préciser la date*). Si l'événement se produit dans ce délai, le Contrat est conclu de ce seul fait, au choix des parties soit à la date de sa survenance, soit à la date de l'échange des signatures, dans les termes ci-après convenus.

136 **Art. XX** L'événement n'entraîne la conclusion du Contrat que s'il est certain, possible, licite, indépendant de la seule volonté de la partie débitrice de l'obligation conditionnelle (autrement dit bénéficiaire de la condition) et si cette obligation est elle-même licite.

137 **Art. XX** Le Contrat est réputé conclu :
- si la partie non bénéficiaire de la condition prouve que la partie bénéficiaire a empêché la réalisation de l'événement ; la preuve en est apportée dès lors que la partie bénéficiaire n'a pas répondu à la mise en demeure que lui a adressée l'autre partie la sommant, dans le délai de … (*nombre de jours, de mois*), de prouver les diligences qu'elle a accomplies pour la réalisation de l'événement dans le délai fixé à cet effet au Contrat ;
- si la partie bénéficiaire de la condition a renoncé à s'en prévaloir soit expressément soit en exécutant le Contrat.

138 **Art. XX** Pendant le délai imparti pour la réalisation de la condition, la partie bénéficiaire de la condition peut accomplir uniquement des actes conservatoires de son droit et supporte les risques qui peuvent affecter la chose objet de l'obligation conditionnelle.

139 **Art. XX** L'événement ne s'est pas produit dans le délai imparti s'il n'est pas conforme aux termes mêmes dans lesquels il a été défini au Contrat, s'il est devenu certain qu'il n'arrivera pas ou si l'événement prévu est par la suite annulé.

140 **Art. XX** Lorsque l'événement ne s'est pas produit au sens de l'article XX (n° 139), la condition a défailli ; le Contrat n'a jamais existé, sauf dans les cas exposés à l'article XX (n° 137).
Aucune indemnité n'est due par une partie à l'autre pour cause de non-réalisation de la condition.
Sauf clause contraire, si le Contrat a reçu un commencement d'exécution, les parties peuvent convenir de ne pas anéantir rétroactivement les prestations exécutées. Si les parties n'ont pas mentionné au Contrat cette précision, la partie bénéficiaire peut exiger l'anéantissement rétroactif de ces prestations, sauf celles accomplies à titre conservatoire. Pour celles accomplies en nature dont l'anéantissement serait impossible, la partie qui en souffre un préjudice peut obtenir réparation par l'allocation de dommages-intérêts dont le montant ne peut pas dépasser … % de la valeur des prestations concernées.

C Objet du contrat

1 Prestations en nature

Détermination de l'obligation essentielle

141 **Art. XX** L'obligation essentielle qui justifie la qualification de « Contrat de… » que les parties lui ont donnée à l'article XX (n° 129), recouvre la prestation en nature de ….
Le juge compétent, selon les articles XX et XX (nos 322 et 323), n'est pas lié par la qualification expresse des parties visée à l'article XX (n° 129) s'il juge cette qualification contraire à l'ordre public du for au nom duquel il statue.

142 **Art. XX** En cas de précisions insuffisantes permettant de déduire de l'énoncé du Contrat l'obligation essentielle, le doute s'interprète en faveur de la partie débitrice de l'obligation litigieuse en prenant en considération les usages applicables le cas échéant à l'espèce et le montant de la contrepartie.

Détermination de la prestation en nature

143 **Art. XX** La prestation due en nature est déterminée par les précisions suivantes relatives à :
- la nature de la chose due ;

- la quantité due chiffrée ou déterminable par calcul sur la base des données mentionnées au Contrat ;
- la qualité due par énoncé des spécifications et de la destination auxquelles doit satisfaire la chose due ou par référence à des normes officielles, telles Iso (International Standard Organization), Afnor (Association Française de Normalisation), ou corporatives, ou à des sources diverses telles que les spécifications des cahiers des clauses techniques des marchés publics.

Les spécifications mentionnées dans le Contrat l'emportent, sauf convention contraire expressément mentionnée au Contrat, sur celles des documents, le cas échéant, annexés au contrat, quelles que soient les distorsions que quiconque pourra constater entre les pièces contractuelles litigieuses, celles-ci proviendraient-elles d'énonciations formellement mentionnées dans lesdits documents.

2 Prix

144 **Art. XX** Le prix dû en contrepartie des prestations délivrées est de ..., soit un montant chiffré, définitif ou indexé dans les conditions fixées à l'article XX (nº 145), ou, en cas d'impossibilité de fixer ce chiffre à la date de signature du Contrat, du choix d'une des formulations du prix suivantes :
- prix obtenu par la seule mise en œuvre des éléments de calcul fixés dans le Contrat, sans nouveau concours de la volonté des parties ;
- prix fixé par référence à un prix de marché identifiable ;
- prix coûtant de la prestation fournie avec indication des éléments constitutifs de ce prix ;
- prix fixé à un minimum augmenté en fonction d'une référence choisie par les parties ;
- prix fixé par un tiers désigné au Contrat, soit entièrement libre de le déterminer, soit tenu de le déterminer à partir d'éléments de calcul fixés au Contrat ou entre un minimum et un maximum fixés au Contrat ;
- prix fixé par la partie créancière entre un minimum et un maximum fixés au Contrat.

Si le Contrat est conclu avec une société membre d'un groupe, le prix appliqué dans ce contrat est celui retenu dans le contrat similaire conclu, le cas échéant, par toute autre société du groupe, où qu'elle soit.

Les taxes et frais annexes obérant le prix fixé sont à la charge de ... (*telle partie désignée*).

145 **Art. XX** L'indexation du prix arrêté au Contrat est calculée en fonction de l'indice ... (*fixer un indice*).

Si l'indice ... (*reprendre l'indice fixé*) a disparu au moment du calcul du montant de l'indexation, le calcul est fait en fonction de l'indice ... (*fixer un autre indice*).

À défaut d'indice utilisable, et sauf renonciation à l'indexation par la partie qui y a intérêt, la partie la plus diligente peut en appeler au médiateur selon les conditions fixées aux articles XX et suivants (nºs 314 s.). Ce dernier arrête le prix en fonction de l'indexation qu'il retient. Sa décision constitue une sentence définitive passée en force de chose jugée comme il est dit à l'article XX (nº 320).

146 **Art. XX** Le prix est libellé en ... (*monnaie choisie par les parties*).

D Cause du contrat

1 Contrepartie

147 **Art. XX** La prestation essentielle à exécuter en nature et la prestation de verser le prix telles qu'elles sont fixées aux articles XX à XX (nºs 141 à 146) obligent les parties, sauf si la partie débitrice de l'une ou l'autre de ces prestations établit que celle-ci est impossible, illusoire ou dérisoire.

La contrepartie est impossible si la prestation due ne peut pas être exécutée matériellement ou juridiquement, en particulier en cas de perte de la chose corporelle objet de la prestation. Si l'impossibilité de la prestation existe au jour de la signature du Contrat, le contrat est nul ; si l'impossibilité de la prestation est survenue en cours d'exécution du contrat, celui-ci est caduc dès le jour où la survenance de l'impossibilité est prouvée par tous moyens.

La contrepartie « due en nature » est illusoire si la chose corporelle à fournir est perdue en tout ou en partie de telle sorte que ce qui en subsiste ne présente plus d'intérêt pour la partie créancière au regard de ses attentes telles qu'elle les a exprimées aux articles XX à XX (nos 141 à 146).

Le prix dû en contrepartie de la prestation due en nature est dérisoire si nul ne contracterait à ce prix ou, inversement, n'exécuterait cette prestation pour ce prix.

Le Contrat est nul si la contrepartie et/ou le prix sont illusoires ou dérisoires au jour de la conclusion du Contrat ; il est caduc dès le jour où la preuve de la survenance de l'événement qui a rendu l'obligation en cause illusoire ou dérisoire est apportée par tous moyens.

La contrepartie n'est ni illusoire ni dérisoire si elle est aléatoire. La prestation est aléatoire lorsqu'il est dans la commune intention des parties, d'une part, que l'une d'elles accepte que l'engagement dont elle est créancière soit subordonné à un événement incertain, futur et ne dépendant de la volonté d'aucune des parties, et, d'autre part, que chacune ait une chance de gain ou de perte.

148 **Art. XX** Les obligations secondaires, c'est-à-dire autres que l'obligation essentielle, que les parties ont déclarées déterminantes de leur engagement sont soumises aux solutions fixées à l'article XX (no 147).

Les obligations secondaires que les parties n'ont pas déclarées déterminantes de leur engagement ne sont pas une cause de nullité du Contrat même si leur contrepartie est impossible, illusoire ou dérisoire au jour de la conclusion du Contrat. Le manquement à ces obligations est sanctionné dans les termes fixés aux articles XX et suivants (nos 248 s.).

2 But

149 **Art. XX** Chaque partie affirme avoir consenti au Contrat en prenant en compte les déclarations de l'autre partie relatives aux mobiles de son engagement.

Les déclarations réciproques des parties forment leur commune volonté, chacune reconnaissant formellement qu'elle n'aurait pas donné son consentement si elle avait su que l'information échangée sur laquelle elle s'est fondée n'était pas exacte.

Ces déclarations définissent les attentes légitimes de chaque partie de l'exécution du Contrat.

150 **Art. XX** La partie X a déclaré : …

151 **Art. XX** La partie Y a déclaré : …

152 **Art. XX** Les parties déclarent : …
- le cas échéant, que telle obligation du Contrat précisément énoncée au présent alinéa est expressément assumée à ses risques et périls par telle partie nommément désignée au présent alinéa, qui reconnaît avoir été mise en garde par l'autre partie, sur le fondement des informations dont elle dispose au jour de la conclusion du Contrat, contre les pertes qu'elle est susceptible d'encourir ;
- que chacune renonce à mettre en cause le prix dû ou reçu en vertu du Contrat pour erreur commise dans l'estimation de la valeur monétaire des prestations qu'elle a exécutées ou reçues en contrepartie.

E Écrit

1 Modalités

a Support

153 **Art. XX** Le Contrat est établi par écrit sur support papier ou sur support informatique sécurisé.

b Forme

154 **Art. XX** L'écrit est établi, selon le choix des parties, soit en la forme authentique par un officier public ou ministériel, soit en la forme sous signature privée par un avocat ou par elles-mêmes.

c Nombre d'exemplaires

155 **Art. XX** Chaque partie a droit à un exemplaire du Contrat remis sur support papier ou transféré sur support informatique.
Si une partie n'a pas reçu son exemplaire, l'écrit n'a pas force probante à son égard, sauf le droit de chaque partie de prouver par tous moyens qu'elle a consenti au Contrat. Cette preuve est apportée dès lors qu'elle a exécuté le Contrat sans réserve ou opposition émise par une autre partie.

d Lieu et date de conclusion

156 **Art. XX** Le Contrat est réputé conclu au lieu et à la date mentionnés au pied du présent écrit à compter de zéro heure du jour. Cette date est dite ci-après « date de conclusion du Contrat ». Si le contrat est conclu sous condition suspensive, la date de conclusion du Contrat est celle fixée par les parties comme il est dit à l'article XX (n° 135).

e Langue

157 **Art. XX** La langue du Contrat faisant foi est la langue ….
Toute traduction du Contrat est fournie uniquement à titre d'information et n'a pas de valeur juridique.

f Signature

158 **Art. XX** Le Contrat est signé lorsque les parties ou leur mandataire, tels qu'identifiés aux articles XX et XX (nos 101 et 104), ont apposé, d'une part, leur signature au pied du présent écrit et, d'autre part, leur paraphe en regard des articles XX, XX, XX et XX (nos 110, 322, 323 et 333) et sur toute mention en marge. Si les signatures sont données en des lieux et à des dates différentes, le Contrat est signé à la date à laquelle l'écrit est revêtu de toutes les signatures requises, soit à celle à laquelle la dernière signature aura été apposée.
La signature peut être électronique si elle est conforme au régime fixé par le règlement de l'Union européenne 910/2014 du 23 juillet 2014 sur l'identification électronique et les services de confiance pour les transactions électroniques au sein du marché intérieur (eIDAS).
Seule la signature manuscrite ou la signature électronique répondant aux conditions ci-dessus fait foi de l'identité de la partie signataire. Au besoin, la signature manuscrite peut être soumise à vérification d'écriture par saisine du juge compétent au sens des articles XX et XX (nos 322 et 323) qui applique à cette procédure la loi du for ; à l'encontre de la signature électronique, la preuve contraire par tous moyens est recevable.

2 Force probante

a Écrit sous signature privée

159 **Art. XX** L'écrit sous signature privée dûment signé par les parties fait preuve à leur égard de leurs engagements, tant de leur contenu que de la date à laquelle ils ont été signés, chacune pouvant néanmoins apporter la preuve contraire du contenu et de la date du Contrat par tous moyens.

160 **Art. XX** À l'égard des tiers, l'écrit sous signature privée fait foi jusqu'à preuve contraire, qui peut être apportée par tous moyens, sous réserve du cas réglé à l'article XX (n° 162).
Il fait foi :
- au jour du décès d'une partie personne physique ou à la date de la dissolution d'une personne morale constatée par un officier public ou ministériel ;
- au jour auquel l'écrit a été mentionné dans un acte dressé par un officier public ou ministériel ;
- s'il est déposé au rang des minutes d'un officier public ou ministériel, à la date du dépôt apposée par l'officier public ou ministériel.

161 **Art. XX** En cas d'impossibilité de produire l'exemplaire signé sur papier, le support informatique fait foi si chaque partie en produit un exemplaire et que tous les exemplaires produits sont concordants. Si une partie ne peut pas produire un exemplaire informatique, le ou les exemplaires informatiques produits par une partie ou certaines d'entre elles fait foi si la preuve contraire n'est pas apportée.

b Écrit sous signature privée déposé chez un officier public ou ministériel

162 **Art. XX** D'un commun accord, les parties mandatent l'une d'elles pour déposer, dans un délai de ... jours à compter de la date de conclusion du Contrat, au rang des minutes de ... (*officier public ou ministériel nommément désigné*), le Contrat pour qu'il acquière valeur d'acte authentique et force exécutoire. L'acte déposé et ses copies délivrées par l'officier public ou ministériel valent titres exécutoires dans le ressort territorial de ce dernier pour le recouvrement des créances certaines, liquides et exigibles qu'il constate. Le recouvrement de ces créances en dehors de ce territoire n'est possible qu'après exequatur de l'acte déposé et de ses copies.
À défaut d'un commun accord, chaque partie est libre de déposer son exemplaire du Contrat chez un officier public ou ministériel de son choix. Ce dépôt confère seulement date certaine à l'exemplaire déposé et permet à l'officier public ou ministériel qui l'a reçu, chargé de le conserver, d'en délivrer autant de copies que nécessaire conformément à la loi qui régit son office. En aucun cas, il ne vaut titre exécutoire.

c Écrit authentique

163 **Art. XX** L'acte passé devant un officier public ou ministériel fait foi des énonciations faites ou constatées personnellement par l'officier public ou ministériel jusqu'à preuve apportée devant le juge compétent désigné aux articles XX et XX (nos 322 et 323) qu'il est un faux selon la procédure du for applicable en la matière.
Pour le surplus, l'acte fait foi jusqu'à preuve contraire.
Il a force exécutoire comme énoncé à l'article XX (n° 162).

d Avenant

164 **Art. XX** Les modifications apportées au Contrat ont force probante si elles sont établies par un écrit, dit « avenant », conforme lui-même, à tous égards, aux articles du Contrat.
Un avenant au sens du Contrat est un écrit daté et signé par les parties ou leurs mandataires.

SECTION II

Exécution du contrat

A Entrée en application du Contrat

1 Entrée en vigueur à la conclusion du Contrat

165 **Art. XX** Sauf convention contraire, le Contrat produit effet dès la date fixée à l'article XX (n° 156), sous les précisions suivantes.

a. Les parties sont définitivement liées jusqu'à ce que survienne une des causes de rupture ou d'extinction du Contrat telles que prévues respectivement aux articles XX à XX et XX à XX (nos 272 à 278 et 289 à 294). Dès cette date, même si l'exécution du Contrat a été différée comme prévue à l'article XX (n° 166), le Contrat, les créances et les obligations existent. La clause attributive de juridiction ou la clause d'arbitrage convenue respectivement aux articles XX et XX (nos 323 et 326) sont applicables.

En cas de cautionnement des obligations d'une partie, la caution est devenue débitrice jusqu'à l'extinction des obligations garanties.

b. Lorsque le contrat a reçu un commencement d'exécution avant la date de sa conclusion, les prestations exécutées sont intégrées au Contrat si les parties en conviennent par une clause expresse de rétroactivité du Contrat. À défaut, ces prestations sont considérées comme des prestations extracontractuelles qui peuvent donner lieu à indemnisation selon le cas au titre de la gestion d'affaires si elles sont utiles à la réalisation du Contrat par application de l'article XX (n° 201), de l'enrichissement injustifié si l'appauvrissement de la partie qui a fourni ces prestations ont enrichi l'autre partie par application de l'article XX (n° 176) ou de la responsabilité extracontractuelle par application du régime de cette responsabilité en vigueur devant le juge compétent désigné aux articles XX et XX (nos 322 et 323).

c. L'entrée en vigueur du Contrat est suspendue s'il comporte une faculté de dédit conformément à l'article XX (n° 125).

2 Exécution des prestations à la date fixée par les parties

166 **Art. XX** Les prestations sont dues dès la date de conclusion du Contrat, sauf si les parties reportent leur exécution à la date du … (*fixer une date*).

B Effets du contrat

1 Parties liées par le Contrat

a Signataires du Contrat

167 **Art. XX** Seules les parties signataires du Contrat ou représentées par un mandataire et, le cas échéant, leurs héritiers ou les parties désignées à l'alinéa 2 du présent article, sont tenues d'exécuter les obligations mises à leur charge et peuvent demander l'exécution des obligations souscrites à leur profit conformément aux termes du Contrat.

Sont assimilées aux parties signataires pour l'application de l'alinéa ci-dessus les personnes qu'elles se sont substituées, les cessionnaires du Contrat et les personnes qui sont apparues aux yeux des tiers comme des parties.

Ne sont que des ayants cause particuliers d'une partie au Contrat les cessionnaires de créances ou de dettes nées du Contrat ainsi que le bénéficiaire d'une stipulation pour autrui. Ces ayants cause ne peuvent se prévaloir du Contrat que dans la mesure des droits qui leur sont transmis par lesdites cessions ou par la stipulation faite à leur profit.

Quiconque n'a pas une des qualités ci-dessus est un tiers au Contrat.

168 **Art. XX** Les tiers au Contrat au sens défini à l'article XX (n° 167) ne sont pas tenus à l'exécution des obligations prévues au Contrat et ils ne peuvent ni invoquer leur exécution à leur profit ni reprocher aux parties de ne pas avoir exécuté le Contrat.

Néanmoins, ils doivent respecter la situation contractuelle créée par le Contrat et ils peuvent s'en prévaloir pour en tirer une preuve, une interprétation à faire valoir pour fixer le sens d'un autre contrat, la justification d'un enrichissement ou le droit à réparation du dommage imputable à l'exécution défectueuse de ses prestations par une partie.

Le tiers auquel nuit l'exécution du Contrat peut invoquer l'exception d'inopposabilité de la mesure qui lui porte tort au motif que cette nuisance est la conséquence de la violation d'une règle d'ordre public d'intérêt général.

169 **Art. XX** Si, pour l'exécution des obligations mises à sa charge par le Contrat, une partie a recours à un tiers que l'autre partie n'a pas accepté formellement, elle est obligée par les actes de ce tiers ; en aucun cas le tiers pourra en demander compte à l'autre partie, même s'il prétend ne pas avoir eu connaissance de la présente clause, sauf faute délictuelle commise par cette autre partie à son encontre. La partie qui a subi un dommage du fait du tiers peut agir contre ce dernier et contre la partie qui a demandé son intervention pour obtenir de chacun la réparation pour le tout du préjudice.

Si la partie créancière des obligations exécutées par le tiers intervenant a cru légitimement que celui-ci agissait comme partie substituée ou conjointe à la partie débitrice, elle peut agir contre lui comme s'il était partie au Contrat et contre la partie ayant permis son intervention qui est alors tenue pour le tout avec le tiers.

Si le tiers a été agréé par la partie créancière des obligations que la partie débitrice lui a sous-traitées par un contrat écrit, la partie créancière a une action directe contre le sous-traitant pour obtenir réparation des manquements commis par ce dernier dans l'exécution de ses obligations, même si le sous-traitant n'est jamais intervenu physiquement sur le site d'exécution du Contrat.

b Nouvelles parties au contrat

170 **Art. XX** Les parties peuvent convenir que le Contrat, ou une ou des créances ou une ou des dettes nées du Contrat, peuvent être transférées à un tiers selon l'une des modalités ci-après, au choix des parties.

Substitution d'une partie à une autre

171 **Art. XX** Chaque partie est autorisée à se substituer telle personne physique ou morale nommément désignée ou déterminable à partir des éléments d'identification précisés au Contrat, laquelle devient partie au Contrat aux lieu et place de la partie substituante.

Les parties peuvent convenir que la substitution est possible soit à tout moment avant l'extinction du Contrat, soit avant l'expiration d'un délai de … à compter de la date de conclusion du Contrat.

La substitution décidée par une partie est notifiée à l'autre partie. Sauf clause expresse la déclarant solidaire du substitué, la partie qui a notifié la substitution est libérée de ses obligations à la date de réception de la notification par l'autre partie, le substitué en étant tenu en ses lieu et place.

Si la substitution intervient au cours de l'exécution du Contrat, les prestations en nature ou en argent fournies avant la substitution sont réputées accomplies par le substitué qui doit en répondre seul ou solidairement avec le substituant selon le choix des parties.

Cession de la qualité de partie au Contrat

172 **Art. XX** Par un acte dit « cession de contrat », la qualité de partie au Contrat peut être cédée à un tiers nommé ou à nommer au jour de la cession, par chaque partie avec l'accord exprès et écrit de l'autre. Si le tiers n'est pas nommément désigné dans le Contrat, la cession est subordonnée à l'agrément du tiers par la partie cédée. Si celle-ci refuse l'agrément, elle doit établir que son refus ne porte pas atteinte aux attentes exprimées par l'autre partie aux articles XX à XX (n°s 141 à 148). La partie cédante qui conteste les motifs avancés par la partie cédée peut demander l'intervention du médiateur dans les conditions exposées aux articles XX et suivants (n°s 314 s.).
La cession n'est valablement conclue que par un acte écrit. Elle ne prend effet envers la partie cédée qu'à la date de réception par cette dernière de la notification de l'acte de cession.
Le cessionnaire devient partie au Contrat. Il peut faire valoir tous les droits de la partie cédante envers la partie cédée. Celle-ci peut lui opposer les exceptions inhérentes à l'obligation dont il est créancier et les exceptions personnelles qu'elle a contre lui, telles que définies aux articles XX à XX (n°s 228 à 231). Le cessionnaire est tenu des obligations dont était débitrice la partie cédante.
La partie cédante demeure garante solidaire de l'exécution des obligations dont elle était tenue, sauf si la partie cédée consent par une clause expresse du contrat de cession à la libérer.

2 Exécution des prestations en nature

a Obligation à exécuter

Obligation déterminée au Contrat

173 **Art. XX** Chacune des parties débitrices des obligations qui sont mises à sa charge par le Contrat doit les exécuter dans les termes prévus jusqu'à l'extinction de celui-ci par survenance de l'une des causes mentionnées aux articles XX à XX (n°s 289 à 294) et, après son extinction, doit exécuter les obligations formellement définies par le Contrat comme prévu à l'article XX (n° 295).

174 **Art. XX** Toute modification apportée aux obligations en cours d'exécution du Contrat n'oblige la partie débitrice que dans les termes fixés aux articles XX à XX (n°s 201 à 204).

175 **Art. XX** Les actes et les faits accomplis dans l'exercice de leurs fonctions par les salariés des parties obligent ces dernières. Au sens du Contrat, sont des salariés les personnes qui interviennent dans l'exécution des prestations au nom d'une partie à laquelle elles sont subordonnées par un contrat de travail ou une relation de subordination de fait.
Chaque partie se porte garante du fait de ses sous-traitants.

Obligation non déterminée au Contrat volontairement exécutée par une partie

176 **Art. XX** La partie qui, de son propre mouvement, fournit, en cours d'exécution du Contrat ou après son extinction, une prestation à laquelle elle n'est pas formellement tenue en vertu de celui-ci ne peut en demander l'indemnisation au bénéficiaire que dans la mesure où son appauvrissement a enrichi ce dernier.
La partie agissante s'est appauvrie si elle prouve avoir subi une perte matérielle ou avoir procuré un avantage à l'autre partie, par exemple par l'utilisation de ses installations ; elle est réputée appauvrie même si son appauvrissement est imputable à sa faute.

Elle ne peut pas invoquer son appauvrissement si elle a agi à ses risques et périls, ce qui n'est le cas que si la partie poursuivie en indemnisation prouve que son action a profité exclusivement à la partie agissante.
L'enrichissement est constitué par tout avantage procuré à la partie bénéficiaire de l'acte accompli par la partie appauvrie.
L'enrichissement et l'appauvrissement sont évalués à la date de la demande d'indemnisation présentée par la partie appauvrie, l'appauvrissement étant constaté au jour de la dépense, et l'enrichissement tel qu'il subsiste au jour de la demande.
La partie appauvrie a droit au montant de l'indemnité ainsi établie, sans aucune réduction pour la faute à l'origine de son appauvrissement qu'elle a pu avoir commise.

b Modalités d'exécution

177 **Art. XX** Si les obligations sont pures et simples, chaque partie accomplit les actes requis pour en obtenir l'exécution.
Si l'obligation comporte la faculté pour la partie débitrice de telle obligation formellement dénommée de choisir entre deux prestations déterminées, elle peut, dans le délai de ..., choisir celle qu'elle exécutera (prestations dites « alternatives ») ; elle est tenue par l'obligation choisie dès lors qu'elle a fait son choix dans le délai imparti et est libérée par son exécution. Si le choix n'est pas fait dans ce délai, la partie créancière peut, après mise en demeure, exercer le choix aux lieu et place de la partie débitrice. Le choix fait par la partie débitrice ou par la partie créancière est irrévocable.
Si la prestation mise en obligation ouvre à la partie débitrice de telle obligation formellement dénommée la faculté d'exécuter une autre prestation déterminée (obligation dite « facultative ») et si elle en a fait le choix, elle est tenue d'exécuter cette dernière prestation et est libérée par son exécution. La partie créancière ne peut pas s'opposer au choix de la partie débitrice.
La délivrance d'une chose corporelle ou d'un bien immatériel ou celle d'une prestation de service est exécutée lorsque la partie débitrice met la partie créancière en mesure de la recevoir dans un état conforme aux prescriptions du Contrat.
La prestation de ne pas faire est exécutée tant que le délai de prescription n'a pas expiré et qu'il ne peut pas être reproché à la partie débitrice un fait contraire à sa promesse.

178 **Art. XX** Au cas où la formulation de telle ou telle prestation serait sujette à interprétation, le sens à retenir doit être recherché selon les directives ci-après :
- les clauses claires et précises sont exclues de toute interprétation ;
- les clauses ambiguës sont interprétées conformément à la commune intention des parties telle qu'elle ressort du but du Contrat fixé aux articles XX à XX (n°s 149 à 152), en tenant compte de leur comportement, du sens commun en usage dans les affaires et des pratiques établies entre elles ;
- chacune des clauses doit avoir un effet utile et produire des conséquences ;
- toute clause douteuse doit être interprétée en faveur du débiteur ; si les parties jouissent d'un égal pouvoir de négociation au sens de l'article XX (n° 116), cette présomption est écartée ;
- le sens des différentes clauses est fixé en les confrontant les unes aux autres et en tenant compte du but du Contrat tel que défini aux articles XX à XX (n°s 149 à 152) ;
- les clauses spéciales sont censées déroger aux clauses générales et s'interprètent restrictivement ;
- l'exécution par les parties d'une clause dans un sens donné doit être considéré comme convenu ;
- une obligation peut être imposée à une partie comme une suite que l'équité donne au présent Contrat compte tenu de sa nature ;
- les mots écrits au singulier peuvent s'entendre au pluriel et réciproquement ;
- la déduction a contrario d'une affirmation ou d'une omission constatée dans le Contrat est irrecevable ;
- les mentions en marge non paraphées sont sans effet ;
- les clauses qui sont contredites ou qui n'ont pas d'utilité en raison des choix faits par les parties sont, si elles n'ont pas été supprimées expressément, réputées non écrites.

Toute contestation sur le sens des clauses est portée par la partie la plus diligente devant le médiateur dans les conditions exposées aux articles XX et suivants (nos 314 s.) ; si les parties ne parviennent pas à s'accorder sur l'interprétation de la clause litigieuse recommandée par le médiateur, celui-ci décide du sens à donner à la clause. Sa décision constitue une sentence définitive, passée en force de chose jugée, comme il est dit à l'article XX (n° 320).

c Délais d'exécution

179 **Art. XX** Les obligations prévues au Contrat sont exécutées dans les délais que les clauses du Contrat impartissent.

Les délais sont fixés sous les conditions suivantes :

- les délais chiffrés sont de rigueur, sauf indication contraire par une mention formelle ;
- le délai de rigueur est entendu comme celui dont le dépassement est sanctionné par la déchéance du droit, sauf renonciation au respect du délai par la partie créancière ;
- toute formule approximative imposant un délai, par exemple « en temps utile », « en temps opportun », « en temps voulu », « dans les plus brefs délais », « dès que possible », comme l'omission de mention d'une durée, doit s'entendre comme se référant à une durée raisonnable ;
- les délais exprimés en jours commencent à courir au début de la première heure du lendemain du jour de l'acte, de l'événement, de la décision ou de la notification qui le fait courir et prennent fin à l'expiration du dernier jour du délai ;
- les délais exprimés en semaines, en mois ou en années, commencent à courir au début de la première heure du premier jour du délai et prennent fin à l'expiration de la dernière heure du jour qui, dans la dernière semaine, dans le dernier mois ou dans la dernière année, porte la même dénomination ou le même chiffre que le jour de départ ; toutefois, si, dans un délai exprimé en mois ou en années, le jour déterminant pour son expiration fait défaut dans le dernier mois, le délai prend fin à l'expiration de la dernière heure du dernier jour de ce mois (par exemple, un délai de 3 mois ou de 3 années dont le point de départ est le 31 janvier 2018 expire le 30 avril 2018 ou le 31 janvier 2021).
- les délais exprimés en mois et en jours, sont décomptés d'abord par les mois, puis par les jours ;
- les délais courent les samedis, dimanches, ou les jeudis et vendredis, ou les vendredis et samedis le cas échéant, et les jours fériés du lieu où les prestations doivent être exécutées, sauf si ceux-ci en sont expressément exclus ou si les délais sont exprimés en jours ouvrables, c'est-à-dire les jours autres que les samedis, les dimanches, ou les jeudis et vendredis, ou vendredis et samedis le cas échéant, et les jours fériés ;
- si le dernier jour d'un délai est un samedi, un dimanche, un jeudi, ou un vendredi le cas échéant, ou un jour férié à l'endroit où l'acte, l'événement, ou la notification prescrit doit être effectué, le délai prend fin à l'expiration de la dernière heure du jour ouvrable suivant ; cette disposition n'est pas applicable si les délais sont à calculer rétroactivement à partir d'une date ou d'un événement déterminé ;
- lorsqu'un acte, une formalité, un événement ou une notification doit être accompli avant l'expiration d'un délai, celui-ci a pour origine la date de l'acte, de l'événement, de la décision ou de la notification qui le fait courir ;
- les délais dépendant de la volonté discrétionnaire d'une seule partie ne sont pas contraignants ;
- la partie débitrice perd le bénéfice des délais d'exécution si elle y a renoncé, ne fournit pas les garanties qu'elle a promises ou réduit celles qu'elle a données.

Toute contestation sur l'existence ou la durée d'un délai prévu par un article du Contrat est portée par la partie la plus diligente devant le médiateur dans les conditions exposées aux articles XX et suivants (nos 314 s.) ; si les parties ne parviennent pas à s'accorder sur la durée du délai litigieux recommandée par le médiateur, celui-ci décide du sens à donner à l'article. Sa décision constitue une sentence définitive, passée en force de chose jugée comme il est dit à l'article XX (n° 320).

d Suivi de l'exécution

Notifications

180 **Art. XX** Est une notification, au sens du Contrat, tout avertissement ou toute demande porté par une partie à la connaissance de l'autre en exécution d'un article du Contrat qui impose cette mesure.

Toute notification requise par le Contrat est soumise aux règles ci-après.

Les notifications sont faites, au choix de l'auteur, par lettre recommandée avec avis de réception ou remises contre récépissé au domicile de la partie destinataire ou par acte d'un officier public ou ministériel. Le domicile de la partie destinataire est celui indiqué dans le Contrat à l'article XX (n° 101).

La notification par :

- lettre recommandée postale avec demande d'avis de réception est faite, à l'égard de l'expéditeur, à la date portée sur l'avis d'expédition et, à l'égard du destinataire, à la date portée sur l'avis postal de réception ; les cachets apposés par des usagers à l'aide de machines à affranchir utilisées avec l'autorisation et sous le contrôle de l'établissement postal font foi comme cachets apposés par les services postaux ;
- lettre recommandée électronique doit être acheminée par un tiers selon un procédé permettant de l'identifier, de désigner l'expéditeur, de garantir l'identité du destinataire et d'établir si la lettre a été remise ou non au destinataire ; le contenu de cette lettre, au choix de l'expéditeur, peut être imprimé par le tiers sur papier pour être distribué au destinataire ou peut être adressé à celui-ci par voie électronique ; lorsque l'apposition de la date d'expédition ou de réception résulte d'un procédé électronique, la fiabilité de celui-ci est présumée, jusqu'à preuve contraire ; un avis de réception peut être adressé à l'expéditeur par voie électronique ; la remise de l'écrit sous forme électronique est effective lorsque le destinataire en a formellement accusé réception ;
- remise en mains propres est accomplie à la date portée sur l'avis tant à l'égard de l'expéditeur que du destinataire, sauf preuve contraire établie par tous moyens ;
- acte d'un officier public ou ministériel est réalisée à la date portée par cet officier sur l'acte qu'il délivre ;
- mention dans les conclusions déposées dans une instance en justice est faite à la date du dépôt.

La notification est faite au lieu précisé au Contrat, ou, à défaut d'une telle précision, au domicile de la partie destinataire tel qu'indiqué à l'article XX (n° 101), et dans le délai fixé au Contrat à l'article XX (n° 179).

Une notification ne produit aucun effet si sa révocation parvient au destinataire avant elle ou le même jour, pourvu que ce soit avant minuit.

La notification par laquelle une partie s'oppose à ce que l'autre partie accomplisse un acte déterminé, telle qu'une restitution, la mise en œuvre d'une garantie autonome ou le paiement d'un prix ou d'une indemnité due à une partie, ne vaut opposition que si elle est faite par acte d'un officier public ou ministériel.

Sauf si la notification est prescrite dans un délai de rigueur, un acte contraire aux prescriptions ci-dessus vaut notification s'il est prouvé par la partie qui en est l'auteur que la partie destinataire a été dûment informée.

La partie qui notifie peut, si elle le préfère, procéder par voie de signification, laquelle suppose que l'acte soit porté à la connaissance de la partie destinataire par la voie d'un officier public ou ministériel.

Communications

181 **Art. XX** Au sens du Contrat, est une communication tout échange de correspondance, par quelque modalité que ce soit, qui n'est pas une notification au sens de l'article XX (n° 180). Cet échange peut être établi par tous moyens et, en cas de désaccord des parties sur le sens à lui donner, est interprété et tranché par le médiateur, à l'initiative de la partie la plus diligente, dans les conditions exposées aux articles XX et suivants (nos 314 s.). La décision du médiateur est une sentence définitive, passée en force de chose jugée, comme il est dit à l'article XX (n° 320).

Réserves

182 **Art. XX** La partie qui relève un manquement de l'autre partie à ses obligations doit le lui notifier au plus tard dans le délai de huit jours à compter de celui où elle en a eu connaissance, jour que la partie destinataire peut contester par tous moyens.

Il ne peut pas être opposé à la partie qui invoque un manquement qu'elle a renoncé à le dénoncer quel qu'ait été son comportement avant sa dénonciation, notamment si elle a payé la facture correspondant à la prestation contestée ou a accepté le travail commandé.

La partie qui a dénoncé un manquement, dont elle entend se prévaloir, adresse à la partie tenue pour auteur du manquement, dans le délai d'un mois suivant la notification visée à l'alinéa 1, une mise en demeure aux fins d'en établir, dans le délai qu'elle lui impartit, la preuve dans les termes de l'article XX (n° 265). À défaut de mise en demeure dans le délai, elle est censée avoir renoncé à se prévaloir du manquement qu'elle a dénoncé.

La partie mise en cause, qui n'a pas déféré à la mise en demeure dans le délai imparti, est réputée avoir reconnu l'existence du manquement dans les termes décrits par la mise en demeure.

La partie qui a déclaré « accepter sans réserves » les prestations qui lui sont livrées et visées dans l'acte de réception ne peut pas ultérieurement remettre en cause cette acceptation.

Mesures préventives

183 **Art. XX** Chaque partie peut accomplir les actes conservatoires des droits qui lui sont consentis par le Contrat.

Les mesures conservatoires utilisables sont celles prévues par la législation applicable au lieu où la mesure doit être exécutée.

184 **Art. XX** Sous la réserve du droit d'invoquer l'exception d'inexécution prévue à l'article XX (n° 267), chaque partie s'interdit de se faire justice à elle-même. Tout acte unilatéral d'une partie tendant à sanctionner par lui-même un manquement prétendu au Contrat ou commis à la demande de cette partie ou avec son autorisation est nul de plein droit.

185 **Art. XX** Chaque partie créancière d'une obligation peut soulever l'inopposabilité des actes faits par l'autre partie en fraude de ses droits, dite « fraude paulienne ».

Tout acte frauduleux peut être remis en cause, même s'il est conclu sous condition suspensive ou a été approuvé par la partie créancière.

L'acte suspecté de fraude est inopposable à la partie créancière si les conditions suivantes sont remplies :

– l'acte a provoqué un appauvrissement de la partie débitrice, c'est-à-dire a provoqué la sortie d'un bien du patrimoine de cette dernière (sauf si cet acte constitue le paiement d'une dette certaine, liquide et exigible), et a ainsi privé la partie créancière de biens suffisants pour la désintéresser, ou l'acte a diminué l'efficacité de l'exercice des droits dont la partie créancière s'était réservé l'avantage sur le bien objet de l'acte suspecté de fraude ;

– la partie créancière dispose d'une créance antérieure à l'acte frauduleux, qui peut être seulement certaine en son principe et pas encore liquide ni exigible, ou d'une créance postérieure à cet acte si ce dernier a été accompli par la partie débitrice avec l'intention de nuire à la partie créancière ;

– la partie créancière a établi que la partie débitrice a conclu l'acte avec la conscience de lui nuire et, si l'acte était à titre onéreux, que le tiers partie à l'acte était complice ou, si ce tiers a à son tour transmis le bien objet de l'acte à une autre personne, que cette dernière était complice.

L'acte inopposable n'a aucun effet à l'égard de la partie créancière qui, dans la limite de sa créance, peut saisir le bien objet de l'acte frauduleux dans les mains du tiers complice et de le faire vendre libre de droits.

e Conduite des parties

186 **Art. XX** Les parties s'engagent à exécuter les obligations nées du Contrat de bonne foi.
Elles conviennent que cet engagement implique pour elles les conséquences dont la liste non limitative est fixée aux articles XX et XX (nos 187 et 188).

187 **Art. XX** Les parties s'engagent à :
- minimiser les conséquences des dommages survenus lors de l'exécution du Contrat, comme il est dit à l'article XX (n° 282) ;
- coopérer à l'exécution du Contrat en conformité avec les engagements qu'elles ont pris ;
- s'informer réciproquement de tout acte ou fait venu à leur connaissance susceptible d'avoir une incidence, positive ou négative, sur l'exécution du Contrat ;
- ne pas trahir la confiance qu'elles se font réciproquement ;
- ne pas se surprendre l'une l'autre et ne pas agir avec précipitation pour profiter d'une circonstance inopinée ou avec calcul pour empêcher l'autre de réagir.

188 **Art. XX** La partie qui est créancière d'obligations souscrites par l'autre partie au Contrat s'engage à :
- se prévaloir sans tarder de ses droits et à adresser à la partie débitrice des réserves propres à les sauvegarder dans les conditions fixées à l'article XX (n° 182), sans pouvoir justifier son attitude en invoquant que ses droits à agir ne sont pas encore prescrits ;
- ne pas faire obstacle à l'exécution du Contrat ;
- ne pas se plaindre de l'inexécution ou de l'exécution défectueuse d'une obligation qui a été exécutée conformément à ses instructions écrites.

f Modalités particulières

Confidentialité

189 **Art. XX** Les parties conviennent que les informations qu'une partie a communiquées par écrit à l'autre, pendant l'exécution du Contrat, sont confidentielles dès lors qu'elles ne sont pas dans le domaine public, même si la partie qui les a fournies n'a pas spécifié en les communiquant la condition de confidentialité.
Les informations que les parties se sont communiquées oralement ne sont confidentielles que si la partie communicante a demandé à la partie destinataire de respecter la confidentialité et si elle peut prouver que cette dernière a acquiescé à cette demande.
Les parties sont tenues par l'obligation de confidentialité pendant ... (*par exemple tant de temps, dans la limite tolérée par la prescription telle que régit par l'article XX : n° 325*), à compter de l'extinction du Contrat.
En cas de révélation d'une information confidentielle par la partie qui en était destinataire, celle-ci sera tenue pour avoir violé la confidentialité, sauf si elle prouve que la révélation lui a été imposée par un cas de force majeure tel que défini à l'article XX (n° 258). Elle doit, à titre de clause pénale définie à l'article XX (n° 283), à la partie victime de la révélation une somme forfaitaire de ... dont elle accepte que le montant soit préretenu et séquestré à titre conservatoire sur les créances qu'elle détient, le cas échéant, sur la victime jusqu'au règlement d'une éventuelle contestation sur ladite somme.
Le bénéficiaire de la révélation peut être tenu pour complice de la partie qui a révélé l'information s'il a eu la connaissance effective que cette dernière violait ainsi l'obligation de confidentialité à laquelle

elle était tenue. Il est alors obligé pour le tout avec cette partie. Celui d'entre eux qui s'est acquitté de la dette a un recours contre l'autre selon les règles applicables devant le juge compétent désigné aux articles XX et XX (n°s 322 et 323).

Non-concurrence

190 **Art. XX** Chaque partie s'interdit d'exercer, par elle-même ou par personne interposée, à l'expiration du Contrat l'activité de … (*description aussi précise que possible pour éviter le recours à l'interprétation du juge ou l'annulation de la clause pour indétermination de la prestation due*) pendant … (*fixer la durée*) et dans … (*fixer le territoire*).

Au cas où une interprétation de la clause s'avèrerait nécessaire, notamment pour apprécier sa finalité, celle-ci devrait être établie par référence au but du Contrat tel que convenu par les parties aux articles XX à XX (n°s 149 à 152).

La violation de cette clause oblige la partie qui en est l'auteur au versement d'une somme forfaitaire de … à titre de clause pénale dans les conditions fixées à l'article XX (n° 283).

Perte de la chose corporelle due

191 **Art. XX** Au cas où la chose due en vertu d'une obligation du Contrat vient à périr ou à être endommagée de plus de … % (*par exemple 10 %*) de sa valeur, la partie débitrice est libérée si la perte ou l'endommagement est dû à un cas de force majeure tel que défini à l'article XX (n° 258). Si la chose a subi une dépréciation de … % (*par exemple 20 %*) ou plus, la partie débitrice doit supporter la moins-value en fournissant une chose indemne.

À défaut de perte ou de dépréciation imputable à la force majeure, la partie débitrice doit la réparation du dommage sauf si elle prouve que ce dommage n'est pas dû à sa faute.

Toutefois, si la partie débitrice a été mise en demeure d'exécuter sa prestation et n'y a pas déféré dans le délai imparti, elle n'est libérée de son obligation que si elle prouve que la chose aurait également péri ou aurait été également endommagée si elle avait été, au même moment, détenue par la partie créancière. Elle doit alors céder à la partie créancière les droits et actions attachés à la chose, notamment ses actions éventuelles contre l'assureur, le vendeur initial ou le transporteur.

Détachement de personnel

192 **Art. XX** La partie X s'engage à détacher auprès de la partie Y un ou des salariés qualifiés pour concourir par leur expertise à la bonne exécution de telle ou telles prestation(s) pendant une durée de ….(*fixer la durée*).

L'intervention des salariés détachés a pour objet l'exécution des tâches suivantes : …(*lister les tâches*).

Ces tâches sont exécutées selon le schéma d'organisation technique et administratif de l'assistance promise, le planning et le budget prévisionnel de dépenses, dont le montant ne pourra excéder la somme de …, sauf augmentation de ce montant par conclusion d'un avenant au sens de l'article XX (n° 164). Ces dépenses sont à la charge de … (*telle partie ou partagées entre elles selon telle proportion*).

Si une mission de recherche est confiée au personnel détaché, les inventions seront attribuées, au choix des parties, soit à la partie X ou à la partie Y, soit aux deux par parts égales. La partie bénéficiaire ou les deux parties présenteront leurs demandes de brevet d'invention en se conformant à la législation des brevets en vigueur au lieu du dépôt des demandes.

Les parties X et Y se réuniront tous les … (*préciser une fréquence de réunion*) pour apprécier le déroulement des tâches et éventuellement en adapter les conditions d'exécution par la conclusion d'un avenant au sens de l'article XX (n° 164). Au cas où elles rencontreraient des difficultés à s'accorder, la partie la plus diligente pourra saisir le médiateur conformément aux articles XX et suivants (n°s 314 s.). À défaut d'accord des parties sur les recommandations du médiateur, celui-ci tranche le différend. Sa décision est une sentence définitive, passée en force de chose jugée, comme il est dit à l'article XX (nº 320).

Le personnel détaché est tenu de ne pas divulguer les informations qui lui sont communiquées par la partie bénéficiaire de leur intervention.

Chaque partie s'engage à ne pas débaucher le personnel de l'autre partie qui intervient à sa demande pendant l'exécution du Contrat et pendant … (*par exemple cinq ans*) à compter du jour de l'extinction du Contrat (*la durée peut être modulée en fonction des qualifications du personnel mis à disposition*).

Le personnel détaché reste soumis à la législation du travail et de sécurité sociale applicable à son contrat de travail.

Mise à disposition de matériel

193 **Art. XX** La partie X met à la disposition de la partie Y le matériel … (*désigner le matériel*), selon les conditions suivantes.

194 **Art. XX Livraison** Le matériel est livré par la partie X sur le site de … (*désigner le site*) ; il doit être restitué par la partie utilisatrice par remise sur le site de… (*dénommer le lieu de remise*).

Les frais d'installation sont à la charge de la partie Y.

195 **Art. XX Usage** La partie Y s'engage à utiliser le matériel visé à l'article XX (nº 193) conformément à sa destination et exclusivement pour un usage en relation avec l'exécution des prestations suivantes : ….

La période d'usage du matériel est de … (*nombre de jours, mois, années*).

196 **Art. XX État du matériel remis** L'état du matériel au jour de sa remise est constaté contradictoirement par les parties qui dressent un procès-verbal signé et daté. À défaut d'un tel constat, le matériel est réputé remis en bon état.

Si une partie refuse de participer à la rédaction de l'état susvisé, l'autre partie peut se prémunir de la preuve de cet état par tous moyens.

197 **Art. XX Charges** Le matériel visé à l'article XX (nº 193) est mis à la disposition de la partie Y gratuitement ou en contrepartie du paiement d'une somme forfaitaire de … (*fixer le montant*) ou d'une redevance journalière de … (*fixer le montant*) par jour à compter de la livraison du matériel jusqu'au jour de sa restitution.

Toutes les charges relatives à l'utilisation de ce matériel incombent à la partie Y ; celles relatives à son entretien incombent également à la partie Y à hauteur d'un montant au maximum de … (*fixer le montant*).

198 **Art. XX Contrôle de l'entretien du matériel** En cours de Contrat, la partie X peut, si elle constate une incurie dans l'entretien du matériel, mettre en demeure la partie Y de procéder, dans le délai de … (*préciser le délai*), aux mesures d'entretien qu'elle préconise. À défaut d'exécution de ces mesures dans ce délai, la partie X peut intervenir elle-même ou par personne interposée pour procéder auxdites mesures. Elle peut aussi demander à la partie Y le remboursement des dépenses exposées dans la mesure où celles-ci lui incombent au titre de l'article XX (nº 197). En toute hypothèse, elle est en droit de lui réclamer les frais de main-d'œuvre exposés pour parer à sa défaillance.

199 **Art. XX Réparation des dommages** Tout dommage, quelle qu'en soit la cause, doit être réparé par la partie Y. La charge de la réparation est partagée par moitié si cette partie prouve que le dommage aurait été le même si le matériel avait été en la possession de la partie X.

200 **Art. XX Restitution** La partie Y doit restituer le matériel mis à sa disposition au plus tard dans le délai de … (*nombre*) jours suivant l'extinction de la période d'usage prévue à l'article XX (nº 196), ou peut le conserver, soit en totalité, soit dans la mesure fixée par les parties, si la partie X accepte de le lui laisser en propriété gratuitement ou contre une indemnité de …. (*fixer le montant*).

Les frais de désinstallation sont à la charge de la partie Y.

Si le matériel n'est pas restitué dans l'état où il était au moment de sa livraison visée à l'article XX (n° 196), la partie Y doit indemniser la partie X des dépenses de remise en état causées par le défaut d'entretien imputable à la partie Y.
À défaut de restitution du matériel par la partie Y, celle-ci doit à la partie X une indemnité égale à la valeur à neuf du matériel non restitué.

g Modifications des obligations

Actes non prévus au Contrat accomplis unilatéralement par une partie

201 **Art. XX** Tout acte accompli par une partie non prévu aux spécifications des articles XX à XX (n°s 141 à 152), même répété régulièrement, ne peut pas devenir une obligation de cette partie au titre d'un usage établi entre les parties.
Si les parties conviennent en cours d'exécution du Contrat d'en faire un acte modifiant le contrat par la conclusion d'un avenant au sens de l'article XX (n° 164) ou si une partie prouve, par tous moyens, un accord verbal entre les parties, cet acte lie alors celles-ci sur son objet.
À défaut même d'un tel accord, un acte accompli par une partie, autre que la fourniture d'une prestation prévue à l'article XX (n° 141), peut donner lieu au remboursement à cette partie des dépenses qu'elle a exposées si l'acte répond aux conditions suivantes :
- il est un acte non requis par le Contrat et accompli sans l'accord ni l'opposition de l'autre partie ;
- il est, au jour de son accomplissement, justifié par son opportunité ou son utilité au regard des objectifs du Contrat tels que définis aux articles XX à XX (nos 149 à 152) ;
- il est exécuté unilatéralement par la partie avec conscience d'agir pour le compte et dans l'intérêt de l'autre partie et, le cas échéant, en même temps pour son propre intérêt ;

La partie qui a accompli l'acte a droit :
- au remboursement de toutes les dépenses utiles ou nécessaires ; ce remboursement est intégral si ces dépenses ont été assumées dans le seul intérêt de l'autre partie ou, à proportion des intérêts de chaque partie dans l'affaire, si les dépenses ont été faites dans l'intérêt des deux parties ;
- au paiement, au taux de … (*préciser le montant du taux*), des intérêts des avances qu'elle a faites à compter du jour où les avances ont été constatées et à l'indemnisation des dommages qu'elle a subis lors de son intervention.

Si la partie bénéficiaire de l'intervention de l'autre partie ratifie les actes accomplis, elle peut demander que celle-ci lui en rende compte et répare le cas échéant les conséquences de ses fautes.
Si l'acte accompli a procuré à la partie bénéficiaire un enrichissement, l'autre partie a droit à une indemnisation comme il est dit à l'article XX (n° 176).

202 **Art. XX** La passivité d'une partie à l'égard des agissements de l'autre partie non conformes aux clauses et aux objectifs du Contrat tels que définis aux articles XX à XX (nos 149 à 152) ne vaut en aucun cas renonciation de la part de cette partie à contraindre l'autre partie à exécuter les obligations lui incombant en vertu des termes et conditions fixés au Contrat.

Changement des prestations par accord des parties ou novation des obligations par changement d'objet

203 **Art. XX** Les parties peuvent s'accorder, par un écrit, signé et daté, pour remplacer les obligations initiales, ou certaines d'entre elles nommément visées à l'acte, par de nouvelles obligations déterminées ou déterminables comme il est précisé aux articles XX et XX (nos 141 à 143).
Cette substitution des obligations s'opère à la date de la conclusion de l'acte. Les garanties des obligations initiales sont éteintes, sauf accord des parties pour les reconduire ou les réaménager.
Les garanties accordées par des tiers sont éteintes, sauf accord exprès de ces derniers à leur maintien telles quelles ou modifiées avec l'accord des parties.

Les clauses du Contrat qui ne sont pas modifiées par l'acte novatoire continuent de régir les rapports des parties.
Si l'acte novatoire est annulé, les obligations initiales et leurs garanties sont restaurées. Néanmoins, les parties restent libres de conclure un nouvel acte.

Changement en raison de circonstances imprévisibles

204 **Art. XX** La partie qui, à la suite d'un changement imprévisible des circonstances, subit un renchérissement du coût d'exécution de ses obligations prévues au Contrat inférieur à ... % (*montant, par exemple 10 ou 20 %*) du prix lui revenant, accepte de supporter ce renchérissement.
Si le coût d'exécution des obligations susvisées est renchéri de ... % (*montant, par exemple 10 ou 20 %*) du prix lui revenant, la partie susvisée peut notifier à l'autre partie la poursuite du Contrat sous réserve d'une augmentation de ses prestations de ... % (*montant, par exemple de 5 à 10 % du renchérissement, les parties convenant de supporter à parts égales l'imprévision*), à compter du jour de la réception de cette notification. À défaut de refus dans les ... (*par exemple quinze*) jours de cette réception, la proposition est réputée acceptée.
Si, à son tour, la partie destinataire de la notification notifie à la partie demanderesse une contreproposition, les parties s'engagent à entrer en négociation sur les conditions d'adaptation ou de révision du Contrat. Les parties doivent avoir mené à terme leur négociation dans le délai de ... (*nombre, par exemple un mois*) à compter du jour où la partie demanderesse a reçu la notification de la contre-proposition.
Si les parties ne se sont pas entendues au terme de ce délai, la partie la plus diligente peut saisir le médiateur dans les conditions fixées aux articles XX et suivants (n°s 314 s.), pour aider les parties à parvenir à un accord.
À défaut d'accord au terme d'un délai de ... (*nombre, par exemple un mois*) à compter du début acté par procès-verbal de la médiation, et par dérogation à l'article XX (n° 319), chaque partie peut décider, dans un délai de ... (*nombre, par exemple trois mois*) à compter de l'expiration de ce délai, de résilier le Contrat, résiliation qui prend effet au jour de la réception par l'autre partie.
L'exécution du Contrat est poursuivie jusqu'au jour de la prise d'effet de la résiliation qui met fin au Contrat comme il est dit à l'article XX (n° 276), aucune indemnisation n'étant due par une partie à l'autre quel que soit le préjudice subi du fait de la résiliation.

3 Paiement d'une somme d'argent

a Créanciers du paiement

205 **Art. XX** Ont droit au paiement les parties, leurs ayants droit et leurs ayants cause dans les conditions déterminées ci-après.

Créancier substitué ou cessionnaire du Contrat

206 **Art. XX** La partie substituée exerce son droit comme il est dit à l'article XX (n° 171).
La partie cessionnaire du Contrat exerce son droit au paiement comme il est dit à l'article XX (n° 172).

Créanciers conjoints

207 **Art. XX** Les parties conjointes en vertu d'une clause expresse du Contrat telle que prévue à l'article XX (n° 102) ont droit au paiement de leur part dans les sommes qui sont dues aux parties créancières. À défaut d'indication contraire expresse au Contrat, la créance est divisée par parts égales entre les parties conjointes.
Aucun des créanciers conjoints ne peut demander le montant intégral de la créance.

Créanciers solidaires

208 **Art. XX** Chaque partie bénéficiaire de la solidarité active prévue à l'article XX (nº 102) peut demander à la partie débitrice le paiement des créances pour la totalité de leur montant. Ce paiement libère la partie débitrice. Le créancier solidaire en doit compte à ses cocréanciers solidaires pour la part de la créance leur revenant.

En cas de procédure collective ou d'insolvabilité ouverte à l'encontre de la partie débitrice, un des créanciers solidaires peut déclarer à la procédure la totalité des créances solidaires.

Avant d'être poursuivie, la partie débitrice peut payer l'intégralité des créances solidaires à l'un ou à l'autre des créanciers solidaires.

Créancier cessionnaire de créance

209 **Art. XX** Si une partie a cédé une ou des créances qu'elle détient en vertu du Contrat et qui sont identifiées dans l'acte de cession, le cessionnaire peut en demander le paiement à la partie débitrice. Toute créance non expressément identifiée est réputée ne pas avoir été cédée, sauf si les parties en conviennent autrement par un écrit, daté et signé, complétant l'acte de cession initial.

Le cessionnaire ne peut se prévaloir de son droit que s'il le détient en vertu d'un acte écrit, qui doit préciser le montant de la créance cédée. Il acquiert ce droit par la seule conclusion de cet écrit. Si la créance n'est pas encore née à la date de conclusion de l'écrit, la propriété de la créance n'est acquise au cessionnaire que le jour de sa naissance.

Le cessionnaire ne peut faire valoir l'acquisition de la créance envers la partie débitrice qu'à compter, soit du jour où il lui a notifié l'acte de cession, soit du jour où la partie cédée lui a donné acte par écrit qu'il était devenu le cessionnaire. Tant que ces actes n'ont pas été accomplis, la partie cédante reste propriétaire de la créance dont elle peut obtenir le paiement par la partie débitrice. Réciproquement, celle-ci ne peut pas lui opposer la cession pour refuser le paiement demandé.

À compter du jour de la conclusion de l'écrit de cession ou du jour de la naissance de la créance, le cessionnaire peut opposer aux tiers au Contrat, tels que définis à l'article XX (nº 167), sa qualité de créancier. Il prouve l'acquisition de sa qualité et la date de cette acquisition par la production de l'écrit. En cas de contestation, il peut en établir l'exactitude par tous moyens.

Du jour où la cession est opposable à la partie débitrice, le cessionnaire peut demander à cette dernière le paiement de la créance et se prévaloir de ses accessoires, soit les sûretés qui garantissent le paiement et les droits et actions qui tendent à la préservation de l'existence ou de la valeur de la créance ; il peut ainsi notamment invoquer : l'action en garantie de la créance ; l'action en responsabilité contractuelle contre un cocontractant du cédant ; le titre exécutoire obtenu par le cédant à l'encontre de la caution garantissant le paiement de la créance ; le bénéfice d'une décision judiciaire assortie d'une astreinte ; l'action paulienne.

La partie débitrice peut opposer à la demande de paiement du cessionnaire les exceptions inhérentes à la dette et celles qui lui sont personnelles, telles que définies aux articles XX à XX (nºs 228 à 231).

Si l'existence ou le montant de la créance cédée est contesté en justice ou par une notification, la partie débitrice peut exercer son droit au retrait litigieux en remboursant au cessionnaire le prix réel de la cession avec les frais et les intérêts à compter du jour où le cessionnaire a payé le prix de la cession.

La partie cédante garantit au cessionnaire l'existence de la créance (*validité, montant, exigibilité*) et de ses accessoires. Elle en est dispensée si le cessionnaire a accepté la cession à ses risques et périls ou renoncé au transfert de tel accessoire dénommé.

En cas de pluralité de cessions de la même créance, est cessionnaire le créancier qui le premier en date a notifié la cession au débiteur.

En cas de saisie de la créance cédée par les créanciers du cédant, le droit du cessionnaire prévaut sur celui du saisissant qui a saisi postérieurement à la date de la notification de la cession au débiteur cédé.

Dans les cas des alinéas 8 et 9 ci-dessus, la preuve de la date de la notification se fait par tous moyens.

Tous les frais de la cession sont à la charge de … (*au choix des parties, cédant et cessionnaire ou l'un ou l'autre d'entre eux*) ; le débiteur est exonéré de ces frais dont il n'a pas à faire l'avance.

Nouveau créancier accepté par novation

210 **Art. XX** Les parties acceptent que telle partie expressément dénommée dans un écrit, daté et signé, devienne partie créancière au lieu et place de… (*X ou Y*) pour les créances nées du Contrat.

En aucun cas, le simple fait qu'un tiers ait payé la créance ne suffit en soi à établir que ce tiers a été accepté comme nouveau créancier.

Le nouveau créancier peut demander le paiement des créances dans les termes fixés au Contrat.

La conclusion de l'acte emportant novation a pour effet de libérer la partie … (*X ou Y*) qui a été novée.

Les clauses du Contrat régissent les rapports entre le nouveau créancier et la partie … (*X ou Y*) demeurée partie au Contrat.

Si l'acte emportant novation est annulé, le nouveau créancier perd ses droits. La partie …(*X ou Y*) redevient partie créancière et est censée n'avoir jamais perdu cette qualité. Les parties peuvent néanmoins convenir d'un nouvel accord.

Créancier subrogé à la partie créancière

211 **Art. XX** Une partie, dite « subrogeant », peut subroger dans ses droits de créance nés du Contrat, ou seulement tels de ses droits de créance définis formellement, un tiers, dit « subrogé », qui accepte de lui verser le montant de ces droits.

La subrogation n'est opposable à la partie débitrice que si elle est constatée dans un acte écrit, dit « quittance subrogatoire », et si elle lui a été notifiée dans les conditions de l'article XX (n° 180).

Le subrogé devient créancier de la partie débitrice à l'instant même où le paiement est effectué.

Le subrogé peut se prévaloir contre la partie débitrice de tous les droits, actions, privilèges ou sûretés dont jouissait le subrogeant à la date de la notification et que ce dernier n'avait pas encore exercés. Il ne peut invoquer aucun autre droit, notamment les droits personnels du subrogeant envers la partie débitrice, tel le droit aux intérêts conventionnels produits par la dette qu'il a acquittée, sauf clause contraire, ou le droit d'invoquer le dol commis au détriment du subrogeant par la partie débitrice.

Lorsque le subrogé n'a payé que partiellement le subrogeant, il ne peut exercer ses droits pour ce qui lui reste dû qu'après que le subrogeant a été lui-même intégralement payé.

En l'absence d'une clause lui donnant droit aux intérêts conventionnels, le subrogé a droit aux intérêts au taux légal en vigueur au lieu du paiement sur la somme qu'il a versée au subrogeant à compter du jour où il a mis en demeure la partie débitrice, ou, le cas échéant, dont il est convenu avec celle-ci.

Le subrogeant ne peut pas exercer les droits qu'il a perdus par l'effet de la subrogation, par exemple le droit d'agir en justice contre le débiteur dans l'intérêt du subrogé.

La partie débitrice peut opposer au subrogé les exceptions antérieures à l'acte de subrogation inhérentes à la dette ou personnelles à l'égard du subrogé, telles qu'elles sont définies aux articles XX à XX (nos 228 à 231). Toute clause contraire de l'acte de subrogation lui est inopposable.

b Débiteurs du paiement

212 **Art. XX** Sont débiteurs du paiement les parties, leurs ayants droit et leurs ayants cause dans les conditions déterminées ci-après.

Substitué ou cessionnaire du Contrat

213 **Art. XX** La partie substituée est tenue d'exécuter les obligations de la partie substituante comme il est dit à l'article XX (n° 171).

La partie cessionnaire du Contrat est tenue d'exécuter les obligations de la partie cédante comme il est dit à l'article XX (n° 172).

Débiteurs conjoints

214 **Art. XX** Les parties conjointes telles que définies à l'article XX (n° 102), sont tenues au paiement de leur part dans les sommes qui sont dues aux parties créancières. À défaut d'indication contraire expresse au Contrat, la dette est divisée par parts égales entre les parties conjointes.

Aucun des débiteurs conjoints ne peut être tenu au paiement du montant intégral de la dette.

Débiteurs solidaires

215 **Art. XX** Chacune des parties débitrices solidaires, telles que définies à l'article XX (n° 102) est tenue de payer l'intégralité des dettes dont elle est solidaire dès lors que la partie créancière le lui demande.

À défaut de paiement par la partie poursuivie, la partie créancière peut demander paiement à toute autre partie débitrice solidaire.

Le paiement effectué par une seule partie débitrice solidaire libère les autres envers la partie créancière.

La partie débitrice solidaire poursuivie peut refuser le paiement en opposant à la partie créancière une exception inhérente à la dette ou qui lui est personnelle, telles que définies aux articles XX à XX (nos 228 à 231).

216 **Art. XX** Les actes suivants profitent à toutes les parties débitrices solidaires, même s'ils ont été effectués par une seule d'entre elles ou à l'égard d'une seule d'entre elles ou encore demandés par une seule d'entre elles :

- notification ;
- mise en demeure ;
- acte interruptif de la prescription ;
- demande d'intérêts moratoires ;
- transaction ;
- novation ;
- mise en œuvre de l'exception de l'autorité de la chose jugée ;
- remise de dette ;
- déchéance du terme ;
- exercice d'une voie de recours ;
- serment.

217 **Art. XX** La partie débitrice solidaire qui a payé au-delà de sa part a un recours contre l'autre ou les autres parties débitrices solidaires dans la mesure de leur part à la contribution de la dette telle que fixée au Contrat. À défaut d'indication contraire expresse au Contrat, la dette est divisée par parts égales entre les parties débitrices solidaires.

Si l'une des parties débitrices solidaires est insolvable, sa part contributive se répartit entre les autres parties débitrices solidaires, peu important que l'une d'elles ait déjà payé sa part ou ait bénéficié d'une remise de solidarité.

En cas de décès de l'une des parties débitrices solidaires, sa dette se divise entre ses héritiers. Les autres parties débitrices solidaires demeurent tenues pour le tout envers la partie créancière.

En cas de remise de solidarité par la partie créancière au profit d'une des parties débitrices solidaires, la partie bénéficiaire de cette remise ne peut pas être poursuivie pour le tout mais elle reste tenue

de la part de la dette lui incombant. Les autres parties débitrices solidaires restent tenues pour le tout envers la partie créancière.
En cas d'annulation du contrat, la partie créancière ne peut plus se prévaloir de la solidarité.

Nouveau débiteur accepté par novation

218 **Art. XX** Les parties acceptent que telle partie expressément dénommée dans un écrit, daté et signé, devienne partie débitrice aux lieu et place soit de la partie ... (*X ou Y*), pour les dettes nées du Contrat.
En aucun cas, le simple fait qu'un tiers ait effectué le paiement ne suffit en soi à établir que ce tiers a été accepté comme nouveau débiteur.
Le nouveau débiteur est tenu au paiement des dettes dans les termes fixés au Contrat.
La conclusion de l'acte emportant novation a pour effet de libérer la partie... (*X ou Y*).
Les clauses du Contrat régissent les rapports entre le nouveau débiteur et la partie... (*X ou Y*) demeurée partie au Contrat.
Si l'acte emportant novation est annulé, le nouveau débiteur est libéré et la partie... (*X ou Y*) redevient partie débitrice et est censée n'avoir jamais perdu cette qualité.
Les parties peuvent néanmoins convenir d'un nouvel accord.

Cessionnaire de dette

219 **Art. XX** Les dettes nées du Contrat ne peuvent être cédées à un tiers qu'avec l'accord exprès du créancier donné par écrit, daté et signé et mentionnant expressément la ou les dettes cédées avec leur montant. Toute dette non expressément visée dans l'acte est réputée incessible, sauf nouvel accord écrit des parties répondant auxdites conditions.
Le cessionnaire ne peut être poursuivi par la partie créancière qu'à compter, soit du jour où l'acte de cession a été notifié ou signifié à cette partie, soit du jour où cette partie lui a donné acte par écrit qu'il était devenu le cessionnaire. Tant que ces actes n'ont pas été accomplis, la partie cédante reste tenue à la dette. Réciproquement, la partie créancière ne peut pas opposer à la partie cédante la cession pour lui refuser l'exécution d'une obligation dont elle est, le cas échéant, tenu envers elle.
Le cessionnaire, du jour où la cession est opposable à la partie créancière, est tenu au paiement de la ou des dettes visées aux échéances fixées au Contrat. Si la dette ou les dettes visées ne sont pas encore nées à la date de conclusion de l'écrit, l'obligation n'est à sa charge que le jour où elle prend naissance.
Le cessionnaire poursuivi peut opposer à la partie créancière les exceptions inhérentes à la dette et celles qui lui sont personnelles, telles que définies aux articles XX à XX (n°s 228 à 231).
Le cessionnaire peut contraindre la partie créancière à recevoir le paiement.
Les sûretés consenties par la partie débitrice cédante subsistent si celle-ci n'est pas déchargée par un accord exprès et écrit avec la partie créancière. Les sûretés consenties par des tiers ne subsistent qu'avec leur accord.
Les débiteurs conjoints de la partie débitrice cédante peuvent être poursuivis en paiement chacun pour leur part dans la dette.
Les débiteurs solidaires de la débitrice cédante peuvent être poursuivis en paiement pour le tout. Celui qui a payé peut demander aux autres débiteurs solidaires le remboursement de leur quote-part dans la dette.
En cas de pluralité de cessions de la même dette, est cessionnaire le débiteur qui le premier en date a notifié la cession à la partie créancière.
Dans les deux cas ci-dessus, la preuve de la date de la notification se fait par tous moyens.

Débiteur délégué

220 **Art. XX** La partie X, dite « délégataire », créancière de la partie Y, peut accepter le nouveau débiteur, dit « délégué », que cette dernière, dite « délégant », lui délègue pour la désintéresser de telle ou telle créance formellement précisée.

L'opération, dite « délégation », est nulle si l'accord des parties n'est pas conclu par écrit daté et signé.

La délégation produit effet à la date portée sur l'écrit conformément à l'article XX (n° 156).

Le délégué doit s'acquitter du montant de la créance déléguée auprès de la partie créancière à la date d'exigibilité de la créance ou à la date convenue par les parties à l'acte. Il ne peut pas opposer au délégataire les exceptions qu'il aurait pu soulever à l'encontre du délégant, notamment : la compensation, la fraude qu'aurait commise le délégant, le manquement du délégant à ses obligations envers la partie créancière, l'extinction de la créance du délégataire contre le délégant.

La délégation ne libère pas le délégant de son obligation, sauf si le délégataire y consent expressément par un accord écrit.

Débiteur volontaire

221 **Art. XX** La partie créancière en vertu du Contrat peut accepter, expressément par écrit daté et signé dont la date fait foi jusqu'à preuve contraire, d'une part, qu'un tiers s'acquitte du paiement de cette somme aux lieu et place de la partie qui en est débitrice en vertu du Contrat, quelles que soient les raisons de l'intervention du tiers, et, d'autre part, que la partie débitrice soit en conséquence libérée.

Le tiers, dont le paiement a été accepté par la partie créancière, n'a un recours contre la partie débitrice que s'il prouve que la cause dont procédait son paiement impliquait, pour la partie débitrice, l'obligation de lui rembourser la somme ainsi versée.

Débiteur par affacturage

222 **Art. XX** Chaque partie créancière en vertu du Contrat peut charger un facteur de recouvrer le montant des créances dont elle est titulaire sur l'autre partie qui en est débitrice, et le subroger dans ses droits.

La subrogation est alors opposable à la partie débitrice de la créance à compter du jour où elle en a reçu la notification dans les conditions de l'article XX (n° 180). La partie débitrice ne peut alors plus payer directement la partie subrogeante. Si elle a payé cette dernière, après la notification, elle reste néanmoins tenue de payer le facteur.

La partie débitrice peut opposer au facteur les exceptions visées aux articles XX à XX (n°s 228 à 231) qu'elle aurait pu opposer avant la subrogation à la partie subrogeante et celles qu'elle peut opposer à titre personnel au facteur.

Débiteur du débiteur

223 **Art. XX** La partie créancière peut demander, par une action dite « oblique », au débiteur de la partie débitrice, le paiement des sommes qui lui sont dues par cette dernière en vertu du Contrat et qui sont certaines, liquides et exigibles.

Son action est recevable si elle prouve que la partie débitrice ne justifie d'aucune diligence dans la réclamation de son dû auprès de son propre débiteur.

Toutes les exceptions opposables à la partie débitrice par la personne poursuivie sont opposables à la partie créancière qui a engagé l'action.

Les sommes obtenues sur l'initiative de la partie créancière entrent dans le patrimoine de la partie débitrice.

Les intérêts de la créance de la partie créancière courent contre la partie débitrice du jour où le débiteur de cette dernière a été poursuivi en paiement sur le fondement de l'action oblique, au taux … (*taux conventionnel fixé au contrat le cas échéant ou, à défaut, taux légal en vigueur par la législation applicable du juge saisi*).

Stipulation pour autrui

224 **Art. XX** La partie X (ci-après le promettant) s'engage envers la partie Y (ci-après le stipulant) à exécuter le Contrat ou telle de ses prestations formellement identifiées au profit de telle personne dénommée, actuelle ou future (ci-après le bénéficiaire). Toute personne non dénommée ne peut pas invoquer le bénéfice d'une stipulation en sa faveur.

La stipulation peut être révoquée par le stipulant tant que le bénéficiaire ne lui a pas notifié son acceptation dans les conditions de l'article XX (n° 180).

Après le décès du stipulant, ses héritiers ne peuvent pas procéder à la révocation de la stipulation, sauf si le bénéficiaire n'a pas accepté la stipulation, à l'expiration d'un délai de … (*trois mois par exemple*) à compter du jour où les héritiers l'ont mis en demeure de l'accepter par une notification dans les conditions de l'article XX (n° 180).

En cas de décès du bénéficiaire, ses héritiers disposent d'un délai de … (*trois mois par exemple*) pour notifier au stipulant et au promettant leur acceptation, qui est acquise le jour où celle-ci leur a été notifiée dans les conditions de l'article XX (n° 180).

Dès lors qu'elle a été acceptée, la stipulation est irrévocable.

Dès que la stipulation a été convenue avec le promettant, le bénéficiaire et ses héritiers qui ont accepté la stipulation ont une action directe contre ce dernier pour exiger l'exécution de la prestation promise dans les conditions définies par la stipulation. Le stipulant peut aussi exiger du promettant l'exécution de sa promesse envers le bénéficiaire, mais jamais à son profit. Le promettant peut opposer au bénéficiaire ou à ses héritiers et au stipulant les exceptions inhérentes à l'obligation promise et celles qui lui sont personnelles comme précisées aux articles XX à XX (n°s 228 à 231).

En aucun cas le stipulant n'est dans l'obligation d'exécuter la promesse non tenue par le promettant.

c Débiteurs dispensés du paiement

Bénéficiaires d'une remise de dette

227 **Art. XX** La partie créancière ne peut pas réclamer le paiement si elle a consenti à la partie débitrice … (*désigner nommément la partie débitrice*) une remise de dette par un écrit daté et signé identifiant la ou les dettes remises.

La remise de dette éteint la ou les dettes visées à l'acte et les sûretés qui la ou les garantissaient.

La remise ainsi consentie ne peut profiter à aucune autre partie conjointe ou solidaire du Contrat.

Sauf précision contraire, la remise consentie à la caution de la partie débitrice ne libère pas cette dernière.

Opposabilité des exceptions

228 **Art. XX** La partie créancière n'a pas droit au paiement si la partie débitrice peut lui opposer une exception qui, au sens du Contrat, est soit inhérente à la dette, soit personnelle à la partie débitrice.

229 **Art. XX** L'exception est inhérente à la dette lorsqu'elle tient à une cause d'extinction de la dette, ce qui est notamment le cas si :

– une décision passée en force de chose jugée a éteint la créance ;

– le débiteur peut se prévaloir de l'exception d'inexécution qui justifie la suspension du paiement, telle que précisée à l'article XX (n° 267) ;

- la créance est prescrite ;
- la créance peut être compensée dans les conditions exposées à l'article XX (n° 237) ;
- se produit une confusion, telle que définie à l'article XX (n° 293) ;

Est aussi inhérente à la dette l'irrecevabilité de l'action en paiement pour absence de médiation préalable ou pour saisine d'une juridiction autre que celle désignée aux articles XX et XX (n°s 322 et 323) ou en violation de la clause compromissoire prévue à l'article XX (n° 326).

230 **Art. XX** L'exception est personnelle à la partie débitrice en ce sens qu'elle seule a une raison d'opposer à la partie créancière un refus de paiement. Elle peut notamment invoquer :
- le terme de grâce dont elle bénéficie ;
- la remise de dette ou de solidarité que la partie créancière lui a consentie ;
- la division de la dette.

231 **Art. XX** Sont des exceptions inopposables :
- à la partie créancière poursuivante par la partie débitrice solidaire de dettes nées du Contrat, l'impossibilité pour cette dernière d'être subrogée dans les droits de la partie créancière dans le cas où elle paierait celle-ci, dès lors qu'elle n'est pas une caution ;
- à la partie débitrice par un tiers au Contrat subrogé dans les droits et actions de la partie créancière, la nullité du Contrat pour dol dont a été victime la partie créancière, cette cause de nullité étant personnelle à cette dernière.

d Montant à payer

232 **Art. XX** La somme à payer est le montant dû par la partie débitrice, sous déduction, le cas échéant, de paiements partiels.

La partie créancière peut refuser le paiement partiel, même si la prestation est divisible.

Le paiement d'une somme supérieure au montant dû entraîne restitution de la part excédentaire dans les conditions exposées aux articles XX et XX (n°s 246 et 247).

Les frais de paiement sont à la charge de la partie débitrice.

Si la partie débitrice a consenti des avances à la partie créancière, celles-ci ne sont prises en compte que si elles ont été constatées par un écrit, daté et signé, précisant leur montant, leur cause, la date et les modalités de règlement.

En cas d'erreur de calcul émanant de la partie créancière, celle-ci peut invoquer son erreur et en demander la correction à la partie débitrice dans le délai d'un an à compter du jour du paiement.

Le montant dû est réduit, le cas échéant, dans les conditions fixées à l'article XX (n° 271).

e Date et lieu du paiement

233 **Art. XX** Le paiement est dû à la date d'exigibilité de la créance telle que fixée au Contrat.

234 **Art. XX** Tout paiement dû au titre du Contrat est fait, sauf clause contraire, au domicile de la partie créancière tel que fixé à l'article XX (n° 101).

f Monnaie du paiement

235 **Art. XX** Tout paiement requis au titre du Contrat est fait en... (*monnaie déterminée à l'article XX : n° 146*).

Si cette monnaie a cours légal au lieu où il est effectué, le paiement fait dans ladite monnaie libère la partie débitrice.

Si la monnaie convenue n'a pas cours légal au lieu où est fait le paiement, le paiement n'est libératoire que s'il est fait dans la monnaie ayant cours légal en ce lieu, après conversion de la monnaie convenue au jour choisi par les parties ou, à défaut, au jour du paiement.

Si, en raison d'un retard de paiement, la conversion n'a pas pu avoir lieu au jour prévu, la partie créancière peut choisir le jour de la conversion, notamment le jour où elle met la partie débitrice en demeure.

g Procédés de paiement

236 **Art. XX** La partie débitrice peut user des moyens en usage pour acquitter sa dette : virement bancaire, émission d'une lettre de change, billet à ordre ou chèque.
Elle peut aussi, dans les conditions ci-après exposées, payer par compensation, faire payer par la banque qui lui a consenti un crédit documentaire ou offrir un bien.

Paiement par compensation

237 **Art. XX** Sans préjudice des cas de compensation spécialement visées aux articles XX et XX (n°s 131 et 334), les créances réciproques des parties, nées ou à naître de l'exécution du Contrat et qui sont certaines, liquides et exigibles sont éteintes par compensation à due concurrence de la somme la plus faible.
Les créances qui sont connexes aux créances visées à l'alinéa précédent sont aussi éteintes par compensation dès lors qu'elles sont réciproques et certaines, peu important qu'elles ne soient pas liquides au moment où la compensation est invoquée. La compensation qui survient au jour où les créances sont liquides prend effet au jour de l'exigibilité de la première créance.
La créance, dont le montant est fixé à une somme d'argent, est certaine si elle n'est pas contestée par une notification, dans les ... (*nombre, par exemple huit jours*) qui suivent son échéance, émanant de la partie débitrice faisant connaître à la partie créancière les raisons qu'elle a de s'opposer à la compensation. À l'expiration de ce délai, la compensation s'opère de plein droit.
Le délai de grâce que peut lui accorder la juridiction désignée aux articles XX et XX (n°s 322 et 323) dont bénéficie, le cas échéant, la partie débitrice ne fait pas obstacle à la compensation.
La compensation intervenue entre le créancier et un des débiteurs solidaires définis à l'article XX (n° 102) a également effet à l'égard des autres débiteurs solidaires.
La compensation est opposable aux tiers.

Paiement par crédit documentaire

238 **Art. XX** La partie créancière accepte que le paiement de sa créance sur la partie débitrice soit fait par la banque ayant consenti un crédit documentaire à ce dernier. La partie créancière doit en conséquence présenter à cette banque les documents requis par application des « Règles et usances uniformes » (RUU) proposées par la Chambre de commerce internationale dans leur version en vigueur au jour de la conclusion du Contrat.

Paiement par dation en paiement

239 **Art. XX** La partie débitrice qui ne peut ou ne veut pas verser la somme d'argent due peut offrir, ou faire offrir par un tiers, à la partie créancière une chose en nature, présente ou future, déterminée ou déterminable dans les conditions fixées à l'article XX (n° 141) et d'une valeur appréciée au jour de l'offre équivalente à la somme d'argent due.
La partie créancière, considérée par les parties comme seule juge de ses intérêts, peut refuser discrétionnairement l'offre.
Si la partie créancière accepte l'offre dans un écrit daté et signé, la partie débitrice est libérée ainsi que, le cas échéant, la caution qui garantit la créance. La créance est éteinte au jour de la délivrance à la partie créancière de la chose promise.

Si la chose délivrée ne répond pas aux conditions fixées par l'acte de dation en paiement, la partie créancière peut mettre en œuvre les sanctions de l'inexécution telles que fixées aux articles XX à XX (nos 265 à 279).

h Imputation du paiement

240 **Art. XX** Lorsque la partie débitrice est tenue envers la partie créancière de plusieurs dettes, les versements partiels qu'elle effectue sont imputables, selon la volonté des parties, soit au choix de la partie débitrice au moment du paiement, soit, par priorité sur … (*dette expressément nommée*) et pour le surplus éventuel sur … (*autre dette expressément nommée*).
Si l'imputation éteint intégralement la dette, les sûretés existantes sont également éteintes ; si l'imputation éteint partiellement la dette, les sûretés existantes sont maintenues ou réduites à proportion des sommes restant dues selon le choix des parties jusqu'au paiement définitif. Si une sûreté a été réalisée, le versement résultant de sa réalisation s'impute sur le montant pour lequel la sûreté a été consentie.

i Preuve du paiement

241 **Art. XX** La preuve du paiement est apportée par tous moyens.
La partie débitrice peut exiger une quittance précisant si la somme versée éteint le principal et/ou les intérêts.

j Défaut de paiement

242 **Art. XX** Si la partie débitrice doit payer à des échéances échelonnées fixées au Contrat, elle perd le bénéfice des échéances à venir dès le premier défaut de paiement d'une échéance, sauf accord contraire exprès des parties consigné dans un écrit, daté et signé au jour de la défaillance.
Le paiement fait avant l'échéance est valable et ne peut pas être restitué.

243 **Art. XX** La partie qui a délivré à l'autre une chose corporelle en se réservant en garantie la propriété peut se la faire restituer à défaut de paiement par la partie débitrice dans les conditions ci-après :
- si la chose est fongible, la restitution s'exerce à concurrence de la créance restant due, sur des choses de même nature et de même qualité détenues par le débiteur ou pour son compte ;
- si la chose a été incorporée à une autre, la restitution s'exerce dans la mesure où les choses peuvent être séparées sans subir de dommages ; si la chose ne peut pas être séparée, le créancier a droit au prix convenu au Contrat ;
- si le débiteur est sous procédure collective ou d'insolvabilité, le créancier doit produire sa créance à la procédure conformément à la loi applicable à cette procédure ;
- si la chose a été vendue, la restitution est reportée sur la créance de la partie débitrice à l'égard de son acquéreur ;
- si la chose a péri, les risques de cette perte sont à la charge de la partie qui a délivré la chose et qui en est restée propriétaire ; si la chose a été assurée, la restitution est reportée sur l'indemnité d'assurance ; le détenteur de la chose est tenu par une obligation de moyen d'assurer la conservation de la chose.

La valeur de la chose reprise est imputée, à titre de paiement, sur le solde de la créance garantie ; lorsque la valeur de la chose reprise excède le montant de la créance garantie encore exigible, le créancier doit au débiteur une somme égale à la différence.

244 **Art. XX** Si la partie débitrice fait des propositions de paiement, la partie créancière qui en prend acte ne renonce pas par là-même à invoquer ultérieurement la réserve de propriété.

Les intérêts moratoires sont dus sur la totalité de la créance si l'offre faite par la partie débitrice n'est pas jugée satisfaisante par la partie créancière.

k Paiement en retard

245 **Art. XX** Le paiement en retard au sens de l'article XX (n° 251) fait courir les intérêts dits « moratoires » au taux de … (*fixer le taux*) à compter du jour où la partie créancière a mis en demeure la partie débitrice dans les conditions fixées à l'article XX (n° 264).
Les intérêts dus ne produisent pas intérêts.

l Paiement indu

Existence de l'indu

246 **Art. XX** La partie qui a reçu par erreur ou sciemment paiement d'une dette née du Contrat qui ne lui était pas due doit restituer la somme reçue à la partie auteur du paiement.
La partie qui a payé par erreur à une partie la somme qu'elle devait à une autre partie peut demander la restitution de la somme reçue à la partie bénéficiaire du paiement.
La partie qui, alors qu'elle n'était pas débitrice, a payé à une partie qui y avait droit peut demander la restitution au vrai débiteur.
En cas de contestation entre les parties, la plus diligente peut demander l'intervention du médiateur dans les conditions prévues aux articles XX et suivants (n°s 314 s.).

Droit à la restitution

247 **Art. XX** La partie qui demande la restitution doit prouver l'indu.
Si l'erreur est la conséquence de la faute de l'auteur du paiement, la restitution est due par le bénéficiaire du paiement mais le montant à restituer peut être diminué à hauteur du préjudice que lui a causé, évalué en tenant compte du comportement des deux parties et des conséquences concrètes de la restitution sur la situation économique du bénéficiaire. Les dommages-intérêts destinés à réparer le préjudice peuvent être déduits de la somme répétée.
En cas de désaccord des parties sur l'évaluation du préjudice, la partie la plus diligente peut demander l'intervention du médiateur dans les conditions prévues aux articles XX et suivants (n°s 314 s.).
Les intérêts de la somme à restituer courent, au taux de … (*fixer le taux*), du jour où la restitution est demandée par une mise en demeure de la partie qui en est débitrice par la partie y ayant droit.

SECTION III
Inexécution du Contrat

A Existence de l'inexécution du Contrat

1 Faits d'inexécution

248 **Art. XX** Une partie a manqué à ses obligations au sens du Contrat dans les cas ci-après.

Absence d'exécution

249 **Art. XX** Les prestations dues ne sont pas exécutées dès lors que la partie débitrice n'apporte pas la preuve des actes d'exécution au terme du délai qui lui a été imparti par une mise en demeure.

Exécution défectueuse

250 **Art. XX** L'exécution est défectueuse si elle n'est pas conforme aux spécifications des articles XX à XX (nos 141 à 146).

Exécution hors délai

251 **Art. XX** L'exécution a été accomplie avec retard si la ou les prestations mises en cause n'ont pas été accomplies à la date de leur échéance fixée au Contrat.

2 Inexécution imputable à la partie débitrice

a Engagement de résultat

252 **Art. XX** Sous réserve des cas d'exonération de la partie débitrice prévus aux articles XX à XX (nos 258 à 263), les faits constitutifs du manquement d'une partie à ses obligations, tels que définis aux articles XX à XX (nos 248 à 251), lui sont imputables dès lors que le manquement n'a pas procuré à la partie créancière :
- soit la totalité de la prestation due ;
- soit un pourcentage de ... % de la valeur de la prestation attendue (*fixer un pourcentage déterminé, par exemple 80 % du prix de ladite prestation fixé au Contrat*).

b Engagement de moyen

253 **Art. XX** Par dérogation à l'article précédent, les parties conviennent que les prestations nommément et limitativement ici désignées sont réputées inexécutées ou partiellement exécutées ou exécutées en retard qu'autant que la partie débitrice de ces obligations ne prouve pas qu'elle a mis en œuvre des moyens adéquats pour parvenir à l'exécution attendue.

La preuve est établie si la partie débitrice prouve que le coût des diligences réclamées par la partie créancière aurait augmenté ses dépenses de plus de ... % (*par exemple 15 à 20 %*) par rapport à celles qu'elle a engagées.

c Portée de l'inexécution

254 **Art. XX** L'inexécution est un fait acquis, même si :
- le respect de l'obligation en cause est soumis au contrôle des pouvoirs publics du lieu de son exécution et si ceux-ci n'ont rien trouvé à redire, dès lors que l'exécution livrée n'est pas conforme aux clauses du Contrat ;
- la partie débitrice a renoncé à la contrepartie à laquelle elle a droit ; cette renonciation peut seulement être prise en compte pour l'évaluation, le cas échéant, du montant des dommages-intérêts à allouer à la partie créancière.

d Preuve de l'inexécution

255 **Art. XX** La preuve de l'inexécution se fait par tous moyens.
Toute inexécution, quelle que soit sa gravité, peut être invoquée par la partie créancière sous réserve du cas où une inexécution suppose une faute caractérisée pour l'application d'une des sanctions fixées aux articles XX à XX (nos 267 à 288).

e Engagement aléatoire

256 **Art. XX** Lorsque l'engagement est aléatoire, tel que défini à l'article XX (n° 147), la partie créancière ne peut pas invoquer son inexécution au motif que l'événement escompté ne s'est pas réalisé, peu important que cet empêchement résulte ou non de la force majeure.

B Droit d'invoquer l'inexécution

1 Absence de renonciation

257 **Art. XX** La partie créancière ne peut pas invoquer l'inexécution d'une prestation donnée si elle a renoncé à demander son exécution. La renonciation ne lui est opposable que si elle l'a expressément formulée.
En présence d'une renonciation qui lui paraît tacite, la partie débitrice peut mettre en demeure la partie créancière de préciser si elle renonce ou non à son droit et l'avertir que, à défaut de réponse dans le délai imparti, elle la tiendra pour avoir renoncé à son droit tel qu'il est défini dans la mise en demeure.

2 Perte du droit d'invoquer l'inexécution

a Force majeure

258 **Art. XX** La partie qui a manqué à ses obligations est exonérée de plein droit de leur inexécution ou de leur exécution défectueuse ou en retard si elle prouve que le manquement est dû à l'un des événements énumérés ci-après, sauf si la partie créancière prouve que la survenance de l'événement est dû à sa faute : ... (*énumérer les événements*).
Si l'événement invoqué n'est pas visé dans l'énumération ci-dessus, la partie défaillante peut l'invoquer comme une cause de force majeure exonératoire si elle établit que l'événement l'a empêchée d'exécuter sa ou ses prestations ou de les exécuter conformément aux spécifications des articles XX à XX (nos 141 à 146). L'exécution non conforme à ces spécifications est imputable à la force majeure dès lors que la partie débitrice aurait dû pour y parvenir engager une dépense supérieure à ... % (*fixer le pourcentage, par exemple 10 à 20 %*) du prix lui revenant au titre du Contrat.
La partie débitrice est exonérée de l'inexécution de ses obligations du seul fait que s'est produit l'événement qui en a rendu l'exécution impossible, sauf si la partie créancière prouve que l'événement est dû à sa faute, intentionnelle ou d'imprévoyance.
La partie débitrice a le droit de suspendre l'exécution de son obligation dès lors que l'événement lui cause une perte ou l'expose à une dépense supérieure à ... % (*fixer le pourcentage, par exemple 10 à 20 %*) du prix lui revenant au titre du Contrat pour la ou les prestations affectées par l'événement.
Si les parties constatent que l'exécution du Contrat est irrémédiablement impossible, le Contrat est caduc au sens de l'article XX (n° 290).

Si les parties ne parviennent pas à s'accorder sur la suspension ou la caducité du Contrat, la partie la plus diligente peut provoquer l'intervention du médiateur dans les conditions prévues aux articles XX et suivants (nos 314 s.).

b Fait d'un tiers

259 **Art. XX** La partie débitrice est exonérée de l'inexécution si celle-ci est imputable au fait d'un tiers qui revêt à son égard les caractéristiques de la force majeure au sens de l'article XX (n° 258).

c Faute d'une ou des parties

260 **Art. XX** La partie qui invoque l'inexécution d'une obligation par l'autre partie ne peut pas obtenir une sanction de cette inexécution si elle a commis elle-même une faute, intentionnelle ou non, qui a rendu l'exécution impossible.

Si l'inexécution est imputable aux fautes réciproques des parties, la charge de la réparation des dommages consécutifs à cette inexécution est partagée entre les parties proportionnellement à la part incombant à chacune dans la réalisation des dommages.

d Vice inhérent à la technique employée pour l'exécution de la prestation en nature

261 **Art. XX** La partie débitrice d'une prestation en nature est exonérée de l'inexécution défectueuse si celle-ci est imputable au vice inhérent à la technique employée pour accomplir la prestation.

Elle ne bénéficie pas de cette exonération pour la seule raison qu'elle a appliqué dans l'exécution de la prestation litigieuse une technique courante et reconnue.

e Clause exclusive de responsabilité

262 **Art. XX** Les parties peuvent convenir que l'inexécution ou l'exécution défectueuse de telle ou telle obligation ne donne pas lieu à réparation.

La partie débitrice ne peut pas invoquer cette cause d'exonération si elle a provoqué l'inexécution de ses obligations intentionnellement ou avec conscience du préjudice qui en résulterait pour la partie créancière.

Les dommages corporels nés de l'exécution du Contrat et subis par les parties, leurs salariés et leurs sous-traitants ainsi que les tiers sont toujours réparables dans les conditions propres à chaque situation selon les règles applicables par le juge compétent au sens des articles XX et XX (nos 322 et 323).

f Acceptation du remède à l'inexécution

263 **Art. XX** La partie débitrice peut notifier à la partie créancière qu'elle propose de réparer, à ses frais, l'inexécution constatée en lui détaillant les mesures qu'elle compte prendre à cet effet et en lui impartissant un délai de … (*fixer le délai*) pour lui notifier son acceptation ou son refus.

Sans refuser cette offre, la partie créancière peut faire des contrepropositions sur les modalités de la réparation.

Si les parties ne parviennent pas à s'accorder sur les conditions échangées, la partie la plus diligente peut demander l'intervention du médiateur dans les conditions prévues aux articles XX et suivants (nos 314 s.).

Pendant le cours du délai fixé, la notification suspend le droit du créancier de mettre en œuvre les sanctions de l'inexécution prévues aux articles XX à XX (nos 267 à 288).

C Sanctions de l'inexécution

1 Préalable à l'application des sanctions

a Mise en demeure

264 **Art. XX** La partie créancière qui relève l'existence d'un manquement de la partie débitrice aux obligations mises à sa charge par le Contrat lui adresse une notification la mettant en demeure de se conformer, dans le délai de … (*fixer le délai*), aux injonctions expressément mentionnées dans la notification, sous peine, dès l'expiration du délai imparti, d'encourir, selon le cas :
- une condamnation au paiement d'une astreinte, telle que visée à l'article XX (n° 266), par jour de retard pour défaut de réponse à une demande d'information ;
- la mise en œuvre à son encontre d'une des sanctions prévues aux articles XX à XX (n°s 267 à 288) ;
- en cas de défaut de paiement de la somme d'argent due et réclamée, la mise à sa charge des intérêts moratoires tels que prévus à l'article XX (n° 245) ;
- en cas de défaut de délivrance ou de livraison de la chose corporelle due et réclamée, la mise à sa charge des risques encourus par cette chose : perte, dégradation, impossibilité d'exécution ou tout autre fait privant la partie créancière de la disposition de la chose.

b Constat de l'inexécution

265 **Art. XX** Les parties dressent un constat contradictoire du manquement dénoncé.
Si l'une des parties produit un état des lieux établi par un procédé infalsifiable, tel celui dit « photo-proof » inventé par Keeex, la preuve des faits reproduits est réputée acquise.
En l'absence d'une preuve apportée conformément à l'alinéa 2, si les parties ne s'accordent pas sur les constatations à relever, elles dressent un constat d'échec signé et daté par chacune d'elles. À compter de la date de ce constat, la partie la plus diligente dispose d'un délai de … (*par exemple huit jours*) pour demander au médiateur d'établir, au besoin en recourant à une expertise, le constat du manquement litigieux. Le constat du médiateur constitue une sentence définitive, passée en force de chose jugée, comme il est dit à l'article XX (n° 320). Si la partie plaignante n'a pas saisi le médiateur dans le délai, elle ne peut pas user des voies de droit en vigueur au lieu des manquements dénoncés aux fins de se prémunir d'une preuve. Les frais de l'intervention du médiateur ou d'un mandataire judiciaire sont à la charge de la partie qui a sollicité cette intervention.
Les constatations établies unilatéralement par une partie sont irrecevables en justice ou en arbitrage si elles ont été obtenues par un procédé déloyal. Elles ne valent, en toute circonstance, que comme présomptions susceptibles de preuve contraire.
Tout retard de constatation ou de notification préjudiciable à la partie à laquelle le constat est opposé engage la responsabilité de la partie à l'origine de la demande du constat. Si le retard a causé, par lui-même, une aggravation du préjudice de l'ordre de … % (*par exemple 10 à 20 %*) ou plus par rapport à ce que celui-ci était au jour où il est survenu, la partie responsable du dommage est exonérée de ce surcoût.

2 Sanctions sans rupture du contrat

a Condamnation à exécution du Contrat sous astreinte

266 **Art. XX** La partie créancière peut notifier à la partie débitrice une mise en demeure lui enjoignant de prendre une mesure précisément formulée dans un délai de … (*fixer le délai*), sous peine d'encourir une condamnation au paiement d'une somme d'argent de … (*fixer le montant de*

la somme d'argent) par jour de retard, sans préjudice des dommages-intérêts incombant à la partie débitrice à défaut d'exécution ou d'exécution avec retard de la mesure.
L'astreinte n'est pas due dès lors que le Contrat ne peut plus être exécuté en raison d'une des causes suivantes affectant le Contrat : nullité, caducité, résiliation, résolution, arrivée du terme.
Le montant de la liquidation de l'astreinte est réduit de ... % (*fixer le pourcentage*) si l'exécution ou le commencement de l'exécution a lieu dans le délai d'un mois après l'expiration du délai imparti par la mise en demeure.

b Exception d'inexécution

267 **Art. XX** La partie qui n'a pas encore exécuté son obligation peut s'abstenir de le faire si l'autre partie, débitrice de la contrepartie de cette obligation, n'a pas, à l'échéance fixée au Contrat, exécuté la sienne ou a refusé d'y procéder.
La suspension peut être notifiée à la partie débitrice à tout moment à compter du jour où la partie créancière estime que l'obligation est inexécutée. Elle est valablement décidée par la partie qui s'estime en droit de la pratiquer si elle répond aux conditions suivantes :
- la notification par la partie créancière précise le ou les manquements relevés en fixant leur nature, leur ampleur et la date à laquelle ils ont été constatés ;
- la suspension ne peut être appliquée qu'après mise en demeure informant la partie débitrice qu'elle prendra effet à l'échéance du délai imparti à défaut d'exécution de l'obligation en souffrance ou à défaut de lui avoir donné au terme dudit délai l'assurance que l'obligation sera exécutée au plus tard le ... (*fixer la date*), la suspension prenant effet de droit dès la survenance de cette date ;
- l'inexécution de l'obligation par la partie débitrice n'est pas, ne serait-ce que pour partie, due à la partie qui invoque l'exception ;
- la suspension doit porter sur la contrepartie de l'obligation même qui n'a pas été exécutée ou dont l'inexécution est anticipée.

À compter du jour où l'exception d'inexécution a été soulevée, les parties recherchent un accord sur ses conséquences avec le concours du médiateur selon les modalités prévues aux articles XX et suivants (n°s 314 s.). Si elles ne parviennent pas à un accord dans le délai de ... (*nombre, par exemple un mois*) à compter de l'ouverture des pourparlers, le Contrat est résolu de plein droit. La résolution produit les effets prévus à l'article XX (n° 279).
Si chacune des parties invoque envers l'autre l'exception d'inexécution, le Contrat est caduc au sens de l'article XX (n° 290).
Si l'une des parties tire de la situation un enrichissement injustifié, elle doit indemniser l'autre partie qui en est corrélativement appauvrie conformément à l'article XX (n° 176).

c Exécution forcée de la prestation due

268 **Art. XX** La partie créancière peut demander l'exécution forcée des obligations en nature que la partie débitrice lui doit si elle identifie expressément dans le Contrat les obligations pour lesquelles elle entend l'exiger. La partie débitrice peut lui refuser l'exécution forcée desdites obligations si elle prouve que cette exécution a pour elle un surcoût de ... % (*nombre, par exemple 10 à 20 %*) du prix du Contrat.

d Exécution par un tiers des obligations en souffrance

269 **Art. XX** Sous réserve de la suspension prévue à l'article XX (n° 270), chacune des parties peut faire appel à un tiers pour faire exécuter l'obligation inexécutée aux lieu et place de la partie défaillante si celle-ci accepte d'être remplacée par le tiers proposé.
Si elle le refuse et ne propose pas un autre tiers, ce refus emporte application de la résolution de plein droit prévue à l'article XX (n° 277) dès lors que l'inexécution porte sur une obligation visée

par cet article. Si l'obligation contestée n'est pas une obligation mentionnée à l'article XX (n° 277), la partie plaignante peut mettre en œuvre une des sanctions prévues au Contrat par les articles XX à XX (nos 266 à 278).
Le coût de la rémunération du tiers, convenu avec lui, est à la charge de la partie qui a fait appel à lui. Cette partie peut en demander le remboursement à la partie défaillante. Si cette dernière en conteste le montant, la partie la plus diligente saisit le médiateur qui, à défaut d'obtenir l'accord des parties sur une somme donnée, fixe le montant de la somme à rembourser. Sa décision constitue une sentence définitive, passée en force de chose jugée, comme il est dit à l'article XX (n° 320).

e Suspension de l'exécution du contrat pour empêchement momentané d'exécution

270 **Art. XX** Indépendamment, et sans préjudice de la suspension de l'exécution du Contrat prévue aux articles XX et XX (nos 258 et 267), il y a lieu à suspension partielle ou complète de l'exécution du Contrat dès lors qu'un événement quelconque imprévu empêche l'exécution des obligations incombant à l'une ou à l'autre partie.
Si les parties s'accordent sur la constatation de l'événement, elles dressent un écrit, daté et signé, en prenant acte et suspendent l'exécution du Contrat. Si les parties ne s'accordent pas sur la constatation de la survenance de l'événement, de sa persistance ou de sa disparition, la partie la plus diligente demande l'intervention du médiateur dans les conditions fixées aux articles XX et suivants (nos 314 s.). Si les parties ne parviennent pas à un accord, le médiateur tranche le différend. Sa décision constitue une sentence définitive, passée en force de chose jugée, comme il est dit à l'article XX (n° 320).
La suspension :
- partielle s'applique aux obligations nommément désignées au Contrat et à celles que les parties désigneront, le cas échéant, au moment où l'événement se produira ;
- ne s'applique pas notamment aux obligations d'entretien que nécessite le maintien en état des travaux interrompus afin de rendre possible leur reprise après la cessation de la suspension, de secret, de non-concurrence, d'exclusivité et à telle autre obligation citée, le cas échéant, par le Contrat ;
- ouvre le droit à la partie qui ne peut obtenir les prestations convenues de la partie débitrice de s'adresser à un tiers pour remplacer momentanément la partie empêchée dans les conditions fixées à l'article XX (n° 269) ;
- cesse de produire effet lorsque l'événement paralyse l'exécution du Contrat pour une durée de ... (*fixer la durée*) à compter du jour où la suspension a pris effet ; les parties jugeant qu'une prolongation de la suspension au-delà de cette durée compromettrait l'économie et les objectifs du Contrat, déclarent expressément que le Contrat est caduc de droit à l'échéance du terme.
Les charges ainsi que, le cas échéant, les préjudices provoqués par la suspension incombent par moitié à chaque partie au Contrat.
La reprise de l'exécution du Contrat, notamment les modalités de rattrapage du retard pris, est réglée par les parties au moment de la fin de la suspension avec, au besoin, le concours du médiateur appelé à l'initiative de la partie la plus diligente dans les conditions des articles XX et suivants (nos 314 s.).

f Réduction du prix

271 **Art. XX** La partie créancière d'une obligation qui a été imparfaitement exécutée peut, avant paiement, l'accepter sous condition d'une réduction du prix. Elle notifie à la partie débitrice, dans le délai de ... (*nombre*) à compter du jour d'échéance du prix à payer, le montant de la réduction qu'elle propose.
Si la partie débitrice de l'obligation accepte la proposition d'un nouveau prix au plus tard dans le délai de ... (*nombre, par exemple un mois*) à compter de la réception de la notification, le nouveau

prix est exigible le jour où la partie qui a demandé la réduction reçoit la notification de l'acceptation du nouveau prix.

Si la partie débitrice de l'obligation refuse la proposition du nouveau prix, la partie la plus diligente demande l'intervention du médiateur dans les conditions fixées aux articles XX et suivants (n°s 314 s.). Si les parties ne s'entendent pas, le médiateur arrête le nouveau prix en réduisant le prix prévu au Contrat proportionnellement à la moins-value qui affecte l'obligation imparfaitement exécutée. Sa décision constitue une sentence définitive, passée en force de chose jugée, comme il est dit à l'article XX (n° 320).

3 Sanctions avec rupture du contrat

a Résiliation unilatérale urgente sous le contrôle du médiateur

272 **Art. XX** En cas d'urgence, reconnue par le médiateur saisi dans les conditions des articles XX et suivants (n°s 314 s.), la partie qui court un risque exceptionnel irréparable peut résilier le Contrat sans délai et sans préavis à ses risques et périls. La décision du médiateur prononçant l'urgence constitue une sentence définitive, passée en force de chose jugée, comme il est dit à l'article XX (n° 320).

b Résiliation unilatérale conventionnelle

273 **Art. XX** Chaque partie ou telle partie nommément désignée au Contrat est libre de résilier le Contrat si survient tel ou tel événement sous les modalités suivantes :

- l'événement ne doit pas dépendre de la volonté de la partie qui décide la résiliation ;
- la résiliation prend effet… (*nombre, par exemple un mois*) après la réception par la partie destinataire de la notification motivée ;
- la partie destinataire de la notification peut offrir de porter remède au défaut d'exécution dénoncé dans les conditions de l'article XX (n° 259) ;
- la résiliation met fin au contrat ;
- si la résiliation est conforme aux conditions convenues, aucune partie n'a droit à indemnisation des conséquences que la fin du contrat a pour elle.

c Résiliation unilatérale pour juste motif

274 **Art. XX** La partie créancière de prestations dues par l'autre partie, qui estime que celle-ci manque à ses engagements tels que précisés aux articles XX à XX (n°s 141 à 152), peut mettre la partie débitrice en demeure de remédier dans le délai de … (*nombre, par exemple un mois*) à ces carences sous peine de résiliation du Contrat.

Si, au terme de ce délai, elle considère que la partie débitrice n'a pas porté remède aux manquements dénoncés, elle lui notifie sa décision de résiliation en précisant la nature et l'importance des inexécutions et/ou des défauts ou retard d'exécution qu'elle lui reproche ainsi que la date à laquelle elle fixe la fin du Contrat.

Dans le délai de … (*nombre, par exemple un mois*) à compter de la réception de cette notification, la partie débitrice qui conteste la résiliation notifie à la partie créancière les arguments qu'elle oppose à sa motivation et lui demande réparation du préjudice que lui cause la résiliation qu'elle juge abusive.

Si les parties ne parviennent pas à s'accorder sur les conditions échangées, la partie la plus diligente saisit le médiateur de la contestation dans les conditions fixées aux articles XX et suivants (n°s 314 s.).

d Résiliation unilatérale pour durée indéterminée du Contrat

275 **Art. XX** Lorsque la durée du contrat est indéterminée au sens de l'article XX (n° 291), chaque partie peut y mettre fin en notifiant à l'autre qu'elle décide de se retirer du Contrat au terme d'un préavis expirant le … (*fixer la date*).

Les parties sont tenues de continuer l'exécution du Contrat pendant la durée du préavis. La partie qui n'exécute plus ses obligations pendant le délai de préavis, doit à l'autre une indemnité dont le montant est égal la valeur des prestations, estimée au prix contractuel, qu'elle a fournies antérieurement à la prise d'effet du préavis pendant une durée égale à celle du préavis.

Si l'autre partie ne notifie aucune contestation dans le délai de … (*nombre, par exemple un mois*) à compter de la réception de la notification de la résiliation, le Contrat est expiré à cette date.

Si cette autre partie trouve la résiliation abusive, elle doit, dans le délai de … (*nombre, par exemple un mois*) à compter de la réception de la notification de la résiliation, notifier à la partie à l'origine de la résiliation les arguments qu'elle oppose à sa décision et lui demander réparation du préjudice que lui cause cette dernière.

Si les parties ne parviennent pas à s'accorder sur leur différend, la partie la plus diligente saisit le médiateur de la contestation dans les conditions fixées aux articles XX et suivants (n°s 314 s.).

e Effets de toute résiliation

276 **Art. XX** À compter de sa date, la résiliation, quelle qu'elle soit, met fin au Contrat qui ne produit plus d'effet pour l'avenir. Les prestations échangées jusqu'à cette date sont définitivement exécutées et ne donnent lieu à aucune restitution.

Le cas échéant et sous réserve du dernier alinéa de l'article XX (n° 277), les préjudices subis par la partie victime de la résiliation sont indemnisés dans les conditions des articles XX et suivants (n°s 280 s.).

f Résolution de plein droit

277 **Art. XX** Le contrat est résolu de plein droit si une partie manque à telle ou telle de ses obligations nommément désignées à l'expiration du délai de … (*nombre, par exemple un mois*) fixé dans la mise en demeure notifiée par la partie créancière à la partie débitrice.

À l'expiration de ce délai, le contrat est résolu si la partie créancière a respecté les conditions suivantes :

- elle n'a pas renoncé à invoquer la résolution, ce qui n'est pas le cas si elle demande, le cas échéant, la liquidation de l'astreinte prévue à l'article XX (n° 266) ;
- elle s'est prévalue de la résolution de plein droit sans intention de nuire à la partie débitrice ou sans conscience de lui porter préjudice ;
- elle a obtenu, en cas de contestation de la résolution par la partie débitrice, une décision de justice ou une sentence arbitrale qui a constaté que la résolution de plein droit était acquise ;
- l'inexécution n'est pas due à la force majeure au sens de l'article XX (n° 258).

g Résiliation ou résolution judiciaire

278 **Art. XX** Sauf si elle a déjà mis en œuvre son droit à résiliation ou à résolution visé aux articles XX à XX (n°s 272 à 277), une partie peut, après mise en demeure dans les conditions de l'article XX (n° 264), demander la résiliation ou la résolution judiciaire du Contrat pour défaut d'exécution ou pour exécution défectueuse ou pour retard d'exécution de ses obligations par la partie débitrice.

Si la partie demanderesse n'a pas procédé à la mise en demeure, l'assignation vaut mise en demeure d'exécuter dans le délai d'un mois à compter de la date de la signification de l'assignation.

Avant que le manquement dénoncé ne soit survenu, les parties ne peuvent pas renoncer au droit de demander en justice ou à un tribunal arbitral la résiliation ou la résolution.
La résiliation ou la résolution du Contrat est prononcée par le juge ou l'arbitre ; de convention expresse, les parties lient ces derniers sur les conditions suivantes :
- le manquement existe dès lors que les spécifications des obligations fixées aux articles XX à XX (n°s 141 à 152) n'ont pas été respectées ;
- il importe peu que le manquement soit invoqué contre la partie qui n'a pas commis de faute ou qu'il soit imputable à la force majeure au sens de l'article XX (n° 258) car celle-ci n'est qu'une cause d'exonération de réparation du dommage consécutif au manquement ou dû au fait de la partie créancière ;
- le manquement n'est pris en compte que s'il entraîne une perte pour la partie victime d'au moins ... (*nombre*) % du résultat escompté de la prestation litigieuse ;
- l'octroi d'un délai à la partie débitrice ne fait pas obstacle à la prise en compte du manquement dès lors qu'il subsiste après l'expiration du délai ;
- la date d'effet de la résiliation ou de la résolution est fixée en toute hypothèse au jour de l'assignation en résolution.

h Effets de toute résolution

279 **Art. XX** À compter de sa date, la résolution met fin au contrat, qui ne produit plus d'effet pour l'avenir. Les prestations échangées ne sont pas restituables, sauf si une partie démontre que le défaut total ou partiel de restitution lui cause une perte supérieure au coût de la restitution qu'elle demande.
Le cas échéant, les préjudices subis sont indemnisés dans les conditions des articles XX et suivants (n°s 280 s.).

D Réparation du dommage né de l'inexécution

1 Droit à réparation

280 **Art. XX** Sauf si les parties ont adopté la clause exclusive de responsabilité visée à l'article XX (n° 262), la partie qui prouve avoir subi un dommage a droit à réparation par l'allocation d'une indemnisation, dite « dommages-intérêts », dans les conditions ci-après.

a Preuve de l'existence du dommage

281 **Art. XX** La preuve des faits dommageables est apportée par tous moyens.

b Dommage réparable

282 **Art. XX** Le dommage causé et prouvé est réparable dès lors que :
- il n'a pas été exclu de la réparation par une mention expresse du Contrat l'identifiant nommément ;
- il est certain, direct et personnel.
N'est pas réparable :
- le dommage dont les éléments constitutifs et l'étendue sont imprévisibles, dommage dit « imprévisible », au jour de la conclusion du Contrat ; n'entre pas dans ces éléments l'équivalent monétaire du dommage au jour de sa réparation ; le dommage imprévisible est néanmoins réparable si les parties sont convenues de le réparer ou s'il a été commis délibérément ou avec conscience qu'il se produira par la partie auteur du fait générateur ;

– la partie du dommage que la partie créancière aurait pu éviter par un comportement attentif aux intérêts de la partie débitrice qu'implique l'exécution de bonne foi des obligations ; cette part du dommage est à la charge de la partie créancière dès lors que l'auteur du fait générateur du dommage prouve que la partie créancière avait les moyens de minimiser les conséquences préjudiciables de ce fait ;
– le dommage dû intégralement, ou partiellement, à due concurrence à une faute de la partie qui en demande la réparation.

2 Montant des dommages-intérêts

a Indemnisation forfaitaire ou clause pénale

283 **Art. XX** La clause pénale prévue aux articles XX et XX (n°s 189 et 190), ou toute autre prévue par les parties, est soumise aux règles suivantes.
En cas de fautes réciproques des parties à l'origine du dommage visé par la clause, la charge de la réparation est partagée entre les parties proportionnellement à la part incombant à chacune dans la réalisation de ce dommage.
La somme forfaitaire due en application de la clause est purement indemnitaire si elle est égale au montant du préjudice subi. Si elle est supérieure à ce montant, la part excédentaire est une pénalité tendant à presser la partie débitrice à exécuter ses obligations. Le montant de la pénalité ne doit pas excéder … % (*nombre, par exemple 10 %*) du prix dû pour les obligations inexécutées. Fixé en-dessous de ce seuil, son montant ne peut pas être réduit par le juge ou l'arbitre désigné dans les termes des articles XX, XX et XX (n°s 322, 323 et 326). En cas de contestation sur le montant de la pénalité, la partie débitrice accepte que le montant contractuel soit séquestré à titre conservatoire jusqu'au règlement de la contestation et que le montant ordonné soit compensé avec les créances qu'elle détient sur la partie victime.
La somme forfaitaire est, d'accord exprès des parties, multipliée par … (*multiple choisi par les parties*) si la partie responsable du dommage a délibérément causé le dommage avec intention de nuire à l'autre partie. Cette clause est réputée non écrite si la somme due par application du multiple choisi est supérieure à … % (*nombre, par exemple 20 %*) de la somme forfaitaire.

b Indemnisation par évaluation du préjudice

Préjudices indemnisables

284 **Art. XX** Si les parties n'ont pas choisi l'évaluation forfaitaire du préjudice, les dommages-intérêts sont évalués dans les conditions ci-après.
Les préjudices indemnisables sont la perte subie et le gain manqué.
La perte subie est entendue comme couvrant : les dépenses nécessaires et utiles, taxes comprises dès lors que la victime du dommage ne peut pas les récupérer ; la dépréciation des biens endommagés par rapport à la valeur vénale de ces biens au jour de l'évaluation du préjudice ; les frais financiers consécutifs aux dépenses engagées ou au financement des pertes subies ;
Le gain manqué couvre les éléments suivants : perte de clients et de chiffres d'affaires ; commandes annulées ; détérioration de l'image de marque ; privation de la somme d'argent qui aurait dû être reçue (*tout ce qui peut, soit avoir empêché la réalisation d'un investissement ou d'un gain par placement des liquidités, soit avoir entraîné un coût insupportable pour trouver des financements de substitution*) ; rentabilité escomptée du contrat.

Limitation du montant de l'indemnité ou des dommages-intérêts

285 **Art. XX** Le montant de l'indemnisation est plafonné à la somme de ... (*nombre*) calculée sur les bases suivantes : ... (*les parties doivent déterminer, selon l'objet du Contrat, les éléments de calcul permettant d'obtenir le montant du plafond d'indemnisation*). Ce plafond est augmenté ou diminué si le calcul aboutit à une indemnité supérieure ou inférieure de ... % (*nombre, par exemple 20 %*) au préjudice réel.

La limitation du montant de l'indemnité est écartée et la partie débitrice doit le montant de la réparation intégrale ou, au choix des parties, un multiple de ce montant si elle a causé le dommage intentionnellement ou avec la conscience de causer un préjudice à la partie créancière. Cette clause est réputée non écrite si la somme due par application du multiple choisi est supérieure à 20 % du montant de la réparation intégrale.

Une clause limitative de responsabilité figurant dans un contrat précédemment conclu entre les parties au Contrat ne peut pas être invoquée par la partie débitrice, à titre d'usage existant entre elles, dès lors que ladite clause ne figure pas au Contrat.

Indemnisation du préjudice dû à une faute lucrative

286 **Art. XX** Le préjudice est dû à une faute dite « lucrative » s'il est prouvé par la partie qui le subit que l'autre partie a inexécuté fautivement la prestation dont elle est redevable avec l'intention d'en retirer un avantage supérieur au montant escompté de l'indemnisation par allocation de dommages-intérêts.

La partie victime a alors droit à l'exécution forcée de la prestation litigieuse. Si l'exécution forcée se révèle, en raison des circonstances, impossible matériellement, elle a droit à la réparation intégrale de son préjudice, toute clause d'irresponsabilité ou de limitation de responsabilité lui étant inopposable. Le préjudice comprend le montant de la perte subie par le fait de l'inexécution et de la totalité des frais de procédure. En outre, la partie victime a droit à la réparation du préjudice moral qu'elle a subi, en raison du manquement porté à la confiance qu'elle avait en son cocontractant, lequel ne peut être supérieur à 10 % du montant alloué au titre de la réparation intégrale du préjudice.

Non-indemnisation de l'inexécution délibérée, rentable pour une partie et non dommageable pour l'autre partie

287 **Art. XX** Ne donne pas lieu à réparation l'inexécution rentable de ses obligations par une partie dès lors que cette partie en est avantagée sans qu'aucune autre ne soit désavantagée, autrement dit, dès lors qu'aucune partie n'y perd.

Garantie de l'indemnisation

288 **Art. XX** Chaque partie s'engage, pour le cas où elle serait débitrice de l'indemnisation d'un préjudice causé à l'autre partie, à souscrire une assurance au profit de cette partie couvrant tel ou tels dommages déterminés pour le montant de ... (*nombre*) et à lui communiquer une attestation d'assurance.

SECTION IV

Extinction du contrat

A Causes d'extinction du contrat

1 Révocation mutuelle

289 **Art. XX** À tout moment après la conclusion du Contrat, les parties peuvent, de leur commun accord, révoquer le contrat par un avenant au sens de l'article XX (n° 164).

Elles conviennent dans cet écrit de la date à laquelle le Contrat prend fin et du sort des prestations qu'elles ont échangées (restitution ou conservation totale ou partielle), ainsi que du sort des contrats interdépendants et des prestations auxquelles ils ont donné lieu.

À défaut de spécifications formelles sur le sort des prestations échangées au titre du Contrat et au titre des contrats interdépendants, ces prestations ne sont pas restituables.

2 Impossibilité d'exécution

290 **Art. XX** L'impossibilité pour une partie d'exécuter le Contrat met fin à ce dernier si elle est due à la disparition d'un élément qui a été déterminant du consentement d'une ou des parties à la conclusion du Contrat au terme des articles XX à XX (nos 141 à 152). Le Contrat est alors dit frappé de « caducité », sanction dont les effets sont précisés à l'article XX (n° 331).

Si les parties s'accordent sur la constatation de l'événement, elles dressent un avenant, au sens de l'article XX (n° 164), en prenant acte.

Si les parties ne s'accordent pas sur la constatation de la survenance de l'événement, la partie la plus diligente peut demander l'intervention du médiateur dans les conditions des articles XX et suivants (nos 314 s.).

3 Arrivée du terme

291 **Art. XX** Lorsque le contrat a été conclu pour une durée déterminée, l'arrivée du terme, dit alors « extinctif », met automatiquement fin au Contrat sans qu'il soit nécessaire de procéder à une quelconque formalité.

Si les parties n'ont pas fixé un terme extinctif, le contrat est à durée indéterminée et peut être résilié par application de l'article XX (n° 275).

4 Réalisation de la condition résolutoire

292 **Art. XX** Le Contrat est éteint de plein droit si un de ses articles prévoit sa résolution en cas de survenance d'un événement expressément déterminé. L'événement mis en condition doit être certain, possible et licite et se rapporter à une obligation elle-même licite.

Peut seule se prévaloir de sa survenance la partie nommément désignée au Contrat comme pouvant invoquer la condition résolutoire.

Le Contrat n'est pas résolu s'il est prouvé par l'autre partie que celle qui a intérêt à la réalisation de la condition l'a provoquée.

Tant que la condition n'est pas réalisée, le Contrat est considéré comme définitivement conclu. Il doit recevoir exécution sans restriction.

Après réalisation de la condition, le Contrat est anéanti et les prestations échangées sont restituées, sauf si les parties conviennent, dans le Contrat ou dans un avenant au sens de l'article XX (n° 164), que les actes qu'elles nomment formellement sont conservés et si elles précisent dans quelle mesure.

5 Survenance de la confusion des qualités de créancier et de débiteur

293 **Art. XX** Dès lors que la qualité de créancier et celle de débiteur des obligations nées du Contrat sont réunies en la même personne, le Contrat est éteint par confusion.

6 Autres causes d'extinction

294 **Art. XX** Le Contrat est éteint par l'exercice de la faculté de dédit, la résiliation, la résolution et l'annulation.

B Effets de l'extinction du Contrat

1 Fin du Contrat

a Extinction et survie des obligations

295 **Art. XX** À la date de la cause d'extinction, le Contrat prend fin.
Les parties sont libérées des obligations qu'elles avaient souscrites, à l'exception de celles dont elles ont prévu l'exécution après la fin du Contrat et pour la durée qu'elles ont déterminée ou pour une durée raisonnable comme il est prévu à l'article XX (n° 179).
La clause attributive de compétence et la clause compromissoire respectivement prévues par les articles XX et XX (n°s 323 et 326) survivent au Contrat et doivent recevoir effet.
Les différends nés au cours des cinq ans qui courent à compter de la date d'extinction du Contrat sont régis par les règles des articles XX à XX (n°s 312 à 335).

b Arrêté des comptes

296 **Art. XX** Les comptes issus de l'exécution du Contrat, pendants au jour de l'expiration de ce dernier, font l'objet d'un arrêté de compte contradictoire dans un délai de … (*trois mois par exemple*) à compter de ce jour.
Cet arrêté est révisable si une partie prouve qu'il n'est pas exact.

c Poursuite en fait de l'exécution du Contrat

297 **Art. XX** Si après que le Contrat a pris fin, les parties continuent à l'exécuter comme auparavant, elles sont alors liées par tacite reconduction comme il est dit à l'article XX (n° 311).

2 Restitutions

a Restitutions d'une chose corporelle en nature

Droit à la restitution en nature

298 **Art. XX** La restitution d'une chose corporelle a lieu en nature, sauf impossibilité matérielle d'y procéder. Dans ce cas, la partie tenue à la restitution en doit la valeur comme prévu à l'article XX (n° 303).
Les actes accomplis sur la chose sont opposables à la partie créancière de la restitution, sauf si les parties conviennent que ou tel ou tels d'entre eux ne lui sont pas opposables.

Indemnisation des moins-values affectant la chose

299 **Art. XX** La partie qui restitue la chose corporelle prend en charge les dégradations et détériorations qui en ont diminué la valeur.
L'estimation des moins-values se fait au jour de la restitution.

Chose à restituer mais vendue

300 **Art. XX** La partie, qui a vendu la chose corporelle à restituer, doit restituer la valeur de cette chose au jour de la vente, que cette valeur soit supérieure ou inférieure au prix auquel elle l'a achetée.

Restitution des fruits et de la jouissance de la chose corporelle

301 **Art. XX** Les fruits à restituer sont ceux produits par la chose corporelle à compter du jour où la restitution est due. Ceux qui ne se retrouvent pas en nature sont restitués en valeur estimée à la date du remboursement, suivant l'état de la chose au jour de la restitution.
La valeur de la jouissance est évaluée par les parties à … (*soit une somme forfaitaire, soit une indemnité équivalent à un loyer à tant par jour, semaine, mois ou année d'usage de la chose*).
La prescription de l'action en restitution de la valeur de la jouissance ne commence à courir que du jour de l'extinction du Contrat.

Remboursement des dépenses justifiées et des améliorations

302 **Art. XX** La partie tenue à restitution a droit au remboursement des dépenses :
- nécessaires à la conservation de la chose ;
- utiles à l'amélioration de la chose, dites « plus-values », seulement à concurrence de la plus-value existante au jour de la remise de la chose.

b Restitution d'une chose corporelle en valeur

303 **Art. XX** En cas de restitution en valeur d'une chose corporelle, cette valeur est estimée à la date de la restitution effective.

c Restitution d'une somme d'argent

304 **Art. XX** La restitution d'une somme d'argent, notamment le montant du prix prévu au Contrat, implique la restitution du capital et des intérêts plus les taxes acquittées entre les mains de la partie qui a reçu la somme à restituer.

d Restitution d'un droit incorporel

305 **Art. XX** La partie qui doit restituer un brevet, un dessin, un modèle ou une marque doit procéder aux formalités requises pour le transfert du ou des droits qui lui ont été remis à la conclusion ou en cours d'exécution du Contrat et à la radiation de son inscription, le cas échéant, sur le registre sur lequel la transmission du titre a été portée.

e Restitution d'une prestation de service consommée

306 **Art. XX** La restitution d'une prestation de service a lieu en valeur ; celle-ci est appréciée à la date à laquelle elle a été fournie.

Si les parties s'accordent sur la valeur, elles dressent un écrit, daté et signé en prenant acte. Si les parties ne s'accordent pas sur la valeur, la partie la plus diligente peut demander l'intervention du médiateur dans les conditions fixées par les articles XX et suivants (n°s 314 s.).

f Garantie de la restitution

307 **Art. XX** Toute restitution bénéficie du report des garanties sécurisant l'exécution de l'obligation qui a été exécutée et qui est soumise à restitution.

3 Survie du contrat

a Prorogation

308 **Art. XX** Six mois avant l'arrivée du terme fixé au Contrat, chacune des parties peut proposer à l'autre de le proroger.

Si les parties conviennent de façon expresse la prorogation du Contrat, elles en fixent la durée. Dans ce cas, le Contrat est poursuivi entre elles aux mêmes termes et conditions.

Si les parties ne conviennent pas d'une prorogation ou du délai de celle-ci, le Contrat cesse de produire effet à la date de son terme.

b Article réputé non écrit

309 **Art. XX** Le fait qu'un article du Contrat soit réputé non écrit pour quelque cause que ce soit emporte les effets suivants sur le Contrat.

L'article réputé non écrit doit être considéré comme éteint au jour du prononcé par le juge du non-écrit.

Cette extinction n'entraîne pas celle du Contrat, sauf si les parties ont expressément déclaré l'article déterminant de la conclusion du Contrat.

L'article éteint est censé n'avoir jamais existé. Les prestations échangées pour son application sont anéanties et donnent lieu aux restitutions selon le régime des articles XX à XX (n°s 298 à 307).

4 Reprise du Contrat sous un nouveau contrat

a Renouvellement

310 **Art. XX** Chaque partie peut, six mois avant l'arrivée du terme fixé au Contrat, notifier à l'autre une proposition de renouvellement du Contrat.

Si les parties conviennent du renouvellement, le Contrat est poursuivi entre elles avec les mêmes clauses et la même durée, sauf les modifications que leur commune volonté peut y apporter.
Si les parties ne conviennent pas d'un renouvellement, le Contrat cesse de produire effet à la date de son terme et le refus de renouvellement ne peut pas donner lieu au paiement d'une indemnité quelconque par la partie qui l'a refusé.

b Tacite reconduction

311 **Art. XX** À l'échéance du terme fixé, le Contrat est reconduit par tacite reconduction si un article le prévoit ou si les parties continuent de l'exécuter, sans que l'une ait averti l'autre de son intention de ne pas poursuivre l'exécution du Contrat.
Le Contrat reconduit est de … (*indiquer la durée de reconduction*) ; à défaut d'une telle mention, il est expressément de même durée que le Contrat expiré. Dans les deux cas, la durée commence à courir à compter de la date d'extinction du Contrat expiré.
Le Contrat reconduit comporte les mêmes clauses que le Contrat expiré. Toutefois, les sûretés conventionnelles consenties par des tiers assortissant les obligations du Contrat expiré ne sont reconduites qu'avec l'accord de ces derniers. Les garanties consenties par une partie à l'égard de l'autre partie pour les obligations qui se retrouvent dans le Contrat expiré sont reportées sur ce Contrat.
Le Contrat reconduit est un nouveau contrat qui doit être conforme aux conditions de validité en vigueur à la date de la reconduction. Si ces conditions n'ont pas été respectées, le Contrat reconduit est nul.
Lorsque la conclusion du Contrat expiré a été soumise à une formalité de publicité ou administrative, il est valablement reconduit sans obligation de procéder à une nouvelle publicité.
Le Contrat expiré est éteint.

SECTION V

Le règlement des différends

312 **Art. XX** Est un différend, au sens du Contrat, toute contestation née entre les parties portant sur la validité, l'exécution, l'inexécution ou l'extinction du Contrat ou pouvant être rattaché à ces éléments par un lien direct ou indirect.
Est aussi un différend, au sens de ce texte, l'appel par l'une des parties d'un tiers en garantie.
Le règlement du différend est soumis aux articles de la présente section.

A Règlement amiable des différends

1 Obligation de tenter un règlement amiable des différends

313 **Art. XX** Tout différend entre les parties, défini à l'article XX (n° 312), oblige celles-ci à rechercher un règlement amiable avant d'introduire une action en justice ou une demande d'arbitrage.
Si une partie introduit une telle action ou une telle demande sans provoquer au préalable la tentative de règlement amiable, cette action ou cette demande est irrecevable, le juge saisi ou le tribunal

arbitral devant surseoir à statuer jusqu'au jour où les parties prouveront au juge ou au tribunal arbitral saisi qu'elles ont recherché le règlement amiable de leur différend.

2 Modalités du règlement amiable

a Désignation d'un médiateur

314 **Art. XX** Après avoir pris connaissance de sa déclaration écrite d'indépendance et au vu de ses réponses à leurs questions complémentaires, les parties désignent ... (*nom et prénom*) comme tiers facilitateur, dit ci-après le « médiateur », chargé de les aider à résoudre à l'amiable, avec sérénité et sans agressivité, tout différend né du contrat. En cas d'empêchement, quel qu'il soit, de ... (*médiateur désigné*) au jour de la demande de médiation, les parties procèdent à une nouvelle nomination dans un délai de ... (*par exemple huit jours*) à compter de la notification par la partie demanderesse de la médiation à l'autre partie.

Si les parties ne s'accordent pas sur le nom du médiateur au jour de la conclusion du Contrat ou à la suite d'un empêchement au cours du Contrat du médiateur désigné, la partie demanderesse de la tentative de règlement amiable saisit le juge de l'urgence de la juridiction compétente au sens des articles XX et XX (n°s 322 et 323) aux fins de la désignation d'un médiateur. Les parties proposent au juge une liste de trois noms parmi lesquels le médiateur doit être choisi. Si elles ne parviennent pas à s'entendre sur les noms, le juge saisi pourvoit à la nomination sur la base des recommandations présentées par chaque partie et en fonction des prestations et objectifs fixés aux articles XX à XX (n°s 141 à 152).

b Saisine du médiateur

315 **Art. XX** La partie la plus diligente saisit le médiateur par une notification définie à l'article XX (n° 180), lui exposant l'objet du différend avec les moyens de fait et de droit qu'elle invoque à l'appui de ses prétentions et notifie la copie à la partie au Contrat mise en cause.

Le médiateur est saisi du différend le jour où il a accusé réception de la notification susvisée.

La partie destinataire dispose, à compter de cette date, d'un délai de ... (*par exemple un mois*) pour adresser son mémoire en réponse.

316 **Art. XX** Le cours de la prescription est suspendu entre le jour de la saisine du médiateur et le jour de l'accord visé à l'article XX (n° 314) ou le jour de l'expiration du délai de ... visé à l'alinéa 1 de l'article XX (n° 319). Aucun acte ou fait survenu au cours de ce délai ne peut valoir comme renonciation à agir en justice ou en arbitrage.

c Office du médiateur

317 **Art. XX** Le médiateur conduit en toute liberté la mission qui lui est fixée à l'article XX (n° 315).

Il peut demander aux parties ou à l'une d'entre elles, dans le délai qu'il leur ou lui impartit, la production de toute pièce qu'il estime utile à son office de médiation.

Lorsque les parties ou la partie sollicitée ne se conforment pas à la demande du médiateur, elles ne peuvent pas contester par la suite la décision prise par le médiateur sur l'objet du différend qui aurait pu être éclairé par la production demandée.

Les propos, documents et écritures échangés au cours du processus de médiation sont confidentiels et ne doivent pas être, à l'exception du rapport du médiateur, communiqués au juge ou à l'arbitre saisi comme il est dit à l'article XX (n° 319), ni rendus publics ni portés à la connaissance du juge ou du tribunal arbitral.

De convention expresse, toute mesure d'exécution forcée engagée est suspendue jusqu'au jour de l'accord visé à l'article XX (n° 318) ou de la constatation du désaccord visé à l'article XX (n° 319).

d Issue de la médiation

Conclusion d'un arrangement

318 **Art. XX** Le processus de rapprochement prend fin le jour de la signature par les parties de l'acte constatant l'accord conclu entre elles ; le médiateur atteste par une formule suivie de sa signature de la réalité de cet accord dressé en sa présence. L'accord est expressément tenu pour une transaction par les parties qui lui reconnaissent l'autorité de la chose jugée. Pour bénéficier de l'exécution forcée, l'accord doit être soumis au juge de l'exequatur de l'État dans lequel l'exécution forcée est recherchée. En aucun cas, la participation du médiateur à la rédaction de cet acte et la signature qu'il apporte pour le certifier conforme à la volonté des parties ne l'obligent.

Au titre de la garantie d'exécution loyale de l'accord, les parties peuvent convenir de constituer une banque de leur choix séquestre d'un compte ouvert dans les livres de cette dernière d'un montant fixé par elles et qui ne leur est restitué qu'à la clôture du compte sur présentation d'une attestation signée du médiateur et des parties certifiant que l'accord a été exécuté.

Échec de la médiation

319 **Art. XX** Le processus de rapprochement est réputé avoir échoué et être clos si, dans le délai de ... (*trois mois par exemple*) suivant la réception du mémoire en réponse, les parties ne sont pas parvenues à un accord. Au terme de ce délai de ... (*reprendre le délai choisi*), le médiateur dispose d'un délai de ... (*un mois par exemple*) pour dresser et notifier aux parties un rapport dans lequel il constate le désaccord des parties, livre son analyse du différend et indique la solution transactionnelle qu'il a proposée.

Sauf lorsqu'une clause du Contrat donne au médiateur le pouvoir de trancher définitivement le différend et de prononcer une sentence définitive visée à l'article XX (n° 320), la partie la plus diligente, à condition d'établir que la médiation a été tentée, peut alors poursuivre en justice l'autre partie au lieu de la juridiction désignée compétente en application des articles XX et XX (n°s 322 et 323) ou, le cas échéant, présenter une demande d'arbitrage conformément à la clause compromissoire prévue à l'article XX (n° 326).

Dans le même temps, la copie de l'assignation en justice ou de la demande d'arbitrage est notifiée au médiateur.

Le rapport que le médiateur a établi est communiqué au juge ou à l'arbitre saisi si les parties en sont convenues expressément. À défaut, le rapport est confidentiel comme le sont tous les actes et dires de la procédure de médiation. Toute violation de cette confidentialité oblige l'auteur de la révélation à réparation du préjudice subi par l'autre partie dans les conditions des articles XX à XX (n°s 280 à 288).

Portée de la décision du médiateur tranchant le litige

320 **Art. XX** La décision prise par le médiateur, au titre des articles du Contrat lui conférant le pouvoir de trancher le litige définitivement, constitue une sentence définitive, passée en force de chose jugée.

e Rémunération du médiateur

321 **Art. XX** Les émoluments dus au médiateur sont à la charge des parties au Contrat par part virile.

Cette rémunération, à déterminer dans son montant par les parties, comprend à la fois :
- une indemnité dite de « disponibilité » correspondant à l'obligation du médiateur de se tenir à la disposition des parties qui peuvent avoir recours à ses prestations dans les cas prévus au Contrat et dans toute autre circonstance en lien avec le Contrat que les parties pourraient avoir à lui soumettre ;
- des émoluments correspondants aux interventions ponctuelles du médiateur demandées par une partie individuellement ou les parties conjointement ; ces émoluments sont payables par tiers au jour de la saisine du médiateur, au jour de la réception du mémoire en réponse et au jour de la conclusion de l'accord ou au jour de l'expiration du délai de … (*rappeler la durée du délai choisie*) visé à l'article XX (n° 319) ; le médiateur peut exiger des parties la consignation d'une provision équivalant au tiers de la valeur estimée de sa prestation auprès de … (*tiers nommément désigné*) ; à défaut de la consignation demandée, la désignation du médiateur est caduque.

B Règlement juridictionnel des différends

1 Juge compétent

322 **Art. XX** Au sens du Contrat, le juge compétent s'entend, d'une part, du juge chargé de trancher le litige que lui soumettent les parties, dit « juge de la validité » du Contrat, et, d'autre part, le juge appelé à autoriser l'exécution forcée de la décision qui a tranché le litige et a conféré à une partie un titre exécutoire, dit « juge de l'exequatur ». Le juge de la validité du Contrat est, au choix des parties, soit le juge désigné par la clause attributive de compétence prévue à l'article XX (n° 323), soit le tribunal arbitral prévu à l'article XX (n° 326).

Si les parties ont adopté une clause attributive de compétence ou une clause d'arbitrage dans le Contrat, elles peuvent par un accord exprès, le litige une fois né après l'échec de la tentative de médiation visée à l'article XX (n° 319), soit renoncer à cette clause et convenir d'une convention d'arbitrage à ses lieu et place, soit renoncer à la convention d'arbitrage et porter le litige devant la juridiction formellement désignée dans leur nouvel accord.

2 Action en justice

a Attribution de compétence territoriale

323 **Art. XX** Le litige, au sens défini à l'article XX (n° 312), est porté devant le tribunal de … (*désigner nommément le tribunal qui peut être, soit le tribunal du lieu choisi pour saisir un ou des actifs, le titre permettant par lui-même l'exécution forcée, soit le tribunal d'un autre lieu, le titre délivré devant alors obtenir l'exequatur du juge du lieu où son exécution sera demandée*).

La compétence de la juridiction désignée est exclusive de toute autre compétence, notamment :
- celle de la juridiction du lieu du domicile d'une partie ;
- celle, le cas échéant, de la juridiction indiquée sur les documents propres à une partie et échangés entre les parties à l'occasion des relations qu'elles ont nouées en vue de conclure ou d'exécuter le Contrat, telles que les conditions générales des parties.

Le juge de l'urgence de la juridiction désignée est compétent pour statuer sur les demandes provisoires et conservatoires justifiées par l'urgence.

b Obligation d'agir ou d'intervenir en justice

324 **Art. XX** À la demande de la partie X, la partie Y est tenue d'agir en justice pour obtenir la cessation ou la réparation du trouble subi par la partie X et de lui reverser, le cas échéant, le montant de l'indemnisation allouée.
Chaque partie doit intervenir dans toute procédure engagée par un tiers contre une partie au Contrat dès lors que celle-ci le lui demande.
Si la partie obligée n'a pas agi dans le délai de... (*un mois par exemple*) à compter du jour où elle a reçu la mise en demeure de la partie créancière des obligations susvisées, elle encourt une astreinte de ... (*indiquer le montant et la monnaie de paiement*) par jour de retard.

c Prescription

325 **Art. XX** La prescription des actions en justice relatives au Contrat est de ... (*durée fixée par la loi applicable par la juridiction élue à l'article XX : n° 323*) ; elle court à compter de la date de la conclusion du Contrat ou de celle où le demandeur a eu connaissance ou aurait dû avoir connaissance des faits lui permettant d'agir.
La partie qui a mis en place des procédures de conformité (dites procédures de « compliance ») n'est pas présumée avoir eu connaissance des faits en cause. Elle peut toujours prouver que ces procédures ne lui ont pas permis d'avoir connaissance de ces derniers avant la date où elle prétend les avoir connus.

3 Arbitrage

Mémento Droit commercial n°s 70603 s.

326 **Art. XX** Tout litige né du Contrat, tel que défini à l'article XX (n° 312), est porté devant un tribunal arbitral conformément au règlement d'arbitrage de ... (*désigner un centre d'arbitrage*) ou selon les modalités ci-après définies :
– cette clause lie, outre les parties et les substitués en vertu d'une clause du Contrat dans leur qualité de partie, les subrogés dans leurs droits, les cessionnaires du Contrat et de toute créance ou dette fondée sur le Contrat, ou la partie qui a bénéficié d'une novation ;
– le tribunal arbitral est composé de trois arbitres, chaque partie au litige désignant un arbitre et les arbitres ainsi désignés nommant le troisième arbitre qui est le président du tribunal arbitral ; toute difficulté relative à la constitution du tribunal arbitral est portée devant le juge du lieu du siège du tribunal arbitral désigné ci-après ;
– les arbitres ne sont réputés désignés qu'après approbation par les parties de leur déclaration d'indépendance et d'impartialité ;
– le lieu du siège du tribunal est ... (*désigner le lieu du siège du tribunal*) ;
– la procédure d'arbitrage est confidentielle ;
– le tribunal arbitral est juge de sa propre compétence ;
– le tribunal statue en droit, sauf si, de convention expresse, les parties optent pour l'amiable composition ; l'arbitre statue alors en équité en se conformant à l'ordre public du juge désigné à l'article XX (n° 322) pour connaître de l'annulation ou de l'exequatur de la sentence ;
– le tribunal arbitral applique les clauses du Contrat ou, le cas échéant, un « usage du commerce international » s'il correspond à une règle de fond, invoqué par une partie ou soulevé par le tribunal, après débat contradictoire sur l'applicabilité de l'usage invoqué ; le tribunal ne peut appliquer un usage professionnel relatif à l'activité constituant l'objet du Contrat que s'il est prouvé qu'il a été accepté par les parties ;
– le tribunal arbitral peut prendre toute mesure conservatoire ou provisoire que requièrent les circonstances ; tant que le tribunal arbitral n'est pas constitué, chaque partie peut saisir aux mêmes fins le juge compétent au lieu où les mesures demandées doivent être exécutées ;
– le tribunal arbitral doit respecter le principe du contradictoire ;

- le tribunal arbitral doit rendre sa sentence dans le délai de six mois à compter du jour fixé pour le dépôt du dernier mémoire, sauf prorogation éventuelle consentie par les parties par écrit ;
- la sentence est rendue à la majorité des arbitres ;
- la sentence est datée et signée des arbitres, mention étant faite, le cas échéant, du refus de signature par un arbitre ;
- chaque partie peut agir en annulation de la sentence devant la juridiction du lieu que les parties ont désigné comme lieu où la sentence doit être rendue et uniquement pour les causes d'annulation des sentences arbitrales prévues par la législation du for ;
- les frais de l'arbitrage sont justifiés par le tribunal arbitral dans les motifs de la sentence ;
- à titre subsidiaire, la loi de la procédure de l'arbitrage est la loi … (*désigner la loi*).

Les précisions ci-dessus peuvent être incluses dans le règlement d'arbitrage choisi par les parties si elles les trouvent préférables au régime proposé par le règlement et dans la mesure où celui-ci le permet.

4 Règles communes à l'action en justice et à l'arbitrage

a Action en nullité

327 **Art. XX** La nullité du Contrat ne peut être demandée :
- pour incapacité, que par la partie incapable selon sa loi personnelle comme il est dit à l'article XX (n° 106) ;
- pour vice du consentement tenant à la faute intentionnelle ou à la négligence, que par la partie qui peut invoquer les vices définis à l'article XX (n° 134).

La partie poursuivie pour inexécution ou exécution défectueuse des prestations dont elle est tenue en vertu du Contrat peut soulever l'exception de nullité du Contrat pour illicéité desdites prestations si l'action en nullité n'est pas prescrite au sens de l'article XX (n° 325).

328 **Art. XX** La partie à qui l'annulation du Contrat porte préjudice peut demander réparation au juge ou à l'arbitre qui l'a prononcée dans les conditions fixées aux articles XX à XX (nos 280 à 288).

329 **Art. XX** L'invalidation des clauses non déterminantes de l'engagement de contracter n'entraîne pas l'annulation du Contrat ; le prononcé d'une nullité partielle par le juge ou l'arbitre emporte de plein droit le pouvoir d'amiable compositeur du juge ou de l'arbitre pour prendre les dispositions utiles à la poursuite de l'exécution du Contrat.

330 **Art. XX** La nullité met fin au Contrat et entraîne la restitution des prestations exécutées, comme fixées aux articles XX à XX (nos 298 à 307), sans possibilité pour le responsable de la nullité de s'y opposer au motif que l'autre partie en retirerait un enrichissement injuste.

b Action en constatation de caducité

331 **Art. XX** L'action en constatation de la caducité du Contrat a pour objet, si les parties ne sont pas parvenues, spontanément ou avec le concours du médiateur saisi par la partie la plus diligente, à un accord sur la date à laquelle la caducité est survenue, de demander au juge compétent ou à l'arbitre d'arrêter cette date.

La caducité établie a les effets suivants :
- elle met fin de plein droit au Contrat dès que la cause de caducité s'est produite, sauf si les parties s'accordent pour la rendre rétroactive à la date qu'elles fixent ;
- chaque partie peut cesser d'exécuter les prestations à venir ;
- chaque partie peut prendre toutes les mesures nécessaires à la suppression des relations contractuelles ;

– chaque partie réduit la rémunération de l'autre partie à proportion de l'exécution de l'obligation éteinte.
Mais la caducité établie :
– laisse subsister les clauses pénales ;
– n'empêche pas la transmission aux ayants droit d'une partie déterminés à l'article XX (n° 167) des engagements pris par leur auteur pour le cas où le Contrat serait caduc ;
– si le Contrat comporte plusieurs obligations distinctes et si seule l'une d'entre elles est devenue impossible à exécuter, maintient les autres obligations dès lors que l'obligation inexécutée n'est pas déterminante de la conclusion du Contrat.

c Indemnisation du coût du contentieux

332 **Art. XX** Indépendamment des coûts judiciaires ou des frais d'arbitrage que chaque partie a été condamnée à payer, la partie qui a en vain poursuivi l'autre en justice ou présenté contre elle une demande d'arbitrage ou l'a obligée à déclarer sa créance à une procédure collective ou d'insolvabilité, lui doit, pour la dédommager des tracas, des frais de procès, d'arbitrage ou de participation à un ordre amiable ou judiciaire en vue d'obtenir le remboursement de sa créance, une indemnité de .... (*10 % des sommes pour lesquelles les procédures seraient engagées par exemple*). Cette indemnité est qualifiée par les parties de clause pénale.

C Exécution de la décision

1 Actifs saisissables

333 **Art. XX** Chaque partie s'engage envers l'autre à ne pas déplacer ses actifs, notamment ses comptes bancaires, dans un lieu autre que celui ou ceux où ils se trouvent à la date de la conclusion du Contrat.
Si une partie a besoin de changer la localisation d'un ou de ses comptes bancaires, elle doit avertir l'autre partie de la nouvelle localisation avant d'y procéder. Si le changement de localisation a pour but de rendre plus difficile le recouvrement forcé des créances de l'autre partie, celle-ci peut se prévaloir de la déchéance du terme et exiger le paiement immédiat ou/et suspendre immédiatement l'exécution de ses obligations en cours.
Tout déplacement occulte emporte, du jour où l'autre partie en a connaissance, le droit pour cette dernière de saisir le juge compétent désigné par la clause d'attribution de compétence territoriale à l'article XX (n° 323), pour lui demander d'ordonner la révélation de la ou des nouvelles localisations et l'interdiction de tout nouveau déplacement.

334 **Art. XX** Au cas où un titre exécutoire définitif accorderait à une partie une créance sur l'autre partie, celle-ci lui reconnaît le droit de pratiquer une compensation de la somme allouée avec celle dont elle est créancière envers elle.

2 Demande d'exequatur

335 **Art. XX** Doit demander l'exequatur la partie au Contrat qui veut faire exécuter :
– une décision exécutoire dans un ressort territorial étranger à celui du for qui a rendu la décision ;
– une sentence arbitrale définitive ;
– un accord transactionnel consécutif à la procédure de médiation prévue à l'article XX (n° 313) homologué dans un ressort territorial étranger à celui du for.

Fait à … le … (*date en lettres et en chiffres*)
Signature de la partie X……………………………………Signature de la partie Y

Version anglaise

SECTION 1

The parties

100 The parties are the signatories to the preliminary agreement relating to the negotiations and, if the negotiations prove successful, the signatories to the final agreement.

SUBSECTION 1

Identification of the parties

A Parties acting for and on their own behalf

101 **Article XX** Agreement between:

– X

If X is an individual: first name and surname, residing at … (*number and street name, postcode, town/city*), registered in the … register under number …, born on … in …, of … nationality;

If X is a private-law corporation : company name, legal form, with share capital of…, having its headquarters in…, registered in the… register of… (or incorporated in…), represented under the agreement by N (*first name and surname*), its legal representative, as evidenced by the presentation of… (*deed of incorporation or equivalent document*);

If X is a public-law corporation: company name, legal form, deed of incorporation, having its headquarters in …, represented under the agreement by N (*first name and surname*), acting as…, as evidenced by the presentation of …;

Acting for and on their own behalf;

– B, C, D … (*other parties acting together*): *same terms of identification*

AND

– Y

If Y is an individual: first name and surname, residing at … (*number and street name, postcode, town, city*) registered in the … register, born on … in …, of … nationality;

If Y is a private-law corporation: company name, legal form, with share capital of…, having its headquarters in…, registered in the … register of … (or incorporated in…), represented under the agreement by N (*first name and surname*), its legal representative, as evidenced by the presentation of… (deed of incorporation or equivalent document);

If Y is a public-law corporation: company name, legal form, deed of incorporation, having its headquarters in …, represented under the agreement by N (*first name and surname*), acting as…, as evidenced by the presentation of …;

Acting for and on their own behalf;

– E, F, G… (*other parties acting together*): *same terms of identification*,

The parties have agreed to enter into an agreement (hereinafter the « Agreement ») in accordance with the following articles and terms and conditions, collectively referred to as the « articles ».

102 **Article XX** Parties who enter into the Agreement on the same terms and with the same rights and obligations, will be deemed to be « severally liable ». Each party may invoke only its own rights under the Agreement and is liable only for the obligations it has undertaken and the acts it commits. The rights and obligations of the severally liable parties are divisible between them.

The parties will no longer be deemed to be severally liable if they expressly declare themselves jointly and severally liable either as creditors (plurality of creditors) or as debtors (plurality of debtors). This shall result in the application, by agreement, of Articles XX to XX and XX to XX (Nos 207 to 208 and 214 to 217).

If necessary, the severally liable parties or jointly and severally liable parties shall appoint a joint representative, known as the « lead negotiator », who shall act on their behalf in accordance with the powers which they have conferred on him/her and which shall be evidenced by the deed granting authorisation to the lead negotiator appended to the Agreement.

103 **Article XX** Under the Agreement, « the party », « a party » or « party X or Y » shall be understood to mean both a single party and the collective parties who, where applicable, have entered into the Agreement on a jointly and severally liable or severally liable basis.

B Represented parties

104 **Article XX** Between :

X, as defined in Article XX (No. 101), represented by its agent (*first name and surname*), who has provided proof of his/her powers by producing a power of attorney, drawn up if necessary by a bailiff or an officially appointed person and issued by X, defining his/her powers, and who has declared in writing, attached hereto, that he/she is not in conflict of interest with any of the parties mentioned herein.

Or, where applicable,

Acting as a representative appointed by law or by a judge qualified for such purpose in accordance with the national law applicable to the person concerned.

And

Y, as defined in Article XX (No. 101), represented by its agent (*first name and surname*), who has provided proof of his/her powers by producing a power of attorney, drawn up if necessary by a bailiff or an officially appointed person and issued by Y, defining his/her powers, and who has declared in writing, attached hereto, that he/she is not in conflict of interest with any of the parties mentioned herein.

Or, where applicable,

Acting as a representative appointed by law or by a judge qualified for such purpose in accordance with the national law applicable to the person concerned.

C Party standing surety

105 **Article XX** Party X, as defined in Article XX (No. 101), undertakes vis-à-vis party Y, as defined in the same Article, to ensure that the agreement, or a particular obligation in the agreement, entered into between them, is ratified by a named third party by.... at the latest.

If the third party notifies parties X and Y in writing within the prescribed time limit that it ratifies the commitment made by party X, then party X shall be released from its obligation and the third party shall thereby become a party to the agreement with party Y, with retroactive effect from the day on which the agreement was entered into between parties X and Y.

If parties X and Y have not received notice from the third party by the end of the agreed period, the agreement between them shall lapse and party Y shall only be entitled to a lump-sum payment of... in damages, covering both expenses incurred and losses suffered by party Y resulting from non-performance and loss of profit, as defined in Article XX (No. 284). Party X cannot argue that the commitment promised by the third party would not have been honoured even if the third party had ratified it. Party X shall not have to pay this compensation if party Y accepts its offer to enter into the agreement which is the subject of the commitment by itself and to become a party to the agreement in the place of the defaulting third party.

If party X has made a commitment to party Y to perform the promised commitment itself in the event of default by the third party, then party X is bound to do so provided party Y notifies it by ... (*one month after the end of the period granted to the third party, in paragraph 1, to make a decision*) at the latest and provides proof that the promised commitment has not been performed by the third party.

SUBSECTION 2
Legal status of the parties

A Capacity of the parties

106 **Article XX** Each party declares that it is capable of entering into the Agreement in accordance with the laws of its jurisdiction, i.e. :

- in the case of individuals, the law of their country of nationality;
- in the case of corporations, the law of their place of registration or incorporation.

Each party may demand that another party produce a document to substantiate its claims.

Only the party who is unable to perform the Agreement may seek to have the Agreement annulled under the conditions specified in Articles XX to XX (Nos 327 to 330).

B Commitments of the parties by way of representation

107 **Article XX** The represented party is bound by the acts performed in its name and on its behalf in accordance with the powers given to the agent it has appointed, those conferred by law on the representative it has chosen, or those determined by the judge responsible for appointing a judicial representative.

The representative, whoever he/she may be, is personally liable if they have entered into the Agreement in their own name, outside of their powers or contrary to the purpose and objective of the powers conferred, regardless of whether it would benefit the represented party.

The representative is not responsible for the proper performance of the Agreement which he/she has entered into within the scope of his/her powers, unless the representative has expressly agreed as such to the benefit of the co-contracting party.

C Freedom to enter into the Agreement

108 **Article XX** Each party certifies that their capacity and power to enter into the Agreement is not hindered by any collective or insolvency proceedings, promises to enter into agreements, preferential agreements, or any bans or disqualifications that may affect the validity of their commitments. If one of the parties can provide proof that this attestation contains a misstatement based on a deliberate intention to deceive, and that they have suffered damage as a result, the Agreement shall be considered null and void (Nos. 327 to 330). With the exception of such instances of fraud, misstatements shall give rise only to compensation for damage proven to have resulted therefrom, under the terms and conditions laid down in Articles XX and following (Nos. 280 et seq.).

If one of the parties is a married individual, they shall be required, if requested by another party, to provide proof that they have the power to enter into the Agreement under their matrimonial property regime.

D Parties' business activities

109 **Article XX** Party X carries out the activity of …
Party Y carries out the activity of …

SECTION 2
Preliminary agreement

SUBSECTION 1
Entering into the preliminary agreement

A Signature of the preliminary agreement

110 **Article XX** The signature of this written « preliminary agreement », together with the initialling of this article, shall in itself constitute the entering into of the preliminary agreement between the signatories and the application of Articles XX to XX (Nos. 110 to 127) and, to supplement them as needed, Articles XX to XX (Nos. 128 to 335), subject to any amendments thereto that the parties may agree to make.

In signing this agreement, each party is deemed to have read the articles applicable to them and waives the right to claim that they did not have knowledge of them, unless they can prove that the articles were withheld from them. These articles may only give rise to the issuance of a writ of execution or an authorisation for enforcement by the competent judge defined in Articles XX and XX (Nos. 322 and 323) provided they are not in breach of the public policy of the forum on whose behalf that judge is adjudicating.
The public policy of the competent judge overriding the preliminary agreement is that in force on the date of signature of the agreement. Subsequent amendments to that public policy shall apply to the preliminary agreement only if the party making the plea establishes before the competent court defined in Articles XX and XX (Nos. 322 and 323) that its application is justified based on compelling reasons of public interest.
The provisions of the preceding paragraphs shall also apply if the parties expressly agree, in spite of not having adopted the articles of the preliminary agreement at the time of the exchange of their consent, to have a dispute settled by application of these articles, designating them as applicable law in their mutual submissions before the competent court or in the terms of reference of the constituted arbitration tribunal.
Otherwise, the articles of the preliminary agreement shall not apply as such, irrespective of the behaviour of the parties, except in the event of express written reference to the articles of the preliminary agreement.

B Scope of application of the articles of the preliminary agreement

111 **Article XX** The articles of the preliminary agreement shall apply under the terms and conditions laid down in Article XX (No. 110).

112 **Article XX** Points of law not governed by the preliminary agreement shall be governed by Article XX (No. 130).

SUBSECTION 2

Articles of the preliminary agreement

A Negotiations agreement

1 Negotiation process

a Commitment of the parties

113 **Article XX** Regardless of the circumstances that brought them together (direct contact made by one party with the other, response by one party to the other's offer, intermediary services provided by a third party), the parties entered into discussions with a view to signing a final agreement (hereinafter « the Agreement ») on....

From that date onwards, their discussions were subject to the following rules :
1. Any exchange prior to that date does not contractually bind the parties, who can only be brought to court on account of their wrongful acts, whether civil or criminal.
2. Either party may propose to the other party, who is free to accept it or not, the intervention of a third party to facilitate the signing of their final agreement; the intervention of the third party, unless otherwise provided in their agreement, shall be subject, as appropriate, to the same rules as those applicable to a mediator responsible for resolving a dispute to the extent of the rules applicable to the reconciliation of the parties, who remain fully responsible for their decision to enter into the Agreement or not.
3. The parties will demonstrate the existence and content of their negotiations by all means.
4. Each party is free to not enter into the Agreement negotiated.

b Breaches of the parties

Malicious abstention from entering into the agreement negotiated

114 **Article XX** If a party elects not to enter into the Agreement with the intention of causing harm to the other party or in the knowledge that doing so will cause harm to the other party, then they shall reimburse the party harmed by this decision not to enter into the Agreement for any duly justified costs incurred by that party to carry out the negotiations and shall pay them damages for any loss of opportunity with respect to the signing of the Agreement equal to.... % of the gross margin that the party could expect from the signature and performance of the Agreement.

Withholding of information

115 **Article XX** If the Agreement is entered into and a party has committed a breach during the negotiations, the aggrieved party may invoke that breach as from the day of the signing of the Agreement to obtain compensation for the resulting loss. The aggrieved party may in particular invoke:
– the fact that the other party did not voluntarily inform them about the characteristics of the service they were offering to provide, even though they knew that this information was a determining factor in the aggrieved party's consent;
– the fact that the other party provided them with incorrect information, whether intentionally or unintentionally;
– the fact that the other party failed to comply with their undertaking to maintain the confidentiality of the information provided to them by the aggrieved party in accordance with the conditions laid down in Article XX (No. 189);
– if the purpose of the Agreement is to grant a loan, the fact that the other party (the loan professional) failed to warn the aggrieved party of the risk of indebtedness that they would incur in view of their resources.

The party harmed by the breach resulting in their being denied the opportunity not to enter into the Agreement, is entitled to compensation from the party at fault for the loss they have suffered as a result, equivalent to the difference between the contractual price of the services they have received and the actual value of those services.

2 Specific commitments

a Equal bargaining power

116 **Article XX** For the purpose of assessing their respective faults, the parties are considered to have equal bargaining power during the negotiations as long as their respective turnover figures,

as communicated, do not show, on the date of signature of the Agreement, a difference of greater than... % (*for example, 30 %*).
If the turnover of one party is more than... (*for example, 50 %*) higher than the turnover of the other party, the latter may invoke the existence of a state of dependence if they can prove that they have suffered a loss of gross margin of... % (*for example, 15 %*).

b Acknowledgement of information received

117 **Article XX** Each party acknowledges having received from the other party the information they have requested about the service offered. This exchange of information will be noted in a written record, which shall constitute proof of the existence and content of the information exchanged and which shall be appended to the Agreement.

c Commitment to trust

118 **Article XX** When a party, solicited to provide information on their services, has assured the soliciting party that they « can trust them » regarding the quality of their services, which they have presented to them, they have undertaken to guarantee them the results announced. If the party benefiting from this guarantee can prove that the results have not been delivered, they shall be entitled to compensation under the conditions laid down in Articles XX to XX (Nos. 276 to 284).
If the solicited party has refused to guarantee that their services will fully meet the expectations of the party requesting the guarantee, the latter must, in order to obtain compensation for their proven loss, demonstrate that this loss is attributable to the incorrect statements made by the solicited party.

B Results of the negotiations

119 **Article XX** In view of the outcome of their negotiations, the parties agree to enter into a/an... (*to be chosen from among the commitments below*).

1 Agreement in principle

120 **Article XX** The parties agreeing to enter into an Agreement of... (*which they shall name*), but whose characteristic obligations they are unwilling or unable to determine at this time, agree to enter into an agreement in principle stating their intention to enter into the proposed agreement and deferring the definition of the obligations to future negotiations.
A party who refuses to take part in the negotiations provided for in the agreement in principle or who refuses, at the end of the negotiations, to enter into the final agreement, for any reason whatsoever, may not be forced to enter into the Agreement. That party is only required to reimburse the other party for any justified costs incurred by the other party in connection with the negotiations.

2 Promise to enter into the Agreement

a Unilateral promise

121 **Article XX** Party X promises party Y that the latter will have the right, referred to as the « option » , to decide no later than... (*date*) whether the Final Agreement will be entered into, on the basis of the following clauses:

- the agreement containing the promise is governed by the articles XX to XX (Nos. 128 to 335), which are referred to in the clauses below;
- Party X undertakes to provide party Y with the following services... (*to be determined in accordance with Articles XX* and following : *Nos. 141* et seq.);
- Party Y undertakes to pay to party X the price of... (*quantified or determinable in accordance with Articles XX* and following : *Nos. 144* et seq.), if it exercises the option;
- Party X irrevocably guarantees party Y that it will maintain its promise until the date of... (*copy the date indicated above*); in the event that party X revokes this promise before that date, party Y may nevertheless, if it so wishes, exercise the option;
- Party Y undertakes to pay party X a lock-up indemnity of... % (*e.g. 10 %*) of the amount of the price provided for in the promise if it has not exercised the option by the end of the period provided for in paragraph 1; if the promise lapses before the expiry date of the said period for any reason not attributable to party X, the amount of the indemnity shall be reduced in proportion to the time elapsed between the day on which the promise is signed and the day on which it lapses.

The exercise of the option is subject to the following rules:
- it must be notified to the promisor by the procedure chosen by the parties from among those provided for in Article XX (No. 179);
- the option period is automatically enforceable against the heirs of each party;
- the option period expires on... (*fixed date*) at midnight; if that day is a Saturday, Sunday or a public holiday, it will expire on the first following working day;
- the option period shall be deducted in accordance with the procedures laid down in Article XX (No. 179);
- if the promise is subject to a condition precedent, the option period shall be fixed in accordance with one of the procedures chosen by the parties from among those set out in Article XX (No. 179); it shall run from the day on which the condition is fulfilled; the party who first learns that the condition has been fulfilled shall promptly notify the other party in accordance with one of the procedures chosen by the parties from among those set out in Article XX (No. 180); the option period expires on the date fixed for the fulfilment of the condition or on the day on which it is established that the fulfilment of the condition has become impossible; any modification of the option period does not entail, unless expressly agreed otherwise, a corresponding modification of the period for the fulfilment of the condition;
- the exercise of the option leads to the conclusion of the promised agreement only if the payment of the price provided for in the promise is simultaneous;
- if one of the above conditions for the exercise of the option is not met, the promise shall automatically lapse and neither party may request the forced performance of the promised agreement, even in return for a reduction in the price provided by way of damages;
- if all of the above conditions for the exercise of the option are met, the promised agreement will be entered into on the day the option is exercised in accordance with the articles of the promise; only amendments to these articles expressly accepted by the parties after the exercise of the option, in an amendment within the meaning of Article XX (No. n° 164) concluded for this purpose, form an integral part of the final agreement, which constitutes the Agreement;
- if party X refuses to enter into the promised agreement, party Y may obtain a ruling that constitutes an act of entering into the Agreement or, at its discretion, the cancellation of the promise pursuant to Articles XX to XX (Nos. 312 to 323) or an out-of-court settlement in accordance with Articles XX and following (No. 314 *et seq.*);
- the limitation period for seeking to have the signed Agreement declared null and void, referred to in Article XX (No. 325), begins to run from the day of exercise of the option.

b Bilateral promise

122 **Article XX** Party X promises party Y that the latter will have the right, referred to as the "option", to decide no later than... (*date*) whether the final agreement will be entered into, on the basis of Articles XX (No. 120).

Conversely, party Y promises party X that the latter will have the right, referred to as the "option", to decide no later than... (*date*) whether the final agreement will be entered into, on the basis of the clauses as set out in Article XX (No 120).

The parties expressly acknowledge that the final agreement will be entered into only when each party has exercised the option granted to it above and in accordance with the terms of Article XX (No. 120). If these conditions are not met, the promise will lapse on the day on which the option period expires.

3 Preferential agreement

123 **Article XX** Party X undertakes to offer party Y the first opportunity to enter into the agreement... (*specifically named*) and to inform it of its decision no later than ... (*specify date*), failing wich the Agreement will lapse. The time limit shall be deemed to expire at midnight at the end of the day in question, regardless of the dates on which the written document constituting the agreement was in fact signed.

Party X's offer must give details of the specifications of the main service of the proposed agreement as set out in Articles XX to XX (Nos. 141 to 143) and indicate the price due in return, either quantified or determinable in accordance with the conditions set out in Articles XX and XX (Nos. 144 and 145).

Party X's offer must be notified to party Y under the conditions set out in Article XX (No No. 180).

Party Y must, within... (*for example, one month*) of the date of receipt of party X's offer, inform the latter under the conditions set out in Article XX (No. 180) whether it accepts the offer under the conditions set out. Once these conditions define the main service to be provided and the price due in return, acceptance by party Y shall oblige party X to enter into the proposed agreement in accordance with its obligations as the promisor of a unilateral promise to enter into an agreement.

In the absence of a response from party Y within the one-month period referred to above, the agreement shall lapse. Party X is then free to enter into the proposed agreement with any third party. It is not entitled to any compensation.

Party Y may expressly withdraw from the preferential agreement and notify party X of its withdrawal in accordance with Article XX (No. 180); party Y will be deemed to have withdrawn from the preferential agreement if it refuses to enter into it under the conditions of party X's offer which is in accordance with the articles of the agreement. This withdrawal shall result in the forfeiture of the preferential right granted to party Y and release party X from its obligations in this respect.

If the agreement is cancelled, party X is released from its promise to give preference to party Y, and party Y is not entitled to any compensation.

A third party who is aware of the existence of the preferential agreement and who is interested in entering into the contract provided for therein, may write to party Y requesting confirmation, by (*insert date*) at the latest, of the existence of the preferential agreement and asking whether party Y intends to avail of it. The written request must state that if no reply is received by the end of the abovementioned period, the beneficiary of the preferential agreement may no longer request that it be replaced in the agreement entered into with the third party or that such agreement be declared null and void.

If party X entered into the proposed agreement with a third party who was aware of the preferential agreement and of party Y's intention to avail of it, party X may eliminate the risk of cancellation of the agreement as long as the action for cancellation of the contract is not time-barred. It must then require party Y to request the cancellation of the agreement entered into with the third party in breach of its rights and be substituted for the third party. Party Y is then required to take action in order to have the fraudulent deed declared null and void before the competent court, as determined in Articles XX and XX (No. n° 322 and 323), subject to a fine of... (*sum of money*) per day of delay from the day on which party X has given it formal notice and until it receives a copy of the document instituting the proceedings against the third-party accomplice. This sanction may be invoked against the third party only if it is provided for in the preferential agreement itself, in which case the third party is presumed

to have been aware of it, unless the third party can provide proof to the contrary. Costs of any kind incurred in carrying out this action shall be borne exclusively by party X, which requested it.
If party Y fails to establish the third party's knowledge of the preferential agreement, it can only claim damages from party X in the amount of....

4 Framework agreement

124 **Article XX** The parties undertake to enter into agreements referred to as "implementation agreements", as and when they are required, in order to fulfil their obligations with respect to the provision of goods or services in kind, in exchange for a price, under the following conditions:
- the abovementioned obligations relating to the provision of goods or services in kind are determined by transposing Articles XX to XX (Nos 141 to 152);
- the price of the services to be provided is fixed either in the framework agreement or, failing that, by the supplier party, i.e., the creditor, in the implementation agreements; in the latter case, the supplier party may choose to set the price by reference to (i) the market price, (ii) its rates in force on the day the implementation agreements are signed, or, in the absence of such rates, (iii) the price it charges to the majority of its customers, i.e., based on the parameters (*for example, cost of labour, cost of raw materials used, cost of miscellaneous services and cost of energy*) used to calculate the cost price of its activity; if it considers the price to be disproportionate to the value of the services provided, the debtor may, if necessary, submit a request to the mediator to obtain a proportionate price under the conditions laid down in articles XX and following (Nos. 314 et seq.); this request suspends payment of the amount invoiced for... (*insert period of time, e.g. thirty days*) from the day on which the debtor notified the supplier of its objection to the amount invoiced under the conditions laid down in Article XX (No. 180); if the parties have not reached an agreement by the end of this period, the mediator shall have the power to set the price within... (*insert period of time, e.g. fifteen days*) of the written statement drawn up by the parties indicating the lack of agreement between them and notified to the mediator at the initiative of the first party to act under the conditions set out in Article XX (No. 180). The mediator's decision is not open to appeal;
- the implementation agreements are subject to Articles XX to XX (Nos. 128 to 335), which shall prevail over the clauses of the framework agreement;
- the termination of the framework agreement, for whatever reason, shall entail the lapse of the implementation agreements.

Refusal to enter into the implementation agreements by either party shall automatically result in the termination of the framework agreement. Any damage suffered as a result of the termination shall entitle the aggrieved party to compensation for the damage suffered as set out in Article XX (No. 284).

5 Agreement with right of withdrawal

125 **Article XX** Party... (*X or Y*) may withdraw from the Agreement by paying the other party (*Y or X*) an agreed sum, known as a « penalty ».
This right to withdraw may be exercised only during a period of..., from the date of signature of the Agreement.
Such withdrawal will be admissible only if it is plain and simple and preceded by a notification subject to the conditions of Article XX (No. 180) sent by party...(*X or Y*) to party... (*Y or* X) specifying the date on which the withdrawal will take effect. Party... (*X or Y*) is required to exercise this right of withdrawal without any intention of causing harm or knowledge that its actions may cause harm to party...(*Y or X*). Any other breach shall not render the exercise of the right of withdrawal invalid.
As long as the time limit for exercising the right of withdrawal has not expired, the performance of the Agreement may be postponed by party (*X or Y*).
After the exercise of the right of withdrawal, the Agreement shall lapse under the conditions set out in Article XX (n° 331).

If the right of withdrawal is not exercised within the time limit provided for its implementation, the parties shall be legally bound to perform the Agreement.

6 Failure of the negotiations

126 **Article XX** Where applicable, the parties shall take note of their differences and terminate the negotiations.
Consequently, they agree to apply the following rules.
Each party:
– shall bear the costs it has incurred for the purposes of the negotiations;
– undertakes to respect, under the terms set out in Article XX (No. 189), the confidential nature of the information of which it has been made aware;
– shall return to the other party any documents that the latter may have made available to it.
If one party, with the agreement of the other, has begun to perform the agreement during the negotiations, it shall be entitled to restitution of such performance either in kind, if possible, or by payment of compensation limited to the reimbursement of the expenses incurred.

127 **Article XX** The failure of the negotiations shall result in the lapse of Articles XX to XX (Nos. 128 to 335), with the exception of those that remain useful for the liquidation of the parties' interests.
Drawn up in... on... (*date written out in words and in numerals*)

Signature of party X................................... Signature of party Y

SECTION 3

Final Agreement

SUBSECTION 1

Entry into the Agreement

A Adoption of the articles of the Agreement

1 Signing of the Agreement

128 **Article XX** The signature of this written agreement and the initials required under Article XX (No. 158) shall constitute, by themselves, the entering into of the Final Agreement (hereinafter « the Agreement ») by the signatories and the application of the articles of the Agreement, as from the date stated in this written agreement in accordance with Article XX (No. 156). The same applies to an electronic signature made under the conditions set out in Article XX (No. 158). Hereinafter, this date shall be referred to as the "date of entry into the Agreement".

The parties shall only be bound by the Agreement from the date on which they sign it.

In signing the Agreement, each party is deemed to have read the articles of the Agreement and waives any right to claim that it did not have knowledge thereof, unless the party can prove that said articles were withheld from it. These clauses shall only give rise to the issuance of a writ of execution or an authorisation for enforcement by the competent court within the meaning of Articles XX and XX (Nos. 322 and 323) on the condition that they are not in breach of the public policy of the forum on whose behalf that court is adjudicating.

The public policy of the competent court overriding the articles of the Agreement shall be that in force on the date of entry into the Agreement. Any subsequent amendment to the aforementioned public policy shall only be applicable to the Agreement if the party relying on it can establish before the competent court within the meaning of Articles XX and XX (Nos. 322 and 323) that the application of such amendment is justified by compelling reasons of public interest.

The provisions of the preceding paragraphs shall also apply if the parties, having failed to adopt the articles of the Agreement at the time of the exchange of their consent, expressly agree to settle any dispute that may arise by application of said articles, designating them as the applicable law in their mutual submissions before the competent court or in the terms of reference of the arbitration tribunal that has been constituted.

Except in the latter case, the articles of the Agreement shall not be applicable as such, irrespective of the behaviour of the parties, unless they expressly refer to them.

2 Scope of application of the clauses of the Agreement

129 **Article XX** The articles of the Agreement shall apply, as they stand or as amended by the parties, to the special agreement expressly referred to by the parties as « the... Agreement » (*the parties shall indicate here the agreement they intend to enter into, which may be one the agreements referred to herein or an agreement named by the parties themselves in accordance with everyday language*). By virtue of their express agreement resulting from the adoption of this clause, the parties agree that the competent court within the meaning of Articles XX and XX (Nos. 322 and 323) or the arbitrator appointed pursuant to Article XX (No. 326) shall be bound by this description and undertake to limit its discussion before one or the other.

The articles of the Agreement shall also apply to all deeds related to the Agreement, the possibility of which is considered in the subsequent articles, unless expressly waived, where applicable.

These articles shall take precedence over any other legal rules, customs or practices or any rules contained in a document issued by either party in any form whatsoever.

The application of any article of the Agreement that has not been amended or deleted may be requested by either party at any time after entering into the Agreement and after its extinguishment under the conditions defined in Article XX (No. 295), provided that the party concerned pleads a circumstance falling within the scope of the Agreement.

The signatories to the Agreement shall only be bound by the articles of said Agreement.

130 **Article XX** Any points of law that are not governed by the articles of the Agreement shall be governed by the law of the forum of the competent court within the meaning of Articles XX and XX (Nos. 322 and 323) with respect to disputes arising as a result of the Agreement or, in the event of recourse to arbitration, by the applicable law of the jurisdiction where the award was made, as designated in Article XX (No. 00), with the power to rule on applications for the setting aside of an arbitration award.

131 **Article XX** In the event that several agreements serve the same purpose as that of the Agreement, as defined in Articles XX to XX (Nos. 149 to 152), such agreements shall be deemed to be ancillary agreements to the Agreement, which is considered to be the main agreement; together with said Agreement, and irrespective of their nature and/or the parties between whom they have been entered into, these agreements shall form an indivisible whole and be collectively referred to as "interdependent agreements".

These agreements include:... (*list to be drawn up by the parties*); any agreement not referred to in this list is deemed to be independent, unless the parties subsequently agree, by way of an amendment within the meaning of Article XX (No. 164), to consider it as being interdependent upon the Agreement.

Any agreement that is interdependent upon the Agreement:
- shall be subject to the articles applicable to the Agreement;
- shall be interpreted in the light of its compatibility with the indivisible contractual whole;
- shall enter into force on the day fixed by the parties or, failing that, on the day on which the Agreement enters into force;
- shall be considered null and void if the condition precedent ordering the entry into force of the Agreement is not fulfilled; conversely, the non-fulfilment of the condition precedent preventing an ancillary agreement from entering into force shall render the Agreement and the other ancillary agreements null and void;
- shall be subject to the rules of evidence set out in the Agreement;
- shall be subject to the overall offsetting of respective receivables and payables that are certain, liquid and due from the various interdependent agreements;
- may be suspended following the refusal of a party to another agreement to perform its obligations on the basis that one of the other parties to the agreement has failed to perform its obligations (defence on the basis of non-performance);
- shall be subject to the rules on the limitation period for legal proceedings laid down in Article XX (No. 325);

– shall automatically lapse if another of the interdependent agreements ends, for any reason whatsoever, with effect from the date on which that agreement was terminated;
– shall be subject to Articles XX *and following* (Nos. 312 *et seq.*) relating to litigation in the Agreement for any dispute concerning it;
– shall be considered an international agreement, in particular as regards the public policy applicable to it, if the main Agreement is itself an international agreement.

B Validity of the parties' consent

1 Reality of consent

132 **Article XX** The signatory parties to the Agreement are presumed to be those who have actually consented to it.

Any party who calls upon a third party to enter into the Agreement, without presenting them as their representative, shall be personally liable for the obligations incumbent on that third party if the other party to the Agreement is able to prove that said third party was acting as an intermediary.

If the parties have agreed to conceal and keep secret an agreement separate from the one named in Article XX (No. 129), they shall be required to perform the secret agreement between themselves. Secret agreements shall not be enforceable against third parties and, in particular, shall not be enforceable against the creditors of either party, even if they are future or conditional. Any third party who has established by any means the existence of a secret deed may take action against it even if the simulated deed does not harm them nor was it entered into with intent to harm them or to break the law, and even if the third party cannot provide proof of a claim that pre-dates the contested agreement.

133 **Article XX** If a party has presented itself as a company, it shall be personally liable for the obligations incumbent on the latter once the other party has provided proof that the company does not exist.

2 Conditions for real consent

134 **Article XX** The signature of the Agreement (No. 128) by the parties shall take effect as soon as each party has expressed its consent:
– freely, i.e. without physical, moral or economic coercion, and without blackmail to obtain an unfair advantage; until proven otherwise, a party shall be presumed to have been subject to: economic coercion if they do not have equal bargaining power within the meaning of Article XX (No. 116); blackmail if the party was obliged to agree to a price... % higher (*for example, than the cost of the service, the average market price or any other benchmark chosen from the price determination procedures referred to in Article XX: No. 144*) for the performance of the other party's service;
– with full awareness of the commitment involved, each party having to be mentally competent to commit;
– taking into account the legal personality of the other party as mentioned in No. 101;
– on the basis of Articles XX to XX governing the negotiations (Nos. 113 to 118) and Articles XX to XX and XX (Nos. 141 to 143 and 149), defining the characteristics of the services and the purpose of the Agreement, the content of these Articles being deemed a determining factor for their mutual consent.

If any of the above conditions is not accurate, by omission or assertion, on the date of signature of the Agreement, the party suffering from the inaccuracy, and that party alone, shall be entitled to seek compensation in the form of damages. In the event of wilful non-disclosure or misrepresentation, the same party may also request the annulment of the Agreement.

The annulment of the Agreement shall be pronounced by the competent court or arbitrator pursuant to Articles XX to XX (Nos. 327 to 330).

3 Exchange of consent subject to conditions precedent

135 **Article XX** The Agreement shall not be entered into on the date of signature as specified in Article XX (No. 158) if the commitment of one of the parties is made subject to a condition precedent; in this instance, the entry into the Agreement shall be suspended until the date on which the expected event, namely... (*specify event*) is due to occur, on the condition that it occurs no later than...(*insert date*). If the event occurs within the allocated period of time, the agreement shall be deemed to have been entered into on this basis alone, either on the date the event occurs or on the date of the exchange of signatures, at the discretion of the parties, in accordance with the terms agreed below.

136 **Article XX** The event shall only result in the Agreement being entered into if it is certain, possible, lawful, independent of the sole will of the party responsible for fulfilling the conditional obligation (i.e. the beneficiary of the condition precedent) and if the obligation itself is lawful.

137 **Article XX** The Agreement shall be deemed to be entered into:
- if the party not benefiting from the condition proves that the party benefiting from the condition has prevented the event from taking place; this is evidenced by the failure of the beneficiary to respond to the formal notice sent to it by the other party requesting that the beneficiary provide proof within... (*number of days, months*) of the steps it has taken to carry out the event within the period specified for this purpose in the Agreement;
- if the party benefiting from the condition has waived its right to exercise it, either expressly or by performing the Agreement.

138 **Article XX** During the period of time provided for the fulfilment of the condition, the party benefiting from the condition may only take legal steps to protect its rights and shall bear any risks that may affect the subject of the conditional obligation.

139 **Article XX** The event shall be deemed to not have occurred within the time limit if it does not comply with the specific terms defining it under the Agreement, if it has become certain that the event will not occur or if the planned event is subsequently cancelled.

140 **Article XX** When the event is deemed to not have occurred (No. 139), the condition is deemed to not have been met; consequently, the Agreement shall be deemed never to have existed, except in the cases set out in Article XX (No. 137).

No compensation shall be owed by one party to the other for failure to meet the condition precedent.

Unless otherwise agreed, if the Agreement has already been partially fulfilled, the parties may agree not to retroactively rescind services that have already been performed. If the parties have not specified as such in the Agreement, the beneficiary party may demand the rescission ab initio of said services, with the exception of those fulfilled as a precautionary measure. For services that cannot be rescinded, the party suffering damage shall be entitled to compensation in the form of damages, which shall not exceed... % of the value of the services concerned.

C Purpose of the agreement

1 Services to be performed

Definition of the main obligation

141 **Article XX** The main obligation, which justifies the title of «... Agreement » as adopted by the parties in Article XX (No. 129), concerns the performance of..... [*specify service*].

The competent court, as defined in Articles XX and XX (Nos. 322 and 323), shall not be bound by the express title adopted by the parties under Article XX (No. 129) if it considers this title to be contrary to the public policy of the forum on whose behalf it is adjudicating.

142 **Article XX** In the event that the wording of the title of the Agreement does not allow for the main obligation to be understood, any doubt shall be interpreted in favour of the party liable for performing the disputed obligation, taking into consideration the practices applicable to the case in hand and the amount of the consideration.

Definition of services to be performed

143 **Article XX** The services to be performed shall be determined by the following criteria regarding:
- the nature of the item due;
- the quantity due, quantified or determined by calculation on the basis of the data mentioned in the Agreement;
- the quality due, with reference to the specifications and purpose with which the item must comply or by reference to official standards, such as ISO (International Standard Organization), Afnor (French national organisation for standardisation) or corporate standards, or to various sources such as the technical specifications for public procurement contracts.

The specifications mentioned in the Agreement shall prevail, unless otherwise expressly mentioned in the Agreement, over those of any documents that may be appended to the Agreement, regardless of any discrepancies that may be found between the disputed contractual documents, even if such discrepancies are the result of statements expressly mentioned in those documents.

2 Pricing

144 **Article XX** The price due for the performance of the service is... and shall be either a specified, final or indexed amount in accordance with the conditions set out in Article XX (No. 145); if it is not possible to set this amount on the date of signature of the Agreement, the parties shall choose one of the following methods for determining the price:
- price obtained by using the calculation criteria set out in the Agreement alone, without further assistance from the parties;
- price fixed by reference to an identifiable market price;
- cost price of the service provided with a breakdown of the items included in the price;
- price set at a minimum increased according to a benchmark chosen by the parties;
- price set by a third party designated in the Agreement who shall be (i) entirely free to determine the amount, (ii) required to set the price on the basis of calculation criteria set out in the Agreement, or (iii) required to set the price between a minimum and a maximum amount laid down in the Agreement;
- price set by the creditor between a minimum and a maximum amount set out in the Agreement.

If the Agreement is entered into with a company that belongs to a group, the price applied therein shall be the same price as that used in any similar agreement entered into with another company belonging to the group, regardless of where it is based.
Any taxes and ancillary costs that may affect the fixed price are the responsibility of... (*insert name of the designated party*).

145 **Article XX** The indexation of the price fixed in the Agreement is calculated according to the... index (*indicate an index*).
If the... index (*indicate the index chosen*) no longer exists at the time the indexed amount is due to be calculated, the calculation shall be made according to the... index (*indicate another index*).
In the absence of a viable index, and unless the party who has an interest in it waives their right to indexation, the first party to act may appeal to the mediator under the conditions set out in Articles XX and following (Nos. 314 *et seq.*). The latter shall determine the price according to the indexation method of its choice. The mediator's decision shall be considered res judicata as set out in Article XX (No. 320).

146 **Article XX** The price is expressed in... (*currency chosen by the parties*).

D Grounds for the agreement

1 Consideration

147 **Article XX** The main obligation to be performed and the obligation to pay a set price as determined in Articles XX and XX (Nos. 141 and 146) shall be binding on the parties, unless the debtor liable for the performance of either one of these obligations establishes that it is impossible, unrealistic or derisory.
Consideration shall be deemed impossible if the service due cannot be performed either physically or legally, in particular in the event of loss of the tangible item to which it relates. If it is impossible to perform the obligation on the day the Agreement is being signed, the Agreement shall be null and void; if the performance of the obligation became impossible during the course of the Agreement, the Agreement shall lapse on the day on which it is proven, by any means, that it became impossible to perform the obligation.
Consideration "in-kind" shall be deemed unrealistic if the tangible item to be provided is lost in whole or in part in such a way that what remains of it is no longer of interest to the creditor with regard to its expectations as expressed in Articles XX to XX (Nos. 141 to 146).
The price owed in consideration for the obligation shall be deemed to be derisory if no one would agree to this price or, conversely, perform the obligation for this price.
The Agreement shall be considered null and void if the consideration and/or price are deemed unrealistic or derisory on the date of entry into the Agreement; it shall be deemed null and void from the date on which it is proven, by any means, that the event rendering the obligation in question unrealistic or derisory occurred.
Consideration shall not be deemed unrealistic or derisory on the grounds that it is unpredictable. An obligation shall be considered unpredictable if it is mutually agreed by the parties that (i) one of them shall accept that the commitment of which it is a creditor be subordinated to an uncertain, future event that is independent of the will of either party, and (ii) each party has a chance of gain or loss.

148 **Article XX** Secondary obligations, i.e. obligations other than the main obligation, that the parties have declared to be decisive for their commitment are subject to the solutions set out in Article XX (No. 147).
Secondary obligations that the parties have not declared crucial for their commitment shall not constitute grounds for the nullification of the Agreement even if the consideration for such obligations is

deemed impossible, unrealistic or derisory on the day of entry into the Agreement. Failure to comply with these obligations shall be sanctioned in accordance with the terms laid down in Articles XX and following (Nos. 248 *et seq.*).

2 Objective

149 **Article XX** Each party affirms that it has agreed to enter into the Agreement taking into consideration the declarations of the other party regarding their reasons for commitment.
The mutual declarations of the parties form their common will, with each party formally acknowledging that it would not have given its consent if it had known that the information exchanged on which it based its decision was not accurate.
These declarations define the legitimate expectations of each party in the performance of the Agreement.

150 **Article XX** Party X declared as follows:...

151 **Article XX** Party Y declared as follows:...

152 **Article XX** The parties hereby declare:
- where applicable, that any obligation of the Agreement precisely set out in this paragraph is expressly assumed at their own risk by any party named in this paragraph, which acknowledges having been warned by the other party, on the basis of the information available to it on the day the Agreement is entered into, of the losses they are likely to incur;
- that each party waives any right to dispute the price owed or received under the Agreement due to an error made in estimating the monetary value of the obligations it has performed or benefitted from in return.

E The Written Agreement

1 Terms and conditions

a Media

153 **Article XX** The Agreement shall be drawn up in writing on paper or on a secure electronic medium.

b Form

154 **Article XX** The Agreement shall be drawn up, at the discretion of the parties, either by way of a public deed established by a bailiff or an officially appointed person, or by way of a private document drafted by a lawyer or the parties themselves.

c Number of copies

155 **Article XX** Each party shall be entitled to a copy of the Agreement delivered on paper or transferred electronically.
If a party has not received its copy of the Agreement, it shall not have probative value in respect of that party, except with regard to each party's right to prove by any means that it has consented to the Agreement. This proof shall be deemed to be provided as soon as a party has performed the Agreement without reservation or opposition from another party.

d Place and date of entry into the Agreement

156 **Article XX** The Agreement is deemed to have been entered into in the place and on the date mentioned at the bottom of the written document drawn up, as from the first hour (0.00 a.m.) on that day. This date is referred to hereinafter as the « date of entry into the Agreement ». If the agreement is entered into subject to a condition precedent, the date of entry into the Agreement shall be the date fixed by the parties as set out in Article XX (No. 135).

e Language

157 **Article XX** The official language of the Agreement is...
Any translation of the Agreement is provided for information purposes alone and shall not be legally binding.

f Signature

158 **Article XX** The Agreement shall be deemed to have been signed when the parties or their representatives, as identified in Articles XX and XX (Nos. 101 and 104), have signed this written document and placed their initials alongside Articles XX, XX, XX and XX (Nos. 110, 322, 323 and 333) and alongside any notes in the margin. If the signatures are made in different places and on different dates, signature of the Agreement shall be deemed to have taken place on the date on which the written document bears all of the required signatures, or on the date on which the final signature was collected.
The signature may be made electronically if it complies with the regime laid down in Regulation (EU) 910/2014 of 23 July 2014 on electronic identification and trust services for electronic transactions in the internal market (eIDAS).
Only a handwritten signature or an electronic signature meeting the above conditions shall be considered proof of the identity of the signing party. If necessary, the handwritten signature may be subject to verification of handwriting by referral to the competent court within the meaning of Articles XX and XX (Nos. 322 and 323), which shall apply the law of the forum to this procedure; unlike for electronic signatures, evidence to the contrary shall be admissible by any means.

2 Probative force

a Private documents

159 **Article XX** A private document duly signed by the parties shall constitute evidence of their commitments, both with respect to their content and the date on which they were signed; however, each party may provide evidence to the contrary regarding the date and content of the Agreement by any means.

160 **Article XX** With regard to third parties, a private document shall be deemed valid until evidence to the contrary has been provided; such evidence may be provided by any means, subject to the case provided for in Article XX (No. 162).
The Agreement shall be deemed valid:
- on the day of the death of an individual or on the date of the dissolution of a corporation certified by a bailiff or an officially appointed person;
- on the day on which the document was mentioned in a deed drawn up by a bailiff or an officially appointed person;
- if it is filed in the minutes of a bailiff or an officially appointed person, on the filing date recorded by said bailiff or officially appointed person.

161 **Article XX** In the event that it is not possible to produce a signed paper copy of the Agreement, the electronic version shall be deemed valid if each party can produce a copy and all of the copies produced are consistent. If a party cannot produce an electronic copy, the electronic copy or copies produced by a party or some of the parties shall be deemed valid unless evidence to the contrary is provided.

b Private documents filed with a bailiff or an officially appointed person

162 **Article XX** By mutual agreement, the parties shall mandate one of their number to file the Agreement within a period of... days from the date of entry into the Agreement, in the minutes of... (*bailiff or officially appointed person designated by name*), for the purpose of making it a valid and binding legal document. The document filed and the copies delivered by the bailiff or officially appointed person shall be enforceable in the territorial jurisdiction of the latter for the recovery of receivables that are certain, liquid and due, as ascertained by said bailiff or officially appointed person. The recovery of these receivables outside this jurisdiction shall only be possible after authorisation has been granted to execute the document filed and its copies.

Failing mutual agreement, each party is free to file its copy of the Agreement with the bailiff or officially appointed person of its choosing. This filing shall only provide a reliable record of the date of the filed copy and shall enable the bailiff or officially appointed person to whom it was delivered, who is responsible for its conservation, to issue as many copies as necessary in accordance with the law governing their office. Under no circumstances shall this filing render the document enforceable.

c Authenticated documents

163 **Article XX** The legal document entered into before a bailiff or an officially appointed person shall be proof of the statements made or personally confirmed by the bailiff or officially appointed person unless evidence of its false nature is provided to the competent judge designated in Articles XX and XX (Nos. 322 and 323), in accordance with the forum's procedure in this matter.

Otherwise, the document shall be deemed to be valid until proven otherwise.

It shall be enforceable as set out in Article XX (No. 162).

d Amendments

164 **Article XX** Changes to the Agreement shall have probative value if they are established in writing, known as an "amendment", and comply, in all respects, with the articles of the Agreement. An amendment within the meaning of the Agreement is a written document dated and signed by the parties or their representatives.

SUBSECTION 2

Performance of the Agreement

A Entry into force of the Agreement

1 Entry into force upon the date of entry into the Agreement

165 **Article XX** Unless otherwise agreed, the Agreement shall take effect on the date specified in Article XX (No. 156), under the following conditions.

a. The parties shall be definitively bound until the occurrence of one of the causes of termination or extinguishment of the Agreement as provided for in Articles XX to XX and XX to XX (Nos. 272 to 278 and 289 to 294), respectively. From that date, even if the performance of the Agreement has been postponed as provided for in Article XX (No. 166), the Agreement, receivables and obligations shall be deemed to exist. The jurisdiction clause or the arbitration clause agreed upon in Articles XX and XX (Nos. 323 and 326) respectively shall apply.

In the event of a guarantee concerning a party's obligations, the guarantor shall become the debtor until the obligations covered have lapsed.

b. If the Agreement has been partially fulfilled before the date of entry into the Agreement, the obligations performed shall be incorporated into the Agreement if the parties so agree by means of an express retroactive clause in the Agreement. Failing this, these obligations shall be considered non-contractual and may give rise to compensation, as applicable, on the grounds of (i) agency without authority if they are relevant to the performance of the Agreement pursuant to Article XX (No. 201), (ii) unjust enrichment if the impoverishment of the party who performed these obligations has enriched the other party by application of Article XX (No. 176), or (iii) non-contractual liability under the liability regime in force before the competent court designated in Articles XX and XX (Nos. 322 and 323).

c. The entry into force of the Agreement shall be suspended if it includes a right of withdrawal in accordance with Articles XX (No. 125).

2 Performance of obligations on the date set by the parties

166 **Article XX** The performance of the obligations shall be due from the date of entry into the Agreement, unless the parties postpone their performance to the date of... (*set a date*).

B Effects of the Agreement

1 Parties bound by the Agreement

a Signatories to the Agreement

167 **Article XX** Only the parties who are signatories to the Agreement or represented by an agent and, where applicable, their heirs or the parties designated in the second paragraph of this article, shall be required to perform the obligations imposed on them and may request the performance of the obligations agreed to for their benefit in accordance with the terms of the Agreement.

For the purposes of the above paragraph, the term signatories shall include the persons who the parties to the Agreement have appointed in their stead, the assignees of the Agreement and the persons who have appeared to third parties as parties to the Agreement.

The assignees of receivables or payables arising under the Agreement and beneficiaries of a provision on behalf of a third party are only the specific assigns of a party to the Agreement. These assigns may only avail themselves of the Agreement to the extent of the rights transferred to them by way of assignment or under the provision drawn up for their benefit.

Anyone who does not comply with the above description shall be deemed to be a third party to the Agreement.

168 **Article XX** Third parties to the Agreement as defined in Article XX (No. 167) are not bound to perform the obligations provided for in the Agreement and may neither demand the performance of said obligations for their benefit nor accuse the parties of not having performed the Agreement.

Nevertheless, they must respect the contractual situation created by the Agreement and they may rely on it to obtain (i) evidence, (ii) an interpretation to be used to determine the meaning of another agreement, (iii) justification of enrichment, or (iv) compensation for damage attributable to the defective performance by a party of its obligations.

The third party adversely affected by the performance of the Agreement may claim the unenforceability of the measure that is harmful to it on the grounds that such measure is the consequence of the breach of a rule of public policy serving the public interest.

169 **Article XX** If, for the purposes of the performance of its obligations under the Agreement, a party has recourse to a third party who has not been formally accepted by the other party, it shall be bound by the acts of said third party; under no circumstances may the third party demand to be taken into consideration by the other party to the Agreement, even if they claim to have been unaware of this clause, unless the other party is guilty of wrongful conduct against them. The party suffering damage caused by the third party may bring an action against said third party and against the party having recourse to the latter in order to obtain compensation from each of them for all of the damage suffered.

If the creditor of the obligations performed by the third party legitimately believed that the latter was acting as a substitute for or severally-liable party alongside the debtor, it may take action against the third party as if they were a party to the Agreement, in addition to the party who requested the intervention of said third party, who shall be held fully liable alongside the latter.

If the third party has been approved by the creditor to fulfil the obligations of the debtor, within the framework of a written subcontracting agreement, the creditor may take action against the third-party subcontractor to obtain compensation for any breach in the performance of their obligations, even if the third-party subcontractor has never physically intervened in the place of performance of the Agreement.

b New parties to the Agreement

170 **Article XX** The parties may decide that the Agreement, or one or more of the receivables or payables arising under the Agreement, be assigned to a third party in one of the following ways, at the discretion of the parties.

Substitution of one party by another

171 **Article XX** Each party is authorised to substitute itself with an individual or legal entity, named or identifiable on the basis of the criteria specified in the Agreement, who shall become party to the Agreement in place of the substituting party.

The parties may agree that substitution is possible either at any time before the extinguishment of the Agreement or before the expiry of a period of... from the date of entry into the Agreement.

Any party that decides to carry out its own substitution must notify the other party. Unless there is an express clause declaring the joint and several liability of the party being substituted, the party providing notice of the substitution shall be released from its obligations on the date of receipt of the notification by the other party; the party acting as substitute shall bound in its stead.
If the replacement occurs during the performance of the Agreement, cash benefits or benefits in kind occurring before the substitution shall be deemed to have been provided by the party being substituted, who shall be solely or jointly and severally liable with the substitute party at the discretion of the parties.

Assignment of the status of party to the Agreement

172 **Article XX** Each party shall be entitled to assign their status of "party to the Agreement" to a third party, who shall be named in advance or appointed on the day of the assignment. This procedure shall be carried out by means of an instrument known as a « deed of assignment », and is subject to the express written consent of the other party. If the third party is not named in the Agreement, the assignment shall be subject to the approval of the third party by the assigned party. If the latter refuses to grant its approval, it must establish that its refusal does not affect the expectations expressed by the other party in Articles XX to XX (Nos. 141 to 148). If the assignor disputes the grounds put forward by the assigned party, it may request the intervention of the mediator under the conditions set out in Articles XX and following (Nos. 314 *et seq.*).
The assignment shall only be validly entered into by way of a written instrument. It shall only take effect with regard to the assigned party on the date on which the latter receives notification of the deed of assignment.
The assignee will then become a party to the Agreement. It may assert all the rights of the assignor against the assigned party. The assigned party may raise any objections inherent in the obligation of which it is the creditor and any personal objections against the assignee, as defined in Articles XX to XX (Nos. 228 to 231). The assignee shall be bound by the obligations of the assignor.
The assignor remains jointly and severally liable for the performance of the obligations it was bound to perform, unless the assigned party agrees by way of an express clause in the deed of assignment to release the assignor of such liability.

2 Specific performance of the obligations

a Obligations to be performed

Obligations defined in the Agreement

173 **Article XX** Each of the parties liable for the obligations assigned to it under the Agreement must perform said obligations under the terms and conditions provided until the extinguishment of the Agreement due to the occurrence of one of the causes mentioned in Articles XX to XX (Nos. 289 to 294) and, subsequent to its extinguishment, must perform the obligations formally defined under the Agreement as provided for in Article XX (No. 295).

174 **Article XX** Any change made to the obligations during the performance of the Agreement shall only bind the debtor party in accordance with the terms set out in Articles XX to XX (Nos. 201 to 204).

175 **Article XX** All actions and deeds performed in the course of their duties by the employees of the parties shall be binding on the latter. Under the Agreement, employees shall mean those persons who are involved in the performance of the obligations on behalf of a party to whom they are bound by an employment agreement or with whom they have a hierarchical relationship.
Each party is liable for the actions of its subcontractors.

Obligations not specified in the Agreement and voluntarily performed by a party

176 **Article XX** A party who, of its own accord, performs, during the course of the Agreement or after its extinguishment, an obligation to which it is not formally bound under the Agreement may only claim compensation from the beneficiary to the extent that its impoverishment has enriched the latter.

The party taking action shall be deemed to be impoverished if it can prove that it has suffered a material loss or provided an advantage to the other party, for example the use of its facilities; it shall be deemed impoverished even if its impoverishment is the result of its own actions.

It cannot claim impoverishment if it acted at its own risk, which shall only be deemed to be the case if the party sued for damages can prove that its action has exclusively benefited the party taking action.

Enrichment consists of any advantage conferred on the beneficiary party as a result of the act performed by the impoverished party.

Enrichment and impoverishment shall be assessed on the date of the request for damages submitted by the impoverished party, the impoverishment being recorded on the date of expenditure, and the enrichment as it stands on the date of the request.

The impoverished party shall be entitled to the amount of the compensation thus established, without any reduction for the fault that may have caused its impoverishment.

b Terms of performance

177 **Article XX** If the obligations are pure and simple, each party shall perform the acts required to fulfil said obligations.

If the obligation includes the option for the debtor liable for the performance of the specifically named obligation to choose between two defined obligations, it may, within a set period of..., choose the obligation it will perform (the « alternative » obligation); it is bound by the obligation chosen once it has made its choice within the set period provided above and is released of this obligation by fulfilling its performance. If the party has not made its choice within the set period, the creditor may, after formal notice, make this choice in place of the debtor. The choice made by either the debtor or the creditor shall be irrevocable.

If the service subject to the obligation grants the debtor liable for the performance of such obligation the option of performing another defined service (the « optional » obligation) and if the debtor chooses to avail of this option, the debtor shall be required to perform this service and shall be released of its obligation by fulfilling the performance of said service. The creditor may not object to the choice of the debtor.

A tangible or intangible item shall be deemed delivered and a service performed once the debtor enables the creditor to receive such item or service in a state that complies with the provisions of the Agreement.

The option to abstain from performing the obligation shall be deemed to be valid as long as the limitation period has not expired and the debtor cannot be accused of an act contrary to its promise.

178 **Article XX** In the event that the wording of a particular obligation is subject to interpretation, the meaning to be retained must be sought in accordance with the following guidelines:

- clear and precise clauses are not open to interpretation;
- ambiguous clauses shall be interpreted in accordance with the shared intention of the parties as set out in the purpose of the Agreement defined in Articles XX to XX (Nos. 149 to 152), taking into account their conduct, common business sense and the practices established between the parties;
- each of the clauses must have a useful effect and produce consequences;
- any doubtful clause must be interpreted in favour of the debtor; if the parties enjoy equal bargaining power within the meaning of Article XX (No. 116), this presumption shall be waived;
- the meaning of the various clauses is determined by comparing them with each other and taking into account the purpose of the Agreement as defined in Articles XX to XX (Nos. 149 to 152);

- special clauses are intended to derogate from general clauses and are to be interpreted in a restrictive manner;
- the execution by the parties of a clause in a certain way must be considered as agreed;
- an obligation may be imposed on a party in order to respect the spirit of fairness of this Agreement in light of its nature;
- words written in the singular can be understood to mean the plural and vice versa;
- any conclusions drawn to the contrary of an affirmation or omission found in the Agreement shall be inadmissible;
- any notes in the margin that have not been initialled shall have no effect;
- any clauses that are contradicted or are not useful because of the choices made by the parties shall be deemed null and void if they have not been expressly deleted.

Any dispute regarding the meaning of a clause shall be brought before the mediator by the first party to act under the conditions set out in Articles XX and following (Nos. 314 *et seq.*); if the parties are unable to agree on the interpretation of the disputed clause as recommended by the mediator, the mediator shall decide on the meaning to be given to the clause. Its decision shall be considered res judicata as stated in Article XX (No. 320).

C Time limits for performance

179 **Article XX** The obligations under the Agreement shall be performed within the time limits specified in the clauses of the Agreement.

The time limits shall be set pursuant to the following conditions:
- times limits specified by date shall be mandatory, unless otherwise indicated in a formal notice;
- "mandatory time limit" shall be understood to be mean a time limit after which any previous rights will be forfeited, unless the creditor waives the obligation to respect this time limit;
- any vague wording imposing a time limit, for example « in due course », « in a timely manner », « in good time »", « without delay », « as soon as possible », as well as failure to mention a time limit, shall be understood to refer to a reasonable period of time;
- time limits expressed in days shall begin at the start of the first hour of the day after the day of the act, event, decision or notification triggering said time limit and shall end at the close of the last day of the time limit;
- time limits expressed in weeks, months or years shall begin at the beginning of the first hour of the first day of the time limit and shall end at the end of the last hour of the last day in the corresponding week, month or year that falls on the same day of the week or the same date as the first day of the time limit; however, if, within a time limit expressed in months or years, the day determining its expiry does not fall within the last month, the period shall end at the end of the last hour of the last day of that month (for example, a period of 3 months or 3 years whose starting point is 31 January 2018 shall expire on 30 April 2018 or 31 January 2021, respectively).
- time limits expressed in months and days, shall be first counted by months and then by days;
- time limits shall include the weekend and public holidays according to calendar of the place where the services are to be performed, unless they are expressly excluded or the time limits are expressed in working days, i.e. days other than the weekend and public holidays;
- if the last day of a time limit falls on the weekend or a public holiday according to the calendar in the place where the agreed act, event, or notification is to take place, the time limit shall end at the end of the last hour of the following working day; this provision shall not apply if the time limit is to be calculated retroactively from a specified date or event;
- if an act, formality, event or notification must be completed before the end of a specified time limit, the time limit shall be calculated from the date of the act, event, decision or notification triggering it;
- time limits dependent on the discretionary will of a single party shall not be binding;
- the debtor shall lose the benefit of a time limit if it has waived compliance with said time limit, or if it does not provide the guarantees it has promised or reduces those it has made.

Any dispute concerning the existence or duration of a time limit provided for in an article of the Agreement shall be brought before the mediator by the first party to act under the conditions set out in Article XX and following (No. 314 *et seq.*); if the parties are unable to agree on the duration of the time limit recommended by the mediator, the mediator shall decide on the meaning of the article in question. Its decision shall be considered res judicata, as set out in Article XX (No. 320).

d Keeping track of performance

Notifications

180 **Article XX** Any warning or request brought to the attention of one party by the other in fulfilment of an article of the Agreement that imposes this measure, shall constitute a notification within the meaning of the Agreement.

Any notification required by the Agreement shall be subject to the following rules.

Notification shall be made by one of the following means, as chosen by the issuing party: registered letter with acknowledgement of receipt, delivery by hand against receipt to the domicile of the receiving party, or by deed issued by a bailiff or an officially appointed person. The domicile of the receiving party shall be that indicated in Article XX (No. 101) of the Agreement.

Notification by:

- registered letter with acknowledgement of receipt shall be deemed to be made, in respect of the sender, on the date shown on the notice of dispatch and, in respect of the recipient, on the date shown on the postal receipt; stamps applied by a person and generated by postal machines operated with the authorisation and under the control of the postal establishment shall have the same validity as stamps applied by the postal services;
- electronic registered letters must be sent by a third party in a manner that enables their identification, indicates the sender, specifies the identity of the recipient and establishes whether or not the letter has been delivered to the recipient; the content of this letter, at the decision of the sender, may be printed by the third party on paper for distribution to the recipient or may be sent to the recipient by electronic means; in the event that the date of dispatch or receipt is applied by electronic means, the date shall be presumed to be reliable, until proven otherwise; an acknowledgement of receipt may be sent to the sender by electronic means; the delivery of the written document in electronic form shall be deemed to be effective when the recipient has formally acknowledged receipt thereof;
- delivery by hand shall be made on the date stated in the notice to both the sender and the recipient, unless proof to the contrary is provided by any means;
- a deed of a bailiff or an officially appointed person shall be deemed to be have been served on the date indicated by said officer on the deed issued;
- mention in the submissions filed in a court of law shall be deemed to have been made on the date of filing.

Notification shall be made at the place specified in the Agreement, or, in the absence of a specified place, at the domicile of the receiving party as indicated in Article XX (No. 101), and within the time limit specified in the Agreement under Article XX (No. 179).

A notification shall be deemed to have no effect if the corresponding notice of revocation reaches the recipient before said notification or on the same day, provided that it is received before the end of that day (24:00).

Notification indicating a party's objection to the performance by the other party of a specific act, such as restitution, the implementation of an autonomous guarantee or the payment of a fee or compensation due to a party, shall only constitute an objection if it is delivered in the form of a deed issued by a bailiff or an officially appointed person.

Except in circumstances requiring notification to be provided within a strict time limit, any action contrary to the above requirements shall be deemed to constitute notification if the notifying party can prove that the receiving party has been duly informed.
The notifying party may, if it prefers, opt for the notification to be served, which would involve the document being delivered to the receiving party by a bailiff or an officially appointed person.

Communication

181 **Article XX** Within the meaning of the Agreement, any exchange of correspondence, by any means whatsoever, which is not a notification within the meaning of Article XX (No. 180) shall constitute communication. This exchange may be established by any means and, in the event of disagreement between the parties with respect to its meaning, shall be interpreted and decided by the mediator, at the initiative of the first party to act, under the conditions set out in Articles XX and following (Nos. 314 *et seq.*). The mediator's decision shall be considered res judicata as set out in Article XX (No. 320).

Reservations

182 **Article XX** The party who identifies a breach by the other party of its obligations must notify the latter at the latest within eight days from the date on which it became aware of the breach. The receiving party may contest this date by any means.
A party claiming a breach cannot be accused of having waived its right to report such a breach, regardless of its conduct before denouncing said breach, in particular if it has paid the invoice corresponding to the disputed obligation or has accepted the work ordered.
The party who has denounced a breach, which it intends to pursue, shall, within one month of the notification referred to in paragraph one, send a formal notice to the party accused of having committed the breach in order to establish, within the time limit provided in said notice, the proof thereof under the terms of Article XX (No. 265). If the party denouncing the breach fails to send a formal notice within the time limit provided, it shall be deemed to have waived its right to pursue the breach in question.
The accused party, who has not complied with the formal notice within the specified time limit, shall be deemed to have acknowledged the existence of the breach under the terms described in the formal notice.
Any party who declares that it "accepts without any reservation" the services provided to it and referred to in the acknowledgment of receipt may not subsequently contest such acceptance.

Preventive measures

183 **Article XX** Each party may take any legal measures to preserve their rights as provided under the Agreement.
They may resort to any protective measure provided for by the applicable law in the place where the measure is to be enforced.

184 **Article XX** Subject to the right to object to the non-performance of the Agreement provided for in Article XX (No. 267), each party shall refrain from taking justice into their own hands. Any unilateral act taken by a party in an attempt to sanction by itself an alleged breach of the Agreement or committed at the request or with the authorisation of that party shall be automatically null and void.

185 **Article XX** Each creditor of an obligation may claim the unenforceability of acts committed by the other party in violation of its rights (known as "Paulian action").
Any fraudulent act may be called into question, even if it is entered into under a condition precedent or has been approved by the creditor.

The suspected act of fraud is unenforceable against the creditor if the following conditions are met:
- the act has impoverished the debtor, i.e. has caused the removal of property from the latter's assets (unless the act constitutes the payment of a debt that is certain, liquid and due), and has thus deprived the creditor of sufficient property to repay it, or the act has reduced the possibility for the creditor to effectively exercise the rights it would otherwise have enjoyed over the property subject to the suspected act of fraud;
- the creditor holds a claim that predates the fraudulent act, which may only be certain in principle and not yet liquid or due, or holds claim subsequent to the fraudulent act if the latter has been performed by the debtor with the intention of harming the creditor;
- the creditor has established that the debtor entered into the act with the knowledge that it would be harmful to the creditor and, if the act was performed in return for payment, that the third party to the act was complicit or, if that third party in turn transferred the property subject to the act to another person, that the latter was complicit.

The unenforceable act shall have no effect on the creditor who, within the limit of his claim, may seize the property that is the subject of the fraudulent act from the complicit third party and have it sold free of rights.

e Behaviour of the parties

186 **Article XX** The parties undertake to perform the obligations arising under the Agreement in good faith.

They agree that this commitment implies a number of consequences, the non-exhaustive list of which is set out in Articles XX and XX (Nos. 187 and 188).

187 **Article XX** The parties undertake:
- to minimise the consequences of damage arising from the performance of the Agreement, as set out in Article XX (No. 282);
- to cooperate in the performance of the Agreement in accordance with the commitments they have made;
- to inform each other of any action or fact that may have a positive or negative impact on the performance of the Agreement;
- not to betray the trust they have in each other;
- not to surprise each other and not to act hastily in order to take advantage of an unexpected circumstance or in a premeditated manner in order prevent the other party from taking action.

188 **Article XX** The party who is the creditor of obligations undertaken by the other party to the Agreement undertakes:
- to exercise its rights without delay and inform the debtor of any reservations necessary to safeguard them under the conditions laid down in Article XX (No. 182); it may not justify its attitude on the grounds that its rights to act are not yet time-barred;
- not to hinder the performance of the Agreement;
- not to complain about the non-performance or defective performance of an obligation that has been performed in accordance with written instructions.

f Specific terms and conditions

Confidentiality clause

189 **Article XX** The parties agree to treat any information communicated in writing by one party to the other during the performance of the Agreement as confidential as long as it is not in the public domain, even if the party providing said information does not specify its confidential nature.

Any information communicated orally by the parties shall be treated as confidential provided the communicating party asks the receiving party to respect its confidentiality and can prove that the latter has complied with this request.

The parties are bound by this confidentiality clause for... (*e.g., for X amount of time, within the limit provided for in the statute of limitations as governed by Article XX: No. 325*), as from the extinguishment of the Agreement.

In the event of the disclosure of confidential information by the party to whom it was addressed, the latter shall be deemed to have breached this confidentiality clause, unless it can prove that such disclosure was required due to a case of force majeure as defined in Article XX (No. 258). It must, in accordance with the penalty clause set out in Article XX (No. 283), pay the victim of the disclosure a lump sum of..., the amount of which it accepts be deducted in advance and held in escrow as a precautionary measure from any receivables it may hold against the victim until any dispute over the aforementioned amount has been settled.

The person benefitting from the disclosure of confidential information may be considered an accomplice of the party disclosing said information if he or she was aware that the latter was thus violating its obligation to maintain the confidentiality of the information. Under such circumstances, he or she shall be held fully liable alongside the disclosing party. The party who has paid the debt shall have recourse against the other party in accordance with the applicable rules before the competent court designated in Articles XX and XX (Nos. 322 and 323).

Non-compete clause

190 **Article XX** Upon the expiry of the Agreement, each party shall refrain from carrying out, either alone or via an intermediary, the activity of... (*provide a description as precise as possible to avoid having recourse to interpretation in a court of law or the cancellation of the clause on the basis of uncertainty regarding the activity in question*) for... (*specify the duration*) in... (*specify the territory*).

Should it prove necessary to seek an interpretation of the clause, in particular to assess its purpose, the latter should be established by reference to the general purpose of the Agreement as agreed by the parties in Articles XX to XX (Nos. 149 to 152).

Any party who violates this clause shall be liable to pay a lump sum of... by way of a penalty in accordance with the conditions set out in Article XX (n° 283).

Loss of the physical item due

191 **Article XX** In the event that the item due under an obligation of the Agreement is destroyed or damaged by more than... % (*e.g. 10 %*) of its value, the debtor shall be released if the loss or damage is due to a case of force majeure as defined in Article XX (No. 258). If the item has been impaired by... % (*e.g. 20 %*) or more, the debtor party must bear the loss in value by providing an intact item.

Where the loss or depreciation is not attributable to force majeure, the debtor shall be liable to pay compensation for the damage caused, unless it can prove that such damage did not result from its action.

However, if the debtor has been given notice to perform its obligation and has not fulfilled it within the given time limit, it shall only be released from its obligation if it can prove that the item would also have perished or would also have been damaged if it had been held, at the same time, by the creditor. It must then assign to the creditor the rights and actions attached to the item, including any claims it may have against the insurer, the original seller or the carrier.

Secondment of staff

192 **Article XX** Party X undertakes to second to party Y one or more qualified employees to contribute through their expertise to the proper performance of one or more services for a period of... (*set the duration*).

The purpose of the intervention of seconded employees is to carry out the following tasks:... (*list the tasks*).

These tasks shall be carried out in accordance with the technical and administrative specifications for the assistance promised, the schedule and the provisional expenditure budget, the amount of which may not exceed..., unless this amount is increased by the drafting of an amendment within the meaning of Article XX (No. 164).... (*either one of the parties or shared between them according to a specified ratio*) shall be liable for these expenses.

If a research assignment is entrusted to the seconded personnel, the inventions shall be allocated, at the discretion of the parties, either to party X or party Y, or to both parties equally. The beneficiary party or both parties shall file their patent applications in accordance with the patent legislation in force in the place of filing.

Parties X and Y will meet every... (*specify frequency of meetings*) to assess the progress of their respective tasks and may adapt the performance conditions by drafting an amendment within the meaning of Article XX (No 164). In the event that they encounter difficulties in reaching an agreement, the first party to act may refer the matter to the mediator in accordance with Articles XX and following. If the parties fail to agree on the mediator's recommendations, the mediator shall settle the dispute. Its decision shall be considered res judicata as set out in Article XX (No. 320).

Seconded staff shall be required not to disclose information communicated to them by the party receiving their assistance.

Each party undertakes not to recruit the staff of the other party intervening at its request during the performance of the Agreement and for a period of... (*e.g. five years*) from the date of extinguishment of the Agreement (*the term may be adjusted according to the qualifications of the staff made available*).

Seconded staff shall remain subject to the labour and social security legislation applicable to their employment agreement.

Provision of equipment

193 **Article XX** Party X makes the equipment available to party Y... (*indicate the equipment*), under the following conditions.

194 **Article XX** **Delivery** The material shall be delivered by Party X to the site of... (*indicate the site*); it must be returned by the user party who shall deliver it to the site of... (*state the place of delivery*).

Installation costs shall be covered by party Y.

195 **Article XX** **Use** Party Y undertakes to use the equipment referred to in Article XX (No. 193) in accordance with its intended purpose and exclusively in connection with the performance of the following services:.....

The period of use of the equipment is... (number of days, months, years).

196 **Article XX** **Condition of the equipment returned** The condition of the equipment on the day of its return shall be recorded by both of the parties, who shall draw up a signed and dated report. In the absence of such a report, the equipment shall be deemed to have been restored to proper condition.

If one party refuses to participate in the drafting of the aforementioned report, the other party may provide proof of the condition of the equipment by any means.

197 **Article XX Expenses** The equipment referred to in Article XX (No. 193) shall be made available to party Y free of charge or in return for the payment of a lump sum of... (*set the amount*) or a daily fee of... (*set the amount*) per day from the delivery of the equipment until the day of its return. All charges relating to the use of the equipment shall be borne by party Y; maintenance costs shall also be borne by party Y up to a maximum amount of... (*set the amount*).

198 **Article XX Control of equipment maintenance** During the term of the Agreement, party X may, if it finds that the maintenance of the equipment has been neglected, provide party Y with notice to carry out, within a time limit of... (*specify the time limit*), the maintenance measures it recommends. If these measures are not carried out within the specified period, party X may carry out these measures itself or through an intermediary. It may also request reimbursement from party Y for expenses incurred for which the latter is liable under Article XX (No. 197). In any event, it shall be entitled to claim from party Y any labour costs incurred in order to avoid the failure of the equipment.

199 **Article XX Reparation of damage** Any damage, whatever the cause, must be repaired by party Y. The cost of reparation shall be shared equally if party Y can prove that the damage would have been the same if the equipment had been in the possession of party X.

200 **Article XX Return of equipment** Party Y must return the equipment made available to it no later than... (*number*) days after the period of use provided for in Article XX (No. 196) has lapsed, or may retain it, either in whole or to the extent determined by the parties, if party X agrees to leave it in its possession free of charge or against payment amounting to.... (*set the amount*).
Uninstalment costs shall be borne by party Y.
If the equipment is not returned in the same condition as at the time of its delivery referred to in Article XX (No. 196), party Y shall pay party X for the repair costs caused by its failure to maintain the equipment.
If party Y fails to return the equipment, it shall owe party X compensation equal to the replacement value of the equipment not returned.

g Changes to the obligations

Acts not provided for in the Agreement performed unilaterally by a party

201 **Article XX** Any act performed by a party that is not provided for in the specifications of Articles XX to XX (Nos. 141 to 152), even if it is repeated regularly, shall not constitute an obligation of that party on the basis of a practice established between the parties.
If the parties agree during the performance of the Agreement to make it an act that alters the Agreement, they shall draft an amendment within the meaning of Article XX (No. 164); alternatively, if a party can prove, by any means, the existence of an oral agreement between the parties, then the performance of this act shall be binding on the parties.
In the absence of such an agreement, an act performed by a party, other than the provision of a service provided for in Article XX (No. 141), may give rise to the reimbursement of that party for expenses incurred, provided the act meets the following conditions:
- it is an act not required by the Agreement and performed without the agreement or objection of the other party;
- it is, on the day of its completion, justified by its relevance or usefulness in the light of the objectives of the Agreement as defined in Articles XX to XX (Nos. 149 to 152);
- it is carried out unilaterally by the party with the knowledge that it is acting on behalf of and in the interest of the other party and, where applicable, at the same time in its own interest;

The party who performed the act shall be entitled:

– to reimbursement of all useful or necessary expenses; such reimbursement shall be in full if such expenses have been incurred in the sole interest of the other party or, in proportion to the interests of each party involved, if the expenses have been incurred in the interest of both parties;
– to the payment of interest, at the rate of... (*specify the rate*), on advances made by it from the day on which the advances were established and to compensation for damages suffered during its intervention.
If the party benefiting from the other party's intervention ratifies the acts performed, it may request that the other party take responsibility and, if necessary, remedy the consequences of its negligence.
If the act performed has enriched the beneficiary party, the other party is entitled to compensation as set out in Article XX (No. 176).

202 **Article XX** The passive attitude of one party with respect to the actions of the other party that do not comply with the clauses and objectives of the Agreement as defined in Articles XX to XX (Nos. 149 to 152) shall not in any way constitute a waiver by that party of its right to compel the other party to perform its obligations under the terms and conditions set out in the Agreement.

Change of services by agreement of the parties or novation of obligations by change of purpose

203 **Article XX** The parties may agree, by way of a signed and dated document, to replace the initial obligations, or some of the obligations specifically referred to in the document, with new obligations determined or determinable as specified in Articles XX to XX (Nos. 141 to 143).
This substitution of obligations shall take place on the date the document is drawn up. The guarantees relating to the initial obligations shall be annulled, unless the parties agree to renew or adjust them.
Guarantees granted by a third party shall be annulled, unless the latter expressly agrees to maintain them as is or to amend them with the agreement of the parties.
Any clauses of the Agreement that are not amended by the novation document shall continue to govern the relationship between the parties.
If the novation document is annulled, the initial obligations and their guarantees shall be restored. Nevertheless, the parties remain free to draft a new document.

Change due to unforeseeable circumstances

204 **Article XX** A party who, as a result of an unforeseeable change in circumstances, suffers an increase in the cost incurred in performing its obligations under the Agreement equal to less than... % (*for example 10% or 20%*) of the price it is owed, shall agree to bear this increase.
If the cost of performing the aforementioned obligations increases by... % (*for example 10 or 20%*) of the price owed to the aforementioned party, it may notify the other party of the continuation of the Agreement subject to an increase in the price of its services of... % (*for example from 5% to 10% of the additional cost, with both parties agreeing to bear the difference equally*), as from the day of receipt of the notification. If no refusal is received within... (*e.g. fifteen*) days of receipt of the notification, the proposal shall be deemed to have been accepted.
If, in turn, the party receiving the notification notifies the party making the request of a counter-proposal, the parties undertake to enter into negotiations regarding the conditions for adapting or revising the Agreement. The parties must have completed their negotiations within... (*period of time, for example one month*) from the day on which the party making the request received notification of the counter-proposal.
If the parties have not reached an agreement by the end of this period, the first party to act may refer the matter to the mediator under the conditions set out in Articles XX and following (Nos. 314 *et seq.*), to assist the parties in reaching an agreement.

If no agreement is reached at the end of a period of... *(for example one month)* from the start of the mediation process as determined by the minutes thereof, and by derogation from Article XX (n° 319), each party may decide, within a period of... (*for example three months*) from the expiry of this period, to terminate the Agreement, such termination taking effect on the date of receipt of notification by the other party.
The performance of the Agreement shall continue until the entry into effect of the notice of termination ending the Agreement as set out in Article XX (No. 276), with no compensation being due by one party to the other regardless of the damage suffered as a result of the termination.

3 Payment of a sum of money

a Payment creditors

205 **Article XX** The parties, their successors and beneficiaries shall be entitled to payment under the conditions determined below.

Substituted creditor or assignee of the Agreement

206 **Article XX** The substituted party shall exercise its right as set out in Article XX (No. 171).
The assignee to the Agreement shall exercise its right to payment as set out in Article XX (No. 172).

Severally liable creditors

207 **Article XX** Pursuant to an express clause of the Agreement as provided for in Article XX (No. 102), severally liable parties shall be entitled to payment of their share of the sums due to the creditors. Unless otherwise expressly stated in the Agreement, the receivable shall be divided equally among the severally liable parties.
None of the severally liable creditors may demand the full amount of the receivable.

Joint and several creditors

208 **Article XX** Each party benefiting from the rules governing joint and several creditors provided for in Article XX (No. 102) may ask the debtor to pay the receivables due in full. This payment releases the debtor. The joint and several creditor receiving payment shall be responsible for paying its fellow joint and several creditors their share of the receivable.
In the event of a collective or insolvency proceedings initiated against the debtor, one of the joint and several creditors may declare all joint and several receivables under the proceedings.
Before being prosecuted, the debtor may pay all of the joint and several receivables to any of the joint and several creditors.

Assignee creditor of the receivable

209 **Article XX** If a party has assigned one or more of the receivables it holds under the Agreement and identified in the deed of assignment, the assignee may demand payment from the debtor. Any receivable that is not expressly identified shall be deemed not to have been assigned, unless the parties agree otherwise in a dated and signed document, supplementing the original deed of assignment.
The assignee may only exercise its right if it can prove that it holds such a right by virtue of a written instrument, which must specify the amount of the assigned receivable(s). It shall acquire this right based on the sole existence of said instrument. If the receivable does not yet exist on the date of

the written instrument, ownership of the receivable shall not be transferred to the assignee until the date on which it arises.
The assignee may only enforce its right to the receivable against the debtor either from the day on which it notifies the latter of the deed of transfer or from the day on which the assigned party provides the debtor with written notice that it has become the assignee. Until these acts have been carried out, the assignor shall remain the owner of the receivable and may request its payment by the debtor. The debtor, on the other hand, cannot refuse to pay the receivable on the grounds that it objects to the assignment.
From the date of signature of the deed of assignment or the day on which the receivable arises, the assignee may claim payment against third parties to the Agreement, as defined in Article XX (No. 167), in its capacity as creditor. The deed of assignment shall constitute proof of the date of acquisition of the receivable and of the assignee's status as creditor. In the event of a dispute, the assignee may provide proof of its status by any means.
From the day on which the assignment is enforceable against the debtor, the assignee may request payment of the receivable from the debtor and avail of any ancillary items, namely the securities backing the payment and the rights and actions intended to protect the existence or value of the claim. The assignee may in particular rely on one of the following: action to enforce the guarantee; action for contractual liability against a counterparty of the assignor; the writ of execution obtained by the assignor against the guarantor guaranteeing payment of the receivable; a favourable court decision ordering a penalty payment; Paulian action.
The debtor may object to the assignee's request for payment based on the objections inherent to the debt and any personal objections, as defined in Articles XX to XX (Nos. 228 to 231).
If the existence or amount of the assigned receivable is contested in court or by way of a notice, the debtor may exercise its right to repurchase the disputed debt by reimbursing the assignee the actual price they paid for it together with costs and interest from the day on which the assignee paid the price of the assignment.
The assignor guarantees to the assignee the existence of the receivable (*validity, amount, liability*) and any ancillary items. It shall be exempted from this obligation if the assignee has accepted the assignment at its own risk or waived the assignment of the aforementioned ancillary items.
In the event of several assignments of the same receivable, the assignee shall be deemed to the party who first notified the debtor of the assignment.
In the event of seizure of the assigned receivable by the assignor's creditors, the assignee's right shall prevail over the right of the party making the seizure if the latter carried out the seizure after the date of notification of the assignment to the debtor.
In the cases of paragraphs 8 and 9 above, proof of the date of notification may be provided by any means.
All costs linked to the assignment shall be borne by... (*to be determined by the parties: both the assignor and the assignee or either of the two*); the debtor shall be exempt from such costs and shall not be required to provide an advance.

New creditor accepted by novation

210 **Article XX** The parties agree that any party expressly named in a dated and signed document may become the creditor instead of... (*X or Y*) for receivables arising under the Agreement.
Under no circumstances shall the mere fact that a third party has paid the receivable be sufficient in itself to establish that the third party has been accepted as a new creditor.
The new creditor may request payment of the receivables under the terms set out in the Agreement.
The completion of the novation deed shall have the effect of releasing party... (*X or Y*) who has been replaced.
The clauses of the Agreement shall govern the relationship between the new creditor and party... (*X or Y*) who shall remain a party to the Agreement.

If the novation deed is cancelled, the new creditor shall lose its rights. Party... (*X or Y*) shall once again become the creditor and shall be deemed to have maintained this status without interruption. The parties may, nevertheless, agree on a new agreement.

Party subrogated to the rights of the creditor

211 **Article XX** A party, known as the « subrogor », may yield its rights to receivables arising under the Agreement, or certain formally defined rights to receivables, to a third party (the « subrogee ») who shall agree to pay the subrogor the amount of said rights.
Subrogation may only be valid against the debtor if it is established in a written document, the «"deed of subrogation », and if it has been notified to the debtor under the conditions laid down in Article XX (n° 180).
The subrogee becomes a creditor of the debtor at the same time as the payment is made.
The subrogee may avail itself against the debtor of all of the rights, actions, privileges and security interests enjoyed by the subrogor at the date of notification and which have not yet been exercised by the latter. It may not avail of any other right, in particular the subrogor's personal rights, against the debtor, including the right to contractual interest on the debt it has paid, unless otherwise provided, or the right to claim that the debtor has acting deceitfully towards the subrogor. If the subrogee has only partially paid the subrogor, it may only exercise its right to claim the remainder of what it is owed after the subrogor has itself been paid in full.
In the absence of a clause entitling the subrogee to contractual interest, it shall be entitled to interest at the current statutory rate in the place of payment on the sum it has paid to the subrogor. Such interest will be calculated from the day on which the subrogee has notified the debtor or, where applicable, from the day agreed upon with the latter.
The subrogor may not exercise the rights it has lost as a result of the subrogation, for example the right to take legal action against the debtor in the interest of the subrogee.
The debtor may raise against the subrogee any objections existing prior to the deed of subrogation, either inherent in the debt or any personal objections it may hold against the subrogee, as defined in Articles XX to XX (Nos. 228 to 231). Any clause to the contrary in the deed of subrogation shall be unenforceable against the debtor.

b Parties liable for payment of the debt

212 **Article XX** The parties, their successors and beneficiaries shall be liable for the payment of the debt under the conditions set out below.

Substituted parties or assignees of the Agreement

213 **Article XX** The substituted party shall be bound to perform the obligations of the substituting party as set out in Article XX (No. 171).
The assignee of the Agreement shall be required to perform the obligations of the assignor as set out in Article XX (No. 172).

Severally liable debtors

214 **Article XX** The severally liable parties as defined in Article XX (No. 102) shall be required to pay their share of the sums due to the creditors. Unless otherwise expressly stated in the Agreement, the debt shall be divided equally between the severally liable parties.
None of the severally liable debtors may be forced to pay the full amount of the debt.

Joint and several debtors

215 **Article XX** Each of the joint and several debtors, as defined in Article XX (No. 102), is required to pay all of the debts for which it is jointly and severally liable as soon as the creditor requests their payment.

In the absence of payment by the party being pursued, the creditor may request payment from any other joint and severally liable party.

Payment made by a single joint and several debtor shall release the other joint and several debtors from their obligations to the creditor party.

The joint and severally liable party being pursued may refuse to make payment on the basis of an objection inherent to the debt or a personal objection against the creditor party, as defined in Articles XX to XX (Nos. 228 to 231).

216 **Article XX** The following acts shall benefit all of the joint and severally liable parties, even if they have been performed by only one among them or with respect to only one of them, and even if they have been requested by only one of their number:
- notifications;
- formal notices;
- acts interrupting the limitation period;
- requests for interest on arrears;
- transactions;
- novations;
- defence of res judicata;
- debt remission;
- forfeiture of term;
- exercise of a right of appeal;
- oaths.

217 **Article XX** The joint and several debtor who has paid more than its share shall have recourse against the other joint and several debtors within the limit of their share of the debt as set out in the Agreement. Unless otherwise expressly stated in the Agreement, the debt shall be divided equally between the joint and severally liable debtors.

If one of the joint and several debtors is insolvent, its share of the debt shall be distributed among the other joint and several debtors, regardless of whether one of the latter has already paid its share or has benefitted from a decision terminating its joint and several liability.

In the event of the death of one of the joint and several debtors, its debt shall be divided among its heirs. The other joint and severally liable parties shall remain liable to the creditor for the entire amount.

In the event of the termination of joint and several liability by the creditor in favour of one of the joint and several debtors, the beneficiary of this termination cannot be pursued for the whole amount but shall remain liable for the share of the debt it owes. The other joint and severally liable parties shall remain liable to the creditor for the entire amount.

In the event of the cancellation of the Agreement, the creditor can no longer claim joint and several liability.

New debtors accepted by novation

218 **Article XX** The parties agree that any party expressly named in a dated and signed document can replace party... (*X or Y*) as debtor for any debts arising under the Agreement.

Under no circumstances shall the mere fact that a third party has made the payment be sufficient in itself to establish that the third party has been accepted as a new debtor.

The new debtor shall be required to pay the debts owed under the terms of the Agreement.

The completion of the novation deed shall have the effect of releasing party... (*X or Y*).

The clauses of the Agreement shall govern the relationship between the new debtor and party... (*X or Y*) who remains a party to the Agreement.
If the novation deed is cancelled, the new debtor shall be released and party... (*X or Y*) shall once again become a debtor party and be deemed to have maintained this status without interruption.
The parties may, nevertheless, agree on a new agreement.

Assignees of the debt

219 **Article XX** The debts arising under the Agreement may only be assigned to a third party with the express agreement of the creditor in the form of a dated and signed document specifically mentioning the assigned debt(s) and their amount(s). Any debt not expressly referred to in the deed shall be deemed non-transferable, unless further written agreement is obtained from the parties meeting the required conditions.
The assignee may only be pursued by the creditor from the day on which the deed of assignment was served on that party or brought to their attention or from the day on which the assignee notified the creditor in writing that it had become the assignee. As long as these acts have not been carried out, the assignor shall remain liable for the debt. Conversely, the creditor may not refuse to perform any obligation for which it is liable to the assignor on the basis that it objects to the assignment.
The assignee shall be required to pay the debt referred to in the Agreement from the day on which the assignment is enforceable against the creditor. If the debt in question has not yet arisen on the date of the written document, the obligation shall be borne by the assignee only on the day on which the debt arises.
The assignee being pursued may raise any objections inherent in the debt and any personal objections against the creditor, as defined in Articles XX to XX (Nos. 228 to 231).
The assignee may compel the creditor to receive payment.
The security interests granted by the assigning debtor shall continue to exist unless the latter is discharged by an express written agreement with the creditor. Security interests granted by third parties shall only continue to exist with their consent.
The severally liable debtors of the assigning debtor may be pursued individually for payment of their share of the debt.
The joint and several debtors of the assigning debtor may be pursued for payment in full. The joint and several debtor who has paid the debt in full may ask the other joint and several debtors to repay their share of the debt.
In the event that the same debt is subject to several deeds of assignment, the assignee shall be deemed to be the debtor who first notified the assignment to the creditor party.
In both of the above cases, proof of the date of notification may be provided by any means.

Delegated debtors

220 **Article XX** Party X, known as the« obligee », who is a creditor of party Y, may accept the new debtor, known as the "delegated debtor", to whom party Y, known as the "delegator", has chosen to delegate the reimbursement of a formally specified debt.
The transaction, known as a « delegation », shall be null and void if the agreement of the parties is not proven by a written, dated and signed deed.
The delegation shall take effect on the date indicated in writing in accordance with Article XX (No. 156).
The delegated debtor must pay the amount of the delegated debt to the creditor on the due date of the debt or on the date agreed by the parties to the deed. It may not raise any objections against the obligee that it could have raised against the delegator, in particular regarding the offsetting of

the debt, fraud allegedly committed by the delegator, failure by the delegator to fulfil its obligations towards the creditor, or the extinguishment of the obligee's claim against the delegator.

Delegation does not release the delegator from its obligations, unless the obligee expressly grants its consent by written agreement.

Voluntary debtors

221 **Article XX** Under the Agreement, the creditor may expressly accept in a dated and signed document, the date of which shall constitute proof until proven otherwise, payment of this sum by a third party in lieu of the debtor under the Agreement, regardless of the reasons for the third party's intervention, and may accept that the debtor be discharged accordingly.

The third party, whose payment has been accepted by the creditor, shall not have any recourse against the debtor unless it can prove that the payment was made on the basis of an obligation by the debtor to refund the amount thus paid.

Factors

222 **Article XX** Each creditor under the Agreement may assign a factor to collect the amount of the receivables it holds against the debtor, and may subrogate said factor to its rights.

This subrogation shall then be enforceable against the debtor of the receivable as from the day on which the latter receives notification thereof under the conditions of Article XX (No. 180). The debtor shall no longer be entitled to pay the subrogating party directly. If it has paid the latter, after receiving the aforementioned notification, it shall still be required to pay the factor.

The debtor may raise the objections referred to in Articles XX to XX (Nos. 228 to 231) against the factor, provided that it could have raised said objections against the subrogating party before the subrogation, and may raise any objections of a personal nature against the factor.

Debtors of the debtor party

223 **Article XX** The creditor party may request, by way of an indirect action, payment from the debtor of the debtor party of the sums owed to it by the latter under the Agreement and which are certain, liquid and due.

Its action shall be admissible if it can prove that the debtor party has failed to show any diligence in claiming its due from its own debtor.

Any objections that the person being pursued may raise against the debtor party may also be raised against the creditor who initiated the action.

The sums obtained at the initiative of the creditor shall become part of the debtor party' assets.

The interest on the creditor's receivable shall accrue against the debtor party from the day on which its own debtor was prosecuted for payment on the basis of the abovementioned indirect action, at the rate of... (*contractual rate fixed in the Agreement where applicable or, failing that, the statutory rate in force under the applicable legislation of the court having jurisdiction*).

Third-party beneficiaries by way of stipulation

224 **Article XX** Party X (hereinafter the « promisor ») undertakes to party Y (hereinafter the « stipulator ») to perform the Agreement or any of its formally identified obligations for the benefit of a named third party, in the present or the future (hereinafter the « beneficiary »). Unnamed third parties may not claim the benefit of a stipulation in their favour.

The stipulation may be revoked by the stipulator as long as the beneficiary has not notified it of its acceptance under the conditions of Article XX (No. 180).

After the death of the stipulator, its heirs may not revoke the stipulation, unless the beneficiary has failed to accept it within a period of... (*three months, for example*) from the day on which the heirs gave notice to the beneficiary requesting that it provide notification of its acceptance under the conditions laid down in Article XX (No. 180).
In the event of the beneficiary's death, its heirs shall have a period of... (*three months, for example*) to notify the stipulator and the promisor of their acceptance, which shall be deemed acquired on the day on which they were notified of the stipulation under the conditions laid down in Article XX (No. 180).
Once accepted, the stipulation shall be irrevocable.
As soon as the stipulation has been agreed with the promisor, the beneficiary and its heirs who have accepted the stipulation shall have the right to act directly against the promisor to demand the performance of the promised service under the conditions defined by the stipulation. The stipulator may also require the promisor to fulfil its promise with respect to the beneficiary, but never for its own benefit.
The promisor may raise against the beneficiary or its heirs and the stipulator the objections inherent to the promised obligation and any personal objections as specified in Articles XX to XX (Nos. 228 to 231).
Under no circumstances shall the stipulator be under any obligation to fulfil a promise that has not been fulfilled by the promisor.

C Debtors exempt from making payment

Beneficiaries of debt remission

227 **Article XX** The creditor cannot claim payment if it has agreed to remit the amounts owed by the debtor... (*insert name of the debtor*) in a dated and signed written document, specifying the debt(s) that has(have) been remitted.
The remission of debt extinguishes the debt or debts referred to in said document and the security interests serving as a guarantee.
The remission thus granted may not benefit any other severally liable or jointly and severally liable party to the Agreement.
Unless otherwise specified, the remission granted to the guarantor of the debtor shall not release the latter of its obligations.

Enforcement of objections

228 **Article XX** The creditor shall not be entitled to payment if the debtor can raise an objection against it, within the meaning of the Agreement, that is either inherent in the debt or personal to the debtor.

229 **Article XX** An objection shall be deemed to be inherent in the debt if it is linked to the cause of the extinguishment of the debt, in particular under the following circumstances:
- a res judicata decision has extinguished the receivable;
- the debtor may raise a defence on the grounds of non-performance justifying the suspension of payment, as specified in Article XX (No. 267);
- the receivable is time-barred;
- the receivable may be set off under the conditions laid down in Article XX (No. 237);
- in the event of confusion with regard to the status of creditor and debtor, as defined in Article XX (No. 293);

Other objections inherent in the debt are claims for payment that have not been subject to prior mediation, have been referred to a jurisdiction other than those designated in Articles XX and XX (Nos. 322 and 323) or are in violation of the arbitration clause provided for in Article XX (No. 326).

230 **Article XX** Objections shall be considered personal to the debtor if the latter alone has reason to refuse payment to the creditor. In particular, it may base its arguments on the following:

- the grace period from which it benefits;
- the remission of debt or cancellation of joint and several liability by the creditor in its favour;
- the division of the debt between the parties.

231 **Article XX** The objections below shall be considered unenforceable against:
- the prosecuting creditor by the jointly and severally liable debtor for debts arising under the Agreement: the jointly and severally liable debtor cannot be subrogated to the rights of the creditor in the event that it makes payment to the latter, since it is not a guarantor;
- the debtor by a third party to the Agreement subrogated to the rights and actions of the creditor: the third party cannot call for the annulment of the Agreement on the grounds of fraud against the creditor, this ground for annulment being personal to the latter.

d Amount to be paid

232 **Article XX** The amount to be paid is the amount due by the debtor, after deduction, where applicable, of any partial payments.

The creditor may refuse partial payment, even if the service is divisible.

The payment of an amount in excess of the amount due shall entail restitution of the excess amount under the conditions set out in Articles XX and XX (Nos. 246 and 247).

Payment fees shall be borne by the debtor.

If the debtor has made advances to the creditor, they shall only be taken into account if they have been evidenced by way of a dated and signed written document, specifying their amount, purpose, and the date and terms of payment.

In the event of a calculation error by the creditor, the latter may rectify its error and request the debtor to pay the difference due within one year of the date of the original payment.

The amount due shall be reduced, where applicable, under the conditions laid down in Article XX (No 271).

e Date and place of payment

233 **Article XX** Payment is due on the date on which the receivable becomes due as defined in the Agreement.

234 **Article XX** Unless otherwise provided, any payment due under the Agreement shall be addressed to the domicile of the creditor as set out in Article XX (No. 101).

f Payment currency

235 **Article XX** Any payment required under the Agreement shall be made in... (*currency determined in Article XX: No 146*).

If the abovementioned currency is legal tender in the place of payment, payment made in this currency shall discharge the debtor of its obligation.

If the agreed currency is not legal tender in the place of payment, payment shall only result in the debt being discharged if it is made in the legal tender of that place, after conversion of the agreed currency on the day chosen by the parties or, failing that, on the day of payment.

If, due to late payment, the conversion could not take place on the day scheduled, the creditor may choose the day of the conversion, in particular the day on which it provides notice to the debtor.

g Methods of payment

236 **Article XX** The debtor may pay its debt by any standard method: bank transfer, issue of a bill of exchange, promissory note or cheque.

Under the conditions set out below, the debtor may also make payment by set off, by ordering the bank that granted it a letter of credit to pay on its behalf or by offering an asset in exchange.

Payment by set off

237 **Article XX** Without prejudice to the cases specifically referred to in Articles XX and XX (Nos. 131 and 334), where the parties hold mutual receivables, arising or due to arise as a result of the performance of the Agreement and which are certain, liquid and due, they shall be extinguished by the setting off of the lesser of the two amounts.

Receivables related to those referred to in the preceding paragraph shall also be extinguished by set off if they are mutual and certain, regardless of whether they are liquid at the time of the set-off. Set-offs occurring on the day the receivables are liquid shall take effect on the day the first receivable is due.

A receivable, which consists of a fixed sum of money, shall be deemed certain if it is not disputed by way of a notice, issued within... (*number of days, e.g. eight days*) after the due date of the receivable, by the debtor in order to inform the creditor of its grounds for objection to the set off. Once this period has lapsed, the set-off shall take place automatically.

The grace period which may be granted, as applicable, to the debtor by the court designated in Articles XX and XX (Nos. 322 and 323), shall not prevent the set-off from occurring.

Any set-off between the creditor and one of the joint and several debtors defined in Article XX (No 102) shall also have effect with regard to the other joint and several debtors.

Payment by set-off shall be enforceable against third parties.

Payment by letter of credit

238 **Article XX** The creditor accepts that the payment of the receivable owed by the debtor be made by the bank that has granted a letter of credit to the latter; in order to receive payment, the creditor must submit the documents required in application of the latest version of the International Chamber of Commerce's « Uniform Customs and Practice for Documentary Credits » (UCP) on the date of entry into the Agreement.

Payment in kind

239 **Article XX** In the event that a debtor is unable or unwilling to pay the sum of money owed, they may offer, either personally or via a third party, to pay the creditor in kind, either in the present or the future, with an item determined or determinable under the conditions laid down in Article XX (No. 141), the value of which shall be assessed on the day of the offer and equivalent to the sum of money due.

The creditor, considered by the parties as the sole judge of its interests, may refuse the offer at its discretion.

If the creditor accepts the offer in a dated and signed written document, the debtor shall be discharged in addition, where applicable, to the guarantor of the receivable. The receivable shall be extinguished on the day the promised item is handed over to the creditor.

If the item handed over does not meet the conditions laid down by the agreement for payment in kind, the creditor may implement the sanctions for non-performance as set out in Articles XX to XX (Nos. 265 to 279).

h Allocation of payments

240 **Article XX** If the debtor is liable to the creditor for several debts, any partial payment it makes shall be set off, in accordance with the will of the parties, either based on the choice of the debtor

at the time of payment or, by order of priority, against... (*expressly named debt*), with any potential surplus being set off against... (*other expressly named debt*).

If the allocation of these payments extinguishes the debt entirely, the existing security interests shall also be extinguished; if the allocation only partially extinguishes the debt, the existing security interests shall be maintained or reduced in proportion to the amounts remaining due, at the discretion of the parties, until final payment has been made. If a security interest has been enforced, the payment resulting from its enforcement shall be deducted from the amount for which the security interest was granted.

i Proof of payment

241 **Article XX** Proof of payment may be provided by any means.

The debtor may request a receipt stating whether the amount paid extinguishes the principal and/or interest.

j Default of payment

242 **Article XX** If the debtor is required to pay in instalments on specific dates set out in the Agreement, it shall immediately lose its right to pay in instalments from the moment it defaults on an instalment, unless the parties expressly agree otherwise in a written agreement dated and signed on the day of default.

Payment made before the due date shall be valid and cannot be returned.

243 **Article XX** The party who has handed over a tangible item to the other party while maintaining ownership thereof as collateral may request that said item be returned to it in the event of default of payment by the debtor under the following conditions:

- if the item is fungible, restitution shall be made for the amount of the outstanding receivable in the form of items of the same nature and of the same quality held by or on behalf of the debtor;
- if the item has been incorporated into another item, restitution shall be made in so far as the items can be separated without suffering damage; if the item cannot be separated, the creditor is entitled to the price agreed in the Agreement;
- if the debtor is involved in a collective or insolvency proceedings, the creditor must submit its claim as part of the proceedings in accordance with the law applicable to said proceedings;
- if the item has been sold, restitution shall be added to the debtor's receivable against its purchaser;
- if the item has perished, the risks associated with such loss shall be borne by the party who provided the item and remained its owner; if the item was insured, restitution shall be included in the insurance benefit; the holder of the item is bound by an obligation of means to ensure the conservation of the item.

The value of the item taken back shall be deducted, as payment, from the balance of the secured receivable; when the value of the item taken back exceeds the amount of the outstanding secured receivable, the creditor shall owe the debtor an amount equal to the difference.

244 **Article XX** If the debtor makes a payment proposal, the creditor who takes note of it does not thereby waive its right to subsequently claim retention of ownership.

Interest on arrears shall be due on the entire receivable if the offer made by the debtor is not considered satisfactory by the creditor.

k Late payment

245 **Article XX** Late payment within the meaning of Article XX (No. 251) shall give rise to interest on arrears at the rate of... (*set the rate*) from the day on which the creditor has given notice to the debtor under the conditions laid down in Article XX (No. 264).
The interest due shall not generate additional interest.

l Undue payment

Existence of undue payment

246 **Article XX** Any party that receives, either by mistake or knowingly, payment of a debt arising under the Agreement that was not due to it must return the amount received to the party that made the payment.
Any party who mistakenly pays a party an amount it owes to another party may request restitution of the amount from the recipient of the payment.
Any party who, despite not being a debtor, makes a payment to a party entitled to it may claim restitution from the actual debtor.
In the event of a dispute between the parties, the first party to act may request the intervention of the mediator under the conditions provided for in Articles XX and following (Nos. 314 *et seq.*).

Right to restitution

247 **Article XX** The party claiming restitution must prove the existence of an undue payment.
If the error is the result of negligence on behalf of the payer, restitution shall be due by the recipient of the payment. However, the amount to be refunded by the latter may be reduced to acknowledge any damage caused to it, which shall be assessed taking into account the conduct of both parties and the practical implications of the restitution regarding the economic situation of the recipient. Any compensation intended to cover damage may be deducted from the amount to be refunded.
In the event of disagreement between the parties on the assessment of the damage, the first party to act may request the intervention of the mediator under the conditions provided for in Articles XX and following (Nos. 314 *et seq.*).
The interest on the sum to be restituted shall be calculated, at the rate of... (*set the rate*), from the day on which restitution is requested by way of a formal notice sent by the party entitled to restitution to the party liable for such restitution.

SUBSECTION 3

Non-performance of the Agreement

A Existence of non-performance of the Agreement

1 Circumstances of non-performance

248 **Article XX** A party shall be deemed to have failed to fulfil its obligations under the Agreement in the following circumstances.

Lack of performance

249 **Article XX** The services due shall be deemed to not have been performed if the debtor cannot provide proof of the performance thereof at the end of the period of time set by a formal notice.

Defective performance

250 **Article XX** Performance shall be deemed defective if it does not comply with the specifications of Articles XX to XX (Nos. 141 to 146).

Late performance

251 **Article XX** Performance shall be deemed to have been carried out late if the service or services in question have not been carried out by the due date specified in the Agreement.

2 Non-performance attributable to the debtor

a Commitment to results

252 **Article XX** Subject to the exemptions concerning the debtor provided for in Articles XX to XX (Nos. 258 to 263), the debtor shall be found guilty of failing to fulfil its obligations under the circumstances set out in Articles XX to XX (Nos. 248 to 251), if such failure has deprived the creditor of:
- either the entire service due;
- or... % of the value of the expected service (*set a specific percentage, for example 80% of the price of the service as set out in the Agreement*).

b Commitment of means

253 **Article XX** By way of derogation from the preceding article, the parties agree that the services specifically and restrictively referred to herein shall only be deemed to not have been performed, to have been partially performed or to have been performed late if the party responsible for said services is unable to prove that it has implemented adequate means to achieve the expected performance of the services.

Proof shall be deemed established if the debtor can prove that the cost of the due diligence claimed by the creditor would have increased its expenses by more than... % (*for example, 15 to 20%*) compared to the expenses it has incurred.

c Scope of non-performance

254 **Article XX** Non-performance shall be deemed established, even if:
- compliance with the obligation in question was subject to a review by the public authorities of the place where it was performed and they have found nothing untoward, since the performance delivered does not comply with the clauses of the Agreement;
- the debtor has waived the quid pro quo to which it is entitled; this waiver can only be taken into account in assessing, where applicable, the amount of damages to be awarded to the creditor.

d Proof of non-performance

255 **Article XX** Proof of non-performance may be provided by any means.
Any breach of performance, however serious, may be claimed by the creditor subject to the condition that gross negligence must be established for the application of any of the sanctions set out in Articles XX to XX (Nos. 267 to 288).

e Unpredictable commitment

256 **Article XX** Where the commitment made is unpredictable, as defined in Article XX (No. 147), the creditor cannot claim its non-performance on the grounds that the expected event has not occurred, regardless at a case of force majeure has prevented it from occurring.

B Right to claim non-performance

1 Absence of waiver

257 **Article XX** The creditor may not claim the non-performance of a given service if it has waived its right to request the performance of said service. A waiver shall only be enforceable against the creditor if it has been expressly formulated by the latter.
Should the debtor deem a waiver to be tacit, it may provide the creditor with a formal notice asking the latter to specify whether or not it wishes to waive its right and informing it that, in the absence of a reply within the time limit provided, it will consider the creditor to have waived its right as defined in the notice.

2 Loss of the right to claim non-performance

a Force majeure

258 **Article XX** A party who has failed to fulfil its obligations shall be automatically exempt from any claims of non-performance, defective performance or late performance if it can prove that such failure is due to one of the events listed below, unless the creditor is able to prove that the event in question was caused by the other party:... (*list the events*).
If the event claimed is not covered by the above list, the defaulting party may argue for exemption on the basis of a case of force majeure if it can establish that the event in question prevented it from

performing its service or services or from performing them in accordance with the specifications of Articles XX to XX (Nos. 141 to 146). Any performance that is not in compliance with these specifications can be deemed attributable to force majeure if, in order to achieve said compliance, the debtor would have had to incur expenditure exceeding... % (*set the percentage, for example between 10 and 20%*) of the price due to it under the Agreement.

The debtor shall be released from the breach of its obligations by virtue of the very occurrence of the event that made its performance impossible, unless the creditor can prove that the debt caused the event to occur, whether intentionally or a result of negligence.

The debtor shall have the right to suspend the performance of its obligation if the event causes it to suffer a loss or incur an expense in excess of... % (set the percentage, for example between 10 and 20%) of the price due to it under the Agreement for the service or services affected by the event.

If the parties find that the obligations under the Agreement cannot be performed in any way, the Agreement shall become null and void within the meaning of Article XX (No. 290).

If the parties are unable to agree on the suspension or annulment of the Agreement, the first party to act may request the intervention of the mediator under the conditions provided for in Articles XX and following (Nos. 314 *et seq.*).

b Acts by a third party

259 **Article XX** The debtor shall be exempt from any accusations of non-performance if the latter is attributable to the act of a third party, which constitutes a case of force majeure in respect of the debtor within the meaning of Article XX (No. 258).

c Negligence by one or more parties

260 **Article XX** A party claiming non-performance by the other party shall not be entitled to benefit from sanctions in relation to this non-performance if it itself is guilty of negligence, whether intentional or not, rendering performance impossible.

If the non-performance is attributable to negligence by both parties, the damage compensation resulting from such non-performance shall be borne by the parties in proportion to their respective responsibility for the occurrence of said damage.

d Defect inherent in the technique used to provide the service

261 **Article XX** The debtor of a service shall be exempt from accusations of defective non-performance if the latter is attributable to a defect inherent in the technique used to perform the service. However, the debtor shall not benefit from this exemption based on the sole argument that it has applied an up-to-date and recognised technique in the performance of the disputed service.

e Exclusion of liability clause

262 **Article XX** The parties may decide that failure to perform or defective performance of a particular obligation shall not give rise to compensation.

The debtor may not plead this ground for exemption if it has caused the non-performance of its obligations intentionally or with knowledge of the damage that would result for the creditor.

Bodily injury resulting from the performance of the Agreement and suffered by the parties, their employees and subcontractors, in addition to third parties, shall always be reparable under the conditions specific to each situation in accordance with the rules applicable by the competent court within the meaning of Articles XX and XX (Nos. 322 and 323).

f Acceptance of the measures to redress non-performance

263 **Article XX** The debtor may notify the creditor that it proposes to redress the lack of performance at its own expense by detailing the measures it intends to take to this end and by setting a time limit of... (*indicate the time limit*) for the creditor to notify it of its acceptance or refusal.
Without refusing this offer, the creditor may make counter-proposals regarding the terms of such redress.
If the parties are unable to agree on the conditions involved, the first party to act may request the intervention of the mediator under the conditions provided for in Articles XX and following (Nos. 314 *et seq.*).
During the time limit indicated, the notification shall result in the suspension of the creditor's right to enforce the sanctions for non-performance provided for in Articles XX to XX (Nos. 267 to 288).

C Sanctions for non-performance

1 Prior to the application of sanctions

a Formal notice

264 **Article XX** The creditor noting the existence of a breach by the debtor of its obligations under the Agreement shall give notice to the debtor to comply, within a time limit of... (*indicate the time limit*), with the orders expressly mentioned in the notice, failing which, upon expiry of the time limit, it shall be liable, as the case may be:
- to pay a penalty, as referred to in Article XX (No 266), for each day of delay for failure to reply to a request for information;
- to the implementation of one of the sanctions provided for in Articles XX to XX (Nos. 267 to 288);
- in the event of default of payment of the sum of money due and claimed, to pay interest on arrears as provided for in Article XX (No. 245);
- in the event of failure to supply or deliver the tangible item due and claimed, to bear the burden of risks incurred by this item: loss, damage, impossibility of performance or any other event depriving the creditor of the benefit of the item.

b Recognition of non-performance

265 **Article XX** The parties shall each draw up a statement regarding the breach in question.
If one of the parties produces a state of play report established by an unforgeable process, such as the « Photo Proof » tool by Keeex, the proof of the facts represented shall be deemed acquired.
Failing the provision of evidence in accordance with paragraph 2 of this article, if the parties do not agree on the observations made, they shall draw up a statement of failure signed and dated by each of them. From the date of this statement, the first party to act shall have a period of... (*for example, eight days*) to ask the mediator to establish, if required by recourse to the opinion of an expert, a decision in relation to the disputed breach. The mediator's decision shall be considered res judicata as set out in Article XX (No. 320). If the complainant has not brought the matter before the mediator within the time limit, it may not resort to the legal procedures in force in the place where the alleged breaches occurred for the purpose of obtaining proof. The costs relating to the intervention of the mediator or a legal expert shall be borne by the party who requested the intervention.

Findings made unilaterally by a party shall be inadmissible in court or arbitration proceedings if they have been obtained by unfair means. In any event, they shall only constitute presumptions, and may be refuted by the opposing party.

Any delay in the making of a statement or notification against the other party, shall incur the liability of the party initiating the request for a decision by the mediator. If the delay itself has increased the damage by... % (*e.g., between 10 and 20 %*) or more compared to the day on which it occurred, the party responsible for the damage shall be exempt from this additional cost.

2 Sanctions not resulting in the termination of the Agreement

a Order to perform the Agreement subject to penalties

266 **Article XX** The creditor may provide the debtor with a formal notice ordering it to take a specific measure within a period of... (*indicate the time limit*), subject to the payment of penalties amounting to... (*set the amount of the sum to be paid*) per day of delay, without prejudice to the damages payable by the debtor due to lack of performance or delayed performance of the measure.

The penalty payment shall not be due if the Agreement can no longer be performed due to one of the following causes affecting the Agreement: annulment, lapse, termination, rescission, expiry of the term.

The amount of the penalty payment shall be reduced by... % (*set the percentage*) if performance is commenced or carried out within one month of the expiry of the time limit set by the formal notice.

b Defence on the grounds of non-performance

267 **Article XX** The party who has not yet performed its obligation may refrain from doing so if the other party, who is the debtor of the quid pro quo for the obligation, has not, on the due date set in the Agreement, performed its obligation or has refused to do so.

The creditor may notify the debtor of its intention to suspend the performance of its obligation at any time from the day on which it considers that the debtor has failed to fulfil its obligation. This decision to suspend performance shall be legally valid if the party who considers itself entitled to avail of it complies with the following conditions:

- the notification by the creditor shall specify the breach or breaches identified, setting out their nature, scope and the date on which they were identified;
- the suspension may only be applied after formal notice has been provided to the debtor informing it that the suspension will take effect on the expiry of the due date if the outstanding obligation has not been fulfilled or, if the debtor has failed by the end of that period to provide assurance that the obligation will be fulfilled by... (*set the date*) at the latest; the suspension shall take effect automatically from that date;
- the non-performance of the obligation by the debtor shall not be, even partly, attributable to the party raising the plea of non-performance;
- the suspension must concern the quid pro quo for the very obligation that has not been performed or whose non-performance is anticipated.

As from the day on which the plea of non-performance has been raised, the parties shall seek agreement on its consequences with the assistance of the mediator in accordance with the procedures provided for in Articles XX and following (Nos. 314 *et seq.*). If they do not reach an agreement within... (*period of time, for example one month*) of the start of the talks, the Agreement shall be rescinded as of right. The rescission of the Agreement shall have the effects provided for in Article XX (No. 279).

If each of the parties pleads defence on the grounds of non-performance by the other party, the Agreement shall lapse within the meaning of Article XX (No. 290).

If one of the parties derives unjust enrichment from the situation, it must compensate the other party who is impoverished as a result in accordance with Article XX (No. 176).

c Forced performance of the service due

268 **Article XX** The creditor may request the forced performance of the services owed to it by the debtor if it expressly identifies in the Agreement the services for which it intends to implement this clause. The debtor may refuse to perform such services if it can prove that such performance would lead in to incur an increase of...% (*for example, between 10 and 20%*) with respect to the price stated in the Agreement.

d Performance by a third party of outstanding obligations

269 **Article XX** Subject to the suspension provided for in Article XX (No. 270), each of the parties may call upon a third party to enforce performance of the outstanding obligation in the place and stead of the defaulting party if the latter agrees to be replaced by the proposed third party.
If it refuses the proposed third party and fails to propose another third party, such refusal shall result in the rescission of the Agreement as of right, as provided for in Article XX (No. 277), provided the non-performance relates to an obligation referred to in that Article. If the disputed obligation is not included in the obligations referred to in Article XX (No. 277), the complainant may implement one of the sanctions provided for in the Agreement under Articles XX to XX (Nos. 266 to 278).
The cost of the third party's remuneration, agreed with the latter, shall be borne by the party who has proposed the third party. This party may request reimbursement from the defaulting party. If the latter contests the amount, the first party to act shall refer the matter to the mediator who, in the event of failure to reach an agreement between the parties on the amount, shall determine the amount to be reimbursed. Its decision shall be considered res judicata as set out in Article XX (No. 320).

e Suspension of the performance of the Agreement for temporary obstruction of performance

270 **Article XX** Independently, and without prejudice to the suspension of the performance of the Agreement provided for in Articles XX and XX (Nos. 258 and 267), the performance of the Agreement shall be partially or completely suspended if any unforeseen event prevents the performance of the obligations incumbent on either party.
If the parties agree on the acknowledgement of the event, they shall draw up a written, dated and signed document, acknowledging and suspending the performance of the Agreement. If the parties do not agree on the acknowledgement of the occurrence of the event, its continuation or its disappearance, the first party to act shall request the intervention of the mediator under the conditions set out in Articles XX and following (Nos. 314 *et seq.*). If the parties fail to reach an agreement, the mediator shall rule on the dispute. Its decision shall be considered res judicata, as set out in Article XX (No. 320).
The suspension:
- shall apply to obligations specifically referred to in the Agreement and to those designated by the parties, if any, at the time the event occurs;
- shall not apply in particular to the maintenance obligations required to maintain the interrupted works in proper condition in order to make it possible for them to resume after the suspension has ended; nor shall it apply to obligations regarding secrecy, non-competition, exclusivity or any other obligation mentioned, where applicable, in the Agreement;

- shall grant the right to the party who cannot obtain the agreed services from the debtor to apply to a third party to temporarily replace the impeded party under the conditions laid down in Article XX (No. 269);
- shall cease to have effect if the event paralyses the performance of the Agreement for a period of... (*set the duration*) starting from the day on which the suspension took effect; the parties, considering that an extension of the suspension beyond this period would compromise the economic results and the objectives of the Agreement, expressly declare that the Agreement shall automatically lapse at the end of this term.

The expenses and, where applicable, the damages caused by the suspension shall be borne equally by each party to the Agreement.

The resumption of the performance of the Agreement, in particular the procedures for making up for the delay, shall be agreed upon by the parties at the end of the period of suspension; if necessary, they shall be assisted by the mediator called upon at the initiative of the first party to act under the conditions set out in Articles XX and following (Nos. 314 *et seq.*).

f Reduction in the price

271 **Article XX** The creditor to an obligation that has been imperfectly performed may, before making payment, accept it subject to a reduction in the price. It shall notify the debtor, within a period of... (*e.g.*, X *number of days*) from the due date of the price to be paid, of the amount of the reduction it proposes.

If the party liable for the obligation accepts the new price proposed no later than... (*number, for example one month*) from receipt of notification, the new price shall be due on the day on which the party who requested the reduction receives notification of acceptance of the new price.

If the party liable for the obligation refuses the new price proposed, the first party to act shall request the intervention of the mediator under the conditions laid down in Articles XX and following (Nos. 314 *et seq.*). If the parties do not agree, the mediator shall fix the new price by reducing the price provided for in the Agreement in proportion to the loss in value impacting the imperfectly performed obligation. Its decision shall constitute res judicata as set out in Article XX (No. 320).

3 Sanctions resulting in the termination of the Agreement

a Urgent unilateral termination under the supervision of the mediator

272 **Article XX** In urgent circumstances, as recognised by the mediator called upon in accordance with the terms and conditions of Articles XX and following (Nos. 314 *et seq.*), the party who runs an irreparable exceptional risk may terminate the Agreement without delay and without notice at its own risk. The decision of the mediator pronouncing the situation of urgency shall constitute res judicata, as stated in Article XX (No. 320).

b Unilateral termination by agreement

273 **Article XX** Each party or a party specifically named in the Agreement shall be free to terminate the Agreement if a particular event occurs under the following conditions:
- the event must not depend on the will of the party who decides to terminate the Agreement;
- the termination shall take effect... (*period of time, e.g. one month*) after receipt by the other party of the notice stating the reasons for termination;
- the party to whom the notice is addressed may offer to rectify the lack of performance reported under the conditions set out in Article XX (No. 259);
- the termination decision shall put an end to the Agreement;

– if the termination is carried out in accordance with the agreed terms, neither party shall be entitled to compensation for the consequences suffered as a result of the termination of the Agreement.

c Unilateral termination for just cause

274 **Article XX** The party who is the creditor of the services due by the other party and who considers that the latter is in breach of its obligations as specified in Articles XX to XX (Nos. 141 to 152), may give notice to the debtor to redress these shortcomings within a period of... (*period of time, for example one month*) on pain of termination of the Agreement.
If, at the end of this period, it considers that the debtor has not remedied the breaches reported, it shall notify the debtor of its decision to terminate the Agreement, specifying the nature and extent of the breaches and/or defects or delays in performance for which it is responsible and the date on which it fixes the end of the Agreement.
Within... (*period of time, for example one month*) of receipt of this notification, the debtor contesting the termination shall notify the creditor of its arguments against the creditor's reasons for termination and request compensation for the damage caused to it by the termination which it considers unfair.
If the parties are unable to agree on the conditions discussed, the first party to act shall refer the dispute to the mediator under the conditions laid down in Articles XX and following (Nos. 314 *et seq.*).

d Unilateral termination of the Agreement for an indefinite period of time

275 **Article XX** Where the duration of the Agreement is indefinite within the meaning of Article XX (No. 291), either party may terminate it by notifying the other that it decides to withdraw from the Agreement after giving notice expiring on... (*set the date*).
The parties are required to continue the performance of the Agreement during the period of notice. The party who no longer fulfils its obligations during the notice period shall owe the other party compensation equal to the value of the services, estimated at the contractual price, that it provided before the notice period took effect for a period equal to that of the notice period.
If the other party does not notify any objection within... (*period of time, for example one month*) of receipt of the notice of termination, the Agreement shall expire on that date.
If that other party considers the termination unfair, it must, within... (*period of time, for example one month*) of receipt of the notice of termination, notify the party at the origin of the termination of its arguments against its decision and seek compensation for the damage suffered as a result of the decision.
If the parties are unable to settle their dispute, the first party to act shall refer the dispute to the mediator under the conditions set out in Articles XX and following (Nos. 314 *et seq.*)

e Consequences of termination for any reason

276 **Article XX** As from the date thereof, the termination shall put an end to the Agreement, which shall no longer have any future effect. Services exchanged up to this date shall be deemed definitively performed and shall not give rise to any restitution.
Where applicable and subject to the last paragraph of Article XX (No. 277), damages suffered by the party affected by the termination shall be compensated under the conditions of Articles XX and following (Nos. 280 *et seq.*).

f Rescission as of right

277 **Article XX** The Agreement shall be rescinded as of right if a party fails to fulfil one or other of its specific obligations by the end of the... (*period of time, for example one month*) deadline set in the formal notice provided by the creditor to the debtor.

At the end of this period, the Agreement shall be deemed rescinded if the creditor has complied with the following conditions:
- it has not waived its right to rescind the Agreement, which shall not be deemed the case if it requests, where applicable, the payment of the penalty provided for in Article XX (No. 266);
- it has availed of this rescission clause without the intent to harm or any conscience of harming the debtor;
- it has obtained, in the event of an objection by the debtor to the rescission, a court ruling or an arbitral award which the rescission as of right was valid;
- the non-performance is not due to a case of force majeure within the meaning of Article XX (No. 254).

g Legal termination or rescission of the Agreement

278 **Article XX** Unless it has already exercised its right of termination or rescission referred to in Articles XX to XX (Nos. 272 to 277), a party may, after providing formal notice under the conditions set out in Article XX (No. 264), request the legal termination or rescission of the Agreement for failure to perform, defective performance or late performance of its obligations by the debtor.

If the petitioning party has not provided the debtor formal notice, the summons shall constitute formal notice to perform the above mentioned obligations within one month of the date of on wich the summons was served.

Before the alleged breach has occurred, the parties may not waive the right to apply to a court or an arbitration tribunal for the termination or rescission of the Agreement.

The termination or rescission of the Agreement shall be pronounced by the court or arbitration tribunal; by express agreement, the parties agree that both the court and the arbitration tribunal shall be bound by the following conditions:
- the breach shall be deemed to exist if the specifications of the obligations set out in Articles XX to XX (Nos. 141 to 152) have not been complied with;
- it is of little importance whether the breach is alleged against the party who has not committed a fault or whether it is attributable to a case of force majeure within the meaning of Article XX (No. 258) as the latter is merely a cause for exemption from compensation for damage resulting from the breach or due to the fault of the creditor;
- the breach shall only be taken into account if it results in a loss for the aggrieved party of at least... (*number*) % of the anticipated gain from the disputed service;
- the granting of a period of time to the debtor shall not prevent the breach from being taken into account as long as it persists after the expiry of the period;
- the effective date of the termination or rescission shall in any event be the day of the start of the related proceedings.

h Effects of rescission

279 **Article XX** As from the date thereof, the rescission shall put an end to the Agreement, which shall no longer have any future effect. The exchanged services shall not be refundable, unless a party can prove that the total or partial lack of restitution causes it a loss greater than the cost of the restitution it is claiming.

Where applicable, the damages suffered shall be compensated in accordance with the conditions of Articles XX and following (Nos. 280 *et seq.*).

D Compensation for damage resulting from non-performance

1 Right to compensation

280 **Article XX** Unless the parties have adopted the exclusion of liability clause referred to in Article XX (No. 262), a party who can prove that it has suffered damage shall be entitled to compensation, known as « damages », under the following conditions.

a Proof of damage

281 **Article XX** Proof of harmful events may be provided by all means.

b Damage eligible for reparation

282 **Article XX** The damage caused and proven shall eligible for reparation provided:
- it has not been excluded from reparation by an express clause in the Agreement, making specific reference to it;
- it is certain, direct and personal.

The following shall not be eligible for reparation:
- damage whose constituent elements and extent are unforeseeable (known as « unforeseeable damage ») on the date of entry into the Agreement; these elements do not include the monetary equivalent of the damage on the date of its reparation; unforeseeable damage shall nevertheless be deemed eligible for reparation if the parties have agreed to provide reparation for such damage or if the party responsible for the unforeseeable damage has deliberately committed it or in the knowledge that damage will arise by the party responsible;
- the part of the damage that the creditor could have avoided by acting with due regard to the interests of the debtor as required by the proper performance of its obligations; this part of the damage shall be borne by the creditor if the author of the event giving rise to the damage can prove that the creditor had the means to minimise the harmful consequences of this event;
- the damage caused, in whole or in part, by the negligence of the party claiming compensation.

2 Amount of damages

a Lump-sum compensation or penalty clause

283 **Article XX** The penalty clause provided for in Articles XX and XX (Nos. 189 and 190), or any other clause provided for by the parties, is subject to the following rules.

In the event of mutual negligence by the parties causing the damage referred to in the clause, the burden of compensation shall be shared between them in proportion to their respective role in causing the damage.

The lump sum due under the clause is purely compensatory if it is equal to the amount of the damage suffered. If it exceeds this amount, the excess share corresponds to a penalty intended to urge the debtor to perform its obligations. The amount of the penalty must not exceed... % (*number, for example 10 %*) of the price due for the unfulfilled obligations. A penalty set below this threshold cannot be reduced by the judge or arbitrator appointed under the terms of Articles XX, XX and XX (Nos. 322, 323 and 326). In the event of a dispute over the amount of the penalty, the debtor accepts that the contractual amount be escrowed as a precautionary measure until the dispute has been settled and that the amount of compensation ordered be offset against the receivables it holds against the aggrieved party.

The lump sum shall be multiplied, with the express agreement of the parties, by... (*multiple chosen by the parties*) if the party responsible for the damage deliberately caused the damage with intent to harm the other party. This clause shall be deemed null and void if the amount due by application of the chosen multiple exceeds... % (*number, for example 20 %*) of the lump sum.

b Indemnification based on assessment of damage

Indemnifiable damage

284 **Article XX** If the parties have not chosen the flat-rate assessment of the damage caused, the damages to be paid shall be assessed under the following conditions.

Loss suffered or lost profit shall constitute indemnifiable damage.

Loss suffered is understood to include: necessary and useful expenses, including taxes, if the victim of the damage cannot recover them; the depreciation of the damaged property in relation to the market value of such property on the day of assessment of the damage; financial costs resulting from the expenses incurred or the financing of the losses suffered;

Lost profit shall include the following: loss of customers and turnover; cancelled orders; deterioration of the brand image; loss of the amount of money that should have been received (*anything that may have either prevented the achievement of an investment or a gain by investing cash or resulted in an unbearable cost to find alternative financing*); expected profitability of the Agreement.

Limitation of the amount of compensation or damages

285 **Article XX** The amount of compensation is capped at the sum of... (*number*) calculated based on the following criteria:... (*the parties must determine, according to the purpose of the Agreement, the criteria for calculating the amount of the compensation ceiling*). This ceiling shall be increased or decreased if the calculation results in an amount of compensation that is higher or lower than the actual loss by... % (*number, for example 20 %*).

If the debtor caused the damage intentionally or with the knowledge of causing damage to the creditor, the limitation of the amount of compensation shall be waived and the debtor shall owe the amount of the full compensation or, at the discretion of the parties, a multiple thereof to the creditor. This clause shall be deemed null and void if the amount due by applying the chosen multiple exceeds 20 % of the amount of the full compensation.

A limitation of liability clause contained in an agreement entered into between the parties prior to the Agreement may not be availed of by the debtor to claim an existing practice between them, if the clause in question does not appear in the Agreement.

Indemnification for damage due to misconduct with a view to financial gain

286 **Article XX** The damage shall be deemed the result of misconduct with a view to financial gain if it is proved by the party suffering said damage that the other party has neglected to perform the service for which it is liable with the intention of obtaining a benefit greater than the expected amount of compensation due for damages.

The aggrieved party shall then entitled be to the forced performance of the disputed service. If the forced performance proves to be physically impossible due to the circumstances, the aggrieved party shall be entitled to full compensation for its loss, any exemption or limitation of liability clause being unenforceable against it. The damage includes the amount of the loss suffered as a result of the non-performance and the totality of the costs of the proceedings. In addition, the aggrieved party shall be entitled to compensation for the non-pecuniary damage it has suffered as a result of the violation of its trust in its co-contractor, wich shall not exceed 10 % of the amount awarded as full compensation for the damage suffered.

Non-indemnification for deliberate non-performance, giving rise to profit for one party and not causing harm to the other

287 **Article XX** The non-performance of its obligations by a party, giving rise to profit, shall not be subject to indemnification if that party's gain is achieved without any prejudice to the other party; in other words, if neither party loses.

Guarantee of indemnification

288 **Article XX** Each party undertakes, in the event that it is responsible for compensating the other party for any damage caused, to take out insurance on behalf of that party covering one or more specific cases of damage for an amount of... (*number*) and to send it a certificate of said insurance.

SUBSECTION 4

Extinguishment of the Agreement

A Cause of extinguishment of the Agreement

1 Mutual cancellation

289 **Article XX** At any time after entering into the Agreement, the parties may, by mutual agreement, cancel the Agreement by an amendment within the meaning of Article XX (No. 164).

In this amendment, they shall specify the date on which the Agreement shall end and the consequences regarding the services they have exchanged (restitution or full or partial conservation), as well as the interdependent agreements and services to which they have given rise.

In the absence of formal specifications regarding the consequences of the services exchanged under the Agreement and under interdependent agreements, these services cannot be subject to restitution.

2 Impossibility of performance

290 **Article XX** The impossibility for a party to perform the Agreement shall result in its cancellation if such impossibility is due to the disappearance of an element that was required for one or more of the parties to enter into the Agreement as set out in Articles XX to XX (Nos. 141 to 152). The Agreement shall then be deemed null and void, which shall give rise to the sanction specified in Article XX (No. 331).

If the parties agree on the acknowledgement of the event, they shall draw up an amendment, within the meaning of Article XX (No. 164), making note thereof.

If the parties do not agree on the acknowledgement of the occurrence of the event, the first party to act may request the intervention of the mediator under the conditions of Articles XX and following (Nos. 314 *et seq.*).

3 Expiry of the fixed period of time

291 **Article XX** When the Agreement has been entered into for a fixed period of time, the expiry of this period shall automatically end the Agreement without any formalities being required.

If the parties have not fixed a period of time, the Agreement shall run for an indefinite period and may be terminated pursuant to Article XX (No. 275).

4 Fulfilment of the condition subsequent

292 **Article XX** The Agreement shall be automatically terminated if one of its articles provides for such termination in the event of an expressly identified event. The event in question must be certain, possible and lawful and relate to an obligation that is itself lawful.

Only the party named in the Agreement as being entitled to claim the condition subsequent may claim its occurrence.

The Agreement shall not be terminated if it is proven by the other party that the party who has an interest in the fulfilment of the condition subsequent has caused it to occur.

As long as the condition has not been fulfilled, the Agreement shall be considered definitively entered into. It must be executed without restriction.

After fulfilment of the condition subsequent, the Agreement shall be rescinded and the services exchanged shall be subject to restitution, unless the parties agree, in the Agreement or in an amendment within the meaning of Article XX (No. 164), that the acts they specifically refer to shall be maintained and if they stipulate to what extent.

5 Confusion with regard of the status of creditor and debtor

293 **Article XX** As soon as the status of creditor and of debtor of the obligations arising under the Agreement are held by the same person, the Agreement shall be extinguished on the grounds of confusion.

6 Other causes of extinguishment

294 **Article XX** The Agreement shall be extinguished by exercising the right of withdrawal, termination, rescission or cancellation.

B Effects of the extinguishment of the Agreement

1 End of the Agreement

a Extinguishment and continuation of obligations

295 **Article XX** On the date of the cause of extinguishment, the Agreement shall come to an end. The parties shall be released from the obligations they have undertaken, with the exception of those they have undertaken to perform after the end of the Agreement and for the duration they have determined or for a reasonable period as provided for in Article XX (No. 179).

The choice of jurisdiction clause and the arbitration clause provided for in Articles XX and XX respectively (Nos. 323 and 326) shall continue to exist after the Agreement and shall remain in effect. Disputes arising within five years from the date of extinguishment of the Agreement shall be governed by the rules of Articles XX to XX (Nos. 312 to 335).

b Closing of the accounts

296 **Article XX** The accounts relating to the performance of the Agreement, pending on the date of its expiry, shall be closed by both parties within a period of... (*three months for example*) from the date of expiry of the Agreement.
This closing may be reviewed if a party can prove that it is not accurate.

c Continuation of the performance of the Agreement

297 **Article XX** If, after the Agreement has ended, the parties continue to perform it as before, it shall be deemed to have been automatically renewed and the parties shall be bound by its obligations as stated in Article XX (No. 311).

2 Restitution

a Restitution in kind of a tangible item

Right to restitution in kind

298 **Article XX** Tangible items shall be restituted in kind, unless it is physically impossible to do so. In this case, the party required to return the goods shall be liable for restitution equal to the value of the goods as provided for in Article XX (No. 303).
Actions carried out on the item shall be enforceable against the creditor of the restitution, unless the parties agree that one or more of the actions shall not be enforceable against it.

Compensation for losses affecting the item

299 **Article XX** The party returning the tangible item shall assume liability for any damage and deterioration that has reduced its value.
The estimate of the losses incurred shall be made on the day the item is returned.

Sale of the item to be returned

300 **Article XX** The party who has sold the tangible item to be returned must provide restitution equal to the value of the item on the day of its sale, whether this amount is higher or lower than the price at which the item was purchased.

Restitution of the benefits and enjoyment derived from the tangible item

301 **Article XX** The benefits to be restituted are those generated by the tangible item from the day on which it is due to be returned. Benefits other than benefits in kind shall be restituted at their estimated value on the date of reimbursement, depending on the condition of the item on that date of return.
The value of the enjoyment shall be assessed by the parties as equal to... (*either a lump sum or an indemnity equivalent to X amount of rent for each day, week, month or year of use of the item*).
The limitation period for the restitution of the value of the enjoyment shall not begin until the day on which the Agreement is terminated.

Reimbursement of justified expenses and improvements

302 **Article XX** The party required to make restitution shall be entitled to reimbursement of any expenses:
- necessary for the preservation of the item;
- that contribute to the improvement of the item, referred to as « added value » expenses, up to the amount of the added value existing on the day the item is returned.

b Restitution in value of a tangible item

303 **Article XX** In the event of the restitution in value of a tangible item, the value shall be estimated on the date of the actual restitution.

c Restitution of a sum of money

304 **Article XX** The restitution of a sum of money, in particular the amount of the price provided for in the Agreement, implies the restitution of the capital plus interest and the taxes paid to the party eligible for restitution of the sum.

d Restitution of an intangible right

305 **Article XX** The party who is required to return a patent, design or trademark shall carry out the formalities required for the transfer of the right or rights granted to it upon entering into or in the course of performance of the Agreement, in addition to any formalities required for the cancellation of its registration, where applicable, in the register on which the transfer of the title was recorded.

e Restitution of a service delivered

306 **Article XX** The restitution of a service delivered shall be made in value, as assessed on the date on which the service was provided.

If the parties agree on the value, they shall draw up a written, dated and signed document acknowledging it. If the parties do not agree on the value, the first party to act may request the intervention of the mediator under the conditions set out in Articles XX and following (Nos. 314 *et seq.*).

f Guarantee of restitution

307 **Article XX** All cases of restitution shall benefit by extension from the guarantees securing the performance of the obligation that has been performed and is subject to restitution.

3 Continuation of the Agreement

a Extension of the Agreement

308 **Article XX** Six months before the expiry of the period of time fixed in the Agreement, either party may propose to extend the Agreement.

If the parties expressly agree to extend the Agreement, they shall determine its duration. In this case, the Agreement shall be continued between them under the same terms and conditions as before.

If the parties do not agree on its extension or on the duration of such an extension, the Agreement shall cease to have effect on the date of its expiry.

b Article deemed null and void

309 **Article XX** Any article of the Agreement that is deemed null and void for any reason whatsoever shall have the following effects on the Agreement.
The article deemed null and void must be considered extinguished on the day the judge declares the article to be null and void.
Such extinguishment shall not entail the termination of the Agreement, unless the parties have expressly declared the article to be determinant for the entry into the Agreement.
The extinguished article is deemed never to have existed. The benefits exchanged under its application shall be cancelled and shall give rise to restitution in accordance with the arrangements laid down in Articles XX to XX (Nos. 298 to 307).

4 Resumption of the Agreement under a new agreement

a Renewal of the Agreement

310 **Article XX** Six months before the expiry of the period fixed in the Agreement, either party may notify the other of a proposal to renew the Agreement.
If the parties agree to its renewal, the Agreement shall be continued between them in application of the same clauses and duration, barring any changes that they mutually agree to make thereto.
If the parties do not agree to renew the Agreement, it shall cease to have effect on the date of its expiry and the refusal to renew it shall not give rise to the payment of any compensation by the party making such refusal.

b Tacit renewal

311 **Article XX** At the end of the fixed period, the Agreement shall be tacitly renewed if an article therein provides as such or if the parties continue to perform it, provided neither party has informed the other of its intention not to continue the performance of the Agreement.
The Agreement shall be renewed for... (*indicate the duration of the renewal*); in the absence of such a stipulation, it shall be expressly renewed for the same duration as the expired Agreement. In both cases, the duration shall run from the date on which the expired Agreement ended.
The renewed Agreement shall contain the same clauses as the expired Agreement. However, contractual security interests granted by third parties for obligations under the expired Agreement shall only be renewed with the agreement of the latter. The guarantees granted by one party to the other party for the obligations contained in the expired Agreement shall be transferred to the renewed Agreement.
The renewed Agreement constitutes a new Agreement that must comply with the conditions of validity in force on the date of renewal. If these conditions are not met, the renewed Agreement shall be null and void.
If the entry into the expired Agreement has been subject to public notice or administrative requirements, it shall be validly renewed without any obligation to provide public notice again.
The expired Agreement shall be extinguished.

SUBSECTION 5

Dispute resolution

312 **Article XX** A dispute, within the meaning of the Agreement, shall be any disagreement arising between the parties concerning the validity, performance, non-performance or termination of the Agreement or which may be directly or indirectly linked to these points.

A dispute, within the meaning of this article, shall also refer to proceeding initiated by one of the parties against a third-party guarantor.

The settlement of disputes shall be subject to the articles of this Section.

A Out-of-court settlement of disputes

1 Obligation to attempt to reach an out-of-court settlement

313 **Article XX** Any dispute between the parties, as defined in Article XX (No. 312), requires them to seek an out-of-court settlement before initiating legal proceedings or requesting arbitration.

If a party initiates legal proceedings or requests arbitration without first attempting to reach an out-of-court settlement, such proceedings or request shall be deemed inadmissible; the judge or arbitration tribunal shall adjourn the proceedings until the day on which the parties provide them with proof that they have sought an out-of-court settlement of their dispute.

2 Methods for reaching an out-of-court settlement

a Appointment of a mediator

314 **Article XX** After having taken note of its written declaration of independence and in the light of its answers to their supplementary questions, the parties hereby designate... (*first name and surname*) as third-party facilitator, hereinafter referred to as the « mediator », responsible for helping them to resolve amicably, calmly and without aggressiveness, any dispute arising as a result of the Agreement. In the event that... (*designated mediator*) is unable to intervene on the day of the request for mediation, the parties shall make a new appointment within... (e.*g. eight days*) of the petitioning party's notification of the mediation to the other party.

If the parties do not agree on the name of the mediator to be appointed on the day of entry into the Agreement or in the event of an impediment during the course of the Agreement of the appointed mediator, the party petitioning for an out-of-court settlement shall refer the case to the court responsible for dealing with urgent matters within the competent jurisdiction, as defined in Articles XX and XX (Nos. 322 and 323), for the purpose of appointing a mediator. The parties shall provide the judge with a list of three names from which the mediator must be chosen. If they are unable to agree on the names to be put forward, the judge in question shall make the appointment on the basis of the recommendations submitted by each party and in accordance with the services and objectives set out in Articles XX to XX (Nos. 141 to 152).

b Referral to the mediator

315 **Article XX** The first party to act shall notify the mediator by means of a notice defined in Article XX (No. 180), detailing the subject of the dispute, in addition to the factual and legal grounds on which it bases its claims, and shall notify the party to the Agreement in question by providing it with a copy of said notice.
The mediator shall be deemed to have been called to intervene in the dispute on the day on which it acknowledges receipt of the above-mentioned notice.
The party receiving the copy of this notice shall have, from that date, a period of... (*e.g. one month*) to send its observations in reply.

316 **Article XX** The limitation period shall be suspended between the day on which the case is referred to the mediator and the day of the agreement referred to in Article XX (No. 314) or the day on which the time limit referred to in paragraph 1 of Article XX (No. 319) expires. No act or deed occurring during this period shall be deemed to constitute a waiver of the right to take legal or arbitration action.

c Role of the Mediator

317 **Article XX** The mediator shall be free to carry out the task assigned to it in Article XX (No. 315).
It may request one or both of the parties, within the time limit of its choosing, to produce any document that it considers useful to fulfil its role as mediator.
In the event of failure by the requested party or parties to comply with the mediator's request, they may not subsequently challenge the mediator's decision regarding the subject of the dispute, which could have been clarified by the provision of the requested items.
All comments, documents and written communication exchanged during the mediation process are confidential and, with the exception of the mediator's report, must not be communicated to the judge or arbitrator referred to in Article XX (No. 319), nor made public or brought to the attention of the judge or arbitration tribunal.
By express agreement, any enforcement measure initiated shall be suspended until the day of the agreement referred to in Article XX (No. 318) or the recognition of disagreement referred to in Article XX (No. 319) is established.

d Outcome of mediation

Conclusion of an arrangement

318 **Article XX** The reconciliation process shall end on the day on which the parties sign the deed establishing the agreement made between them; the mediator shall attest, by way of a signed statement, to the existence of this agreement drawn up in its presence. The agreement shall be expressly held to be a settlement by the parties, who acknowledge it as having acquired the force of res judicata. In order to benefit from its enforcement, the agreement must be submitted to the competent court in the State in which the enforcement is sought.
Under no circumstances shall the mediator's role in the drafting of this deed and signature of the statement attesting to its existence in accordance with the will of the parties be binding on it.
Under the guarantee regarding the fair performance of the agreement, the parties may agree to set up a bank of their choice and to create an account with said bank to hold an amount determined by them in escrow, which shall not be returned to them until the closure of the account on presentation of a statement signed by the mediator and the parties, attesting to the proper performance of the agreement.

Failure of mediation

319 **Article XX** The reconciliation process shall be deemed to have failed and to have been completed if, within... (*e.g. three months*) of receipt of the observations in reply, the parties have not reached an agreement. At the end of this period of... (*repeat the above period*), the mediator shall have a period of... (*one month for example*) to draw up and notify the parties of a report in which its notes the lack of agreement between the parties, provides an analysis of the dispute and indicates the compromise solution it has proposed.

Except where a provision of the Agreement gives the mediator the power to resolve the dispute permanently and to make a final decision as referred to in Article XX (No. 320), the first party to act, provided that it can establish that mediation has been attempted, may then take legal action against the other party before the court designated as having jurisdiction under Articles XX and XX (Nos. 322 and 323) or, where applicable, submit a request for arbitration in accordance with the arbitration provision set out in Article XX (No. 326).

At the same time, the mediator shall be notified by means of a copy of the writ of summons or request for arbitration.

The report prepared by the mediator shall be communicated to the relevant court or arbitration tribunal subject to the express agreement of the parties. Failing this, the report shall be treated as confidential, like all of the documents and statements resulting from the mediation procedure. In the event of any breach of this confidentiality, the discloser shall be liable to compensate the other party for the damage it has caused it under the conditions of Articles XX to XX (Nos. 280 to 288).

Scope of the mediator's decision resolving the dispute

320 **Article XX** The decision taken by the mediator, pursuant to the articles of the Agreement granting it the power to resolve the dispute permanently, shall have the force of res judicata.

e Remuneration of the mediator

321 **Article XX** The fees due to the mediator shall be charged equally to the parties to the Agreement.

This remuneration, the amount of which is to be determined by the parties, includes both:

- an « availability » fee corresponding to the mediator's obligation to remain at the disposal of the parties who may have recourse to its services, either in the cases provided for in the Agreement or in any other circumstances related to the Agreement with which the parties may require its involvement;
- fees corresponding to one-off interventions by the mediator requested by a single party or by the parties collectively; these fees shall be payable in three instalments: on the day on which the mediator is notified, on the day on which the observations in reply are received and on the day on which the agreement is entered into or on the day of expiry of the deadline of... (*recall the duration of the chosen deadline*) referred to in Article XX (No. 319); the mediator may require the parties to deposit the equivalent to one third of the estimated value of its services with... (*named third party*); if the requested deposit is not made, the appointment of the mediator shall lapse.

B Judicial dispute resolution

1 Competent court

322 **Article XX** Within the meaning of the Agreement, the competent court shall mean (i) the court responsible for settling the dispute submitted to it by the parties, tasked with judging the validity of the Agreement, and (ii) the court called upon to authorise the enforcement of the decision which settled the dispute and granted a writ of performance to one of the parties, i.e. the court with the power of enforcement. The court tasked with assessing the validity of the Agreement shall, at the discretion of the parties, be either the court designated by the jurisdiction clause provided for in Article XX (No. 323) or the arbitration tribunal provided for in Article XX (No. 326).

If the parties have adopted a jurisdiction clause or an arbitration clause in the Agreement, they may by express agreement, once the dispute has arisen and after the failure of the mediation efforts referred to in Article XX (No. 319), either waive this clause and agree on an arbitration agreement in its place or waive the arbitration agreement and bring the dispute before the court formally designated in their new agreement.

2 Legal action

a Allocation of territorial jurisdiction

323 **Article XX** The dispute, as defined in Article XX (No. 312), shall be brought before the court of... (*name the court which may be, either the court of the place chosen to seize one or more assets, the deed permitting enforcement by itself, or the court of another place, the deed issued must then obtain enforcement from the court of the place where its enforcement is being sought*).

The jurisdiction of the designated court shall be exclusive of any other jurisdiction, in particular:

- that of the court of the place where a party is domiciled;
- the court, if any, indicated on the documents specific to a party and exchanged between the parties in connection with the relations they have established with a view to entering into or performing the Agreement, such as the general terms and conditions of the parties.

The court responsible for ruling on urgent matters in the designated jurisdiction shall have the power to rule on provisional and protective applications on the grounds of urgency.

b Obligation to act or intervene in court

324 **Article XX** At the request of party X, party Y shall be required to take legal action to terminate or redress the harm suffered by party X and to pay it, where applicable, the amount of compensation awarded.

Each party must intervene in any proceedings brought by a third party against a party to the Agreement upon the request of the latter.

If the obligated party has not acted within... (*e.g. one month*) of the day on which it receives the formal notice from the creditor of the abovementioned obligations, it shall be liable to a penalty payment of... (*indicate the amount and currency of payment*) per day of delay.

c Limitation period

325 **Article XX** The limitation period for legal proceedings relating to the Agreement is... (*duration fixed by the law applicable in the jurisdiction chosen in Article XX*: No. 323); it shall run from the date

of entry into the Agreement or from the date on which the petitioning party became aware or should have become aware of the facts enabling it to take action.
The party who has set up compliance procedures shall not be presumed to have knowledge of the facts in question. It can still prove that these procedures did not allow it to become aware of the facts before the date on which it claims to have become aware of them.

3 Arbitration

Commercial Law Memo (*Mémento Droit commercial*) Nos. 70603 *et seq.*

326 **Article XX** Any dispute arising under the Agreement, as defined in Article XX (No. 312), shall be brought before an arbitration tribunal in accordance with the arbitration rules of... (*name an arbitration body*) or as defined below:
– in addition to the parties and substituted parties by virtue of a clause of the Agreement, this clause shall be binding on parties who have been subrogated in their rights, the assignees of the Agreement and of any receivable or debt based on the Agreement, or any party who has benefitted from a novation;
– the arbitration tribunal shall be composed of three arbitrators: each party to the dispute shall appoint an arbitrator and the arbitrators thus appointed shall appoint the third arbitrator who shall chair the arbitration tribunal; any difficulty relating to the constitution of the arbitration tribunal shall be brought before the court in the jurisdiction where the arbitration tribunal is established, as indicated below;
– arbitrators shall be deemed appointed only after the parties have approved their declaration of independence and impartiality;
– the place of establishment of the tribunal shall be... (*designate the place where the tribunal is established*);
– the arbitration procedure shall be confidential;
– the arbitration tribunal shall be the judge of its own jurisdiction;
– the tribunal shall rule in accordance with the law, unless, by express agreement, the parties opt for arbitration based on equitable principles (« ex aequo et bono »); the arbitrator shall then make its decision, on an equitable basis, in accordance with the public policy of the court designated in Article XX (No. 322) to rule on the annulment or enforcement of the award;
– the arbitration tribunal shall apply the provisions of the Agreement or, where applicable, "an international commercial custom" if it corresponds to a substantive rule, claimed by a party or raised by the tribunal, after a debate involving both parties on the applicability of the custom in question; the tribunal may not apply a professional practice relating to the activity constituting the subject matter of the Agreement unless it is proved that it has been accepted by the parties;
– the arbitration tribunal may take any provisional or protective measures required by the circumstances; as long as the arbitration tribunal has not been constituted, each party may bring an action for the same purpose before the competent court in the jurisdiction where the requested measures are to be carried out;
– the arbitration tribunal must respect the principle according to which both parties may plead their case;
– the arbitration tribunal shall render its award within six months from the day fixed for the filing of the last observations, unless extended by the parties in writing;
– the award shall be made by the majority of the arbitrators;
– the award shall be dated and signed by the arbitrators, mentioning, where applicable, any refusal of signature by an arbitrator;
– each party may seek the annulment of the award before the court with jurisdiction in the place where the award is to be made, as designated by the parties; such annulment may only be based on the grounds for the annulment of arbitral awards provided for by the law of the forum;
– the arbitration costs shall be justified by the arbitration tribunal in the statement of reasons for the award;
– in the alternative, the law of the arbitration procedure shall be the law of... (*designate the law*).

The above clarifications may be included in the arbitration procedure chosen by the parties if they find them preferable to the rules proposed by the existing rules of procedure and to the extent that the latter permits as such.

4 Common rules for legal action and arbitration

a Petition for annulment

327 **Article XX** The annulment of the Agreement may not be requested on the following grounds:
- incapacity, except by the incapable party according to the law by which it is governed, as set out in Article XX (No. 106);
- defect of consent resulting from wilful misconduct or negligence, except by the party who can claim the defects defined in Article XX (No. 134).

A party sued for non-performance or defective performance of the services for which it is liable under the Agreement may plead the unlawfulness of these services on the grounds of nullity of the Agreement, if the petition for annulment is not time-barred within the meaning of Article XX (No. 325).

328 **Article XX** The party harmed by the cancellation of the Agreement may seek compensation from the court or arbitration tribunal pronouncing the award under the conditions set out in Articles XX to XX (Nos. 280 to 288).

329 **Article XX** The annulment of the non-determinant clauses of the undertaking to enter into the Agreement shall not entail the annulment of the Agreement; the declaration of partial annulment by the court or arbitration tribunal shall automatically confer on the latter the power to take the necessary equitable measures for the continuation of the performance of the Agreement.

330 **Article XX** Annulment shall result in the termination of the Agreement and the restitution of the services performed, as set out in Articles XX to XX (Nos. 298 to 307), without the possibility for the person responsible for the annulment to object to it on the grounds that the other party may obtain unfair enrichment.

b Action to declare the date on which the Agreement lapsed

331 **Article XX** The purpose of an action to declare the date on which the Agreement lapsed is as follows: if the parties have not reached an agreement – either spontaneously or with the assistance of the mediator called upon by the first party to act – by the date on which the Agreement lapsed, they shall appeal to the competent court or arbitration tribunal to set said date.

This decision regarding the date on which the Agreement lapsed shall have the following effects:
- the Agreement shall be automatically terminated as soon as the event triggering the lapse has occurred, unless the parties agree to establish the lapse of the Agreement retroactively on the date of their choosing;
- each party may cease to perform any future services;
- each party may take all measures necessary to terminate contractual relations;
- each party shall reduce the other party's remuneration in proportion to the performance of the extinguished obligation.

However, the following items shall remain unchanged:
- penalty clauses shall remain in force;
- commitments made by a party as determined in Article XX (No. 167) shall continue to be transferred to the successors of that party upon the lapse of the Agreement;
- if the Agreement contains several separate obligations and only one of them has become impossible to perform, the other obligations shall be maintained provided the signature of the Agreement was not contingent on the fulfilment of the obligation that cannot be performed.

c Compensation for the cost of litigation

332 **Article XX** Regardless of the legal costs or arbitration fees that each party has been ordered to pay, the party who has unsuccessfully (i) taken action against the other party, (ii) submitted a request for arbitration against it or (iii) obliged it to declare its receivable as part of a collective or insolvency proceedings, shall be liable to pay the latter compensation for any inconvenience, costs of proceedings, arbitration or participation in an amicable settlement or court order with a view to obtaining reimbursement of its receivable, in the amount of... (10 % of the cost of the proceedings, for example). This indemnity shall be referred to by the parties as a penalty clause.

C Enforcement of the decision

1 Assets subject to seizure

333 **Article XX** Each party undertakes towards the other not to move its assets, in particular its bank accounts, to a place other than the place or places where they are located on the date of entry into the Agreement.

If a party needs to change the location of one or more of its bank accounts, it must notify the other party of the new location before making the change. If the purpose of the change of location is to render the enforcement of the other party's claims more difficult, the latter may claim immediate payment on the grounds of default and/or immediately suspend the performance of its outstanding obligations.

Any concealed movement shall grant the other party, from the date on which it becomes aware of it, the right to bring an action before the competent court referred to in the territorial jurisdiction clause under Article XX (No. 323), requesting said court to order the disclosure of the new location or locations and to prohibit any further movement.

334 **Article XX** In the event that a final writ of execution awards a receivable to one party against the other party, the latter shall grant it the right to set off the amount allocated against the amount of the receivable it holds against the other party.

2 Request to enforce a decision

335 **Article XX** Any party to the Agreement must make an official request for the enforcement of the following decisions:

- an enforceable decision in a territorial jurisdiction other than that of the court that issued the decision;
- a final arbitral award;
- a settlement agreement resulting from the mediation procedure provided for in Article XX (No 313) approved in a territorial jurisdiction other than that of the mediator.

Drawn up in .... on... (*date written out in full and in figures*)

Signature of Party X... Signature of Party Y

Partie 3

Ordre public applicable aux contrats d'affaires de droit privé

CHAPITRE 1

Limitation de la liberté contractuelle par l'ordre public

400 Tous les ordres juridiques connaissent des règles d'ordre public ou, selon la terminologie de common law, de « public policy ». Néanmoins, l'ordre public est un mal-aimé. Au motif justifié qu'il est malaisé à connaître, il n'est pas un élément mis au premier plan de l'application des lois. Ainsi, un auteur avoue : « Lorsqu'on est civiliste, il y a une notion qu'on ne veut absolument pas aborder ou, en tout cas, qu'on se contente de comprendre de manière intuitive, sans la définir. C'est celle d'ordre public. » (M. Mekki : RDC 2018.678).

401 En général, les règles d'ordre public imposent le respect soit de l'**intérêt général**, soit de l'**intérêt privé** d'une partie déterminée, reconnue digne de protection.

Elles s'appliquent intégralement au contrat conclu et exécuté au sein d'un même ordre juridique. Cet **ordre public** est dit, en droit français, « **interne** » ou « national ».

402 Les règles d'ordre public sont limitées dans leur nombre lorsque le contrat est international, ce qui est le cas, selon la conception française, si le contrat comporte un élément d'extranéité ou met en jeu les intérêts du commerce international par un mouvement de valeurs au-delà des frontières d'un État. L'ordre public, dit alors « **ordre public international** », ne comprend que les règles qui préservent les intérêts dont l'ordre juridique de l'État concerné par le contrat ne peut pas tolérer la méconnaissance.

En France, ce concept est appliqué par les tribunaux depuis longtemps (Cass. 1e civ. 21-3-1979 n° 77-13.556 : Bull. civ. I n° 99 ; Cass. 1e civ. 14-3-1984 n° 82-16.765 : Bull. civ. I n° 97 ; CA Paris 3-10-1984 : JDI 1986.156 note Goldman ; CA Paris 12-3-1985 : Rev. arb. 1985. 299 notes Loquin, D. 1985.IR.467 obs. P. Julien ; CA Versailles 2-10-1989 : GP 1991.213). Il est aussi couramment appliqué en common law (Court of Appeal England 18-12-1997, Ispahani v. Bank Mell Iran, The Times Law Report du 29-12-1997, sous le titre « Court will note inforce illegal act abroad », cité par H. Watt Rev. crit. 1998.27 spécialement P. 46 notes 50 qui précise que le contrat est illicite « serait-il valable selon la propre loi du contrat » ; Court suprême Maurice 28-3-2014, Cruz City 1 Mauritius Holdings v Unitech Limited et Burley Holdings Limited ; Cruz City 1 Mauritius Holdings V Arsanovia Limited, jugeant : « However, it is the public policy in the international context that will matter and not the public policy that would normally apply when challenging a domestic award ») ou dans la législation de l'Union européenne (UE) qui ne sanctionne la violation de l'ordre public que si celle-ci est « manifestement incompatible avec l'ordre public du for » (par exemple, Règlement UE 2016/1103 du 24-6-2016 art. 31). Ce principe se retrouve enfin dans les conventions internationales. C'est notamment le cas de toutes celles qui contiennent des dispositions sanctionnées par la nullité (pour un exemple, au sujet de la convention de Bruxelles sur le transport maritime, voir Cass. com. 4-2-1992 : RJDA 5/92 n° 425 et, sur renvoi, CA Rouen 8-2-1994 : DMF 1994.568 note Tassel).

403 Compte tenu de l'usage qui sera sûrement fait du Modèle, l'ordre public international est appelé à être plus souvent impliqué que l'ordre public interne, d'où sa mise en relief par rapport à ce dernier.

Comme on ne saurait fixer l'ordre public national de chacun des États du monde, ne seront ici illustrés que **trois ordres publics** : l'ordre public de la législation de l'Organisation pour l'harmonisation en Afrique du droit des affaires (Ohada), l'ordre public interne et international anglais et l'ordre public interne français.

CHAPITRE 2

Ordre public international

A Ordre public international des règles de fond

1 Sources de l'ordre public international

404 L'ordre public « international », qui fait obstacle à la liberté contractuelle, a des sources distinctes.

États

405 L'ordre public international émane essentiellement des États qui déterminent souverainement la force contraignante de leur ordre juridique. Il est donc propre à chaque État et s'identifie par rapport à l'État concerné ; par exemple, les juges français le nomment l'ordre public « international au sens français » ou l'ordre public « international français ». Il n'est vraiment connu et certain que lorsqu'une décision de justice de l'État en cause a statué à son sujet, en pratique à travers les décisions de reconnaissance et d'exequatur des jugements étrangers et les décisions d'annulation et d'exequatur des sentences arbitrales.

Une décision française a expressément affirmé que l'ordre public international était celui d'un État en **fonction** de sa **conception** de la **politique juridique** qui lui paraît s'imposer dans les relations internationales en jugeant qu'il n'existe pas d'« ordre public spécifiquement international qui coifferait l'ordre public, tel qu'il peut être exprimé par les différents systèmes nationaux du droit international privé » et que « l'application des règles générales d'un droit international commun des sociétés supposerait que cet ordre fût reconnu par le droit français ou une jurisprudence constante qui lui aurait donné un embryon de définitions et de règles » (T. com. Paris 19-10-1982 : GP 1983.496, à propos du droit des sociétés, mais transposable à toute autre règle).

406 Néanmoins, l'ordre public international de chaque État converge sur certaines règles qui deviennent un **ordre public quasi-universel** (cf. Cour suprême des États-Unis 17-6-1974 : Yearbook 1976.203 ; Cour suprême d'Autriche 18-11-1982 : Rev. arb. 1983.519, jugeant qu'il est légitime de fonder une sentence arbitrale sur les principes immanents des systèmes de droit privé, le respect notamment des principes de la bonne foi, des usages et de l'équité étant une exigence de tout ordre juridique ; Cass. 1e civ. 3-10-2018 n° 17-20.296 FS-P : D. 2019.475 note K. Mehtiyeva, ayant jugé que la mesure ordonnée par la juridiction chypriote est reconnue dans l'ordre public international comme une mesure provisoire et conservatoire sous le nom d'injonction Mareva).

Sont notamment des règles quasi-universelles d'ordre public international des États les règles relatives à la fraude, à la corruption, au blanchiment d'argent, à la libre concurrence ou aux procédures collectives ou d'insolvabilité (cf. International Law Association New Delhi Conference 2002 rapport final).

Autorités mettant en œuvre des ordres juridiques communautaires

407 L'ordre public international émane, pour une moindre part, des autorités qui mettent en œuvre des ordres juridiques communautaires créés par des groupements d'États qui ont consenti de transférer à une organisation supranationale, sur le fondement d'un traité, certaines de leurs compétences juridiques et juridictionnelles ; c'est notamment le cas des autorités de l'Union européenne (**UE**) et de l'Organisation pour l'harmonisation du droit des affaires en Afrique (**Ohada**). Par exemple, l'ordre public international français comprend les dispositions impératives d'origine nationale et celles de l'ordre juridique de l'UE (Cass. ch. mixte 7-7-2017 n° 15-25.651 PBRI : RJDA 11/17 n° 769 ; CA Paris 18-11-2004 : GP 2004.som.3898).

Organisation des Nations unies

408 L'ordre public international émane, pour une part infime, des Nations unies ; il est alors un ordre public quasi-universel « légalement établi », tout État membre de l'Organisation des Nations unies (Onu) étant juridiquement tenu de le respecter.

409 Un **ordre public universel « légal »** ne peut exister que si une autorité mondiale peut l'édicter et obtenir sa reconnaissance par les juridictions nationales. À notre connaissance, cette situation s'est rencontrée en matière contractuelle pour une première fois à l'occasion de l'invasion du Koweit par l'Irak qui a donné lieu à la résolution des Nations unies n° 661 en 1990. Cette résolution a tenu l'Irak pour responsable à la face du monde de cette invasion et a servi de fondement à différentes décisions pour exonérer les cocontractants étrangers de l'État irakien de leurs obligations envers ce dernier (T. de 1e instance Gênes 11-7-1996 : DMF 1998.580 chr. R. Achard ; dans le même sens, Cour suprême de Finlande 25-10-1992 : D. 1995.som.22 obs. approbatrices M. Vasseur ; CA Versailles 15-12-1994 : GP 1996.som.192 ; CA Paris 16-1-2018 n° 16/05996 : Rev. arb. 2018.296.som. ; T. civ. Padoue 1-10-1993 : D. 1995.som.23 obs. M. Vasseur ; TGI Paris 20-12-2000 : Rev. dr. banc. 2001.92 n° 70 obs. J.-M. Delleci ; sentence de la Chambre d'arbitrage national et international de Milan du 20 juillet 1992, cité par G. Bastid-Burdeau, Les embargos multilatéraux et unilatéraux et leur incidence sur l'arbitrage commercial international : Rev. arb. 2003. 753 spécial, 770). Depuis, une juridiction française a intégré dans l'ordre public international français la résolution des Nations unies du 4 décembre 1962 proclamant la souveraineté permanente des peuples et des nations sur leurs richesses et leurs ressources naturelles (CA Paris 16-1-2018 n° 15/21703 : D. 2018.1635 note Audit) et des arbitres ont exonéré des parties de l'inexécution de leurs obligations contractuelles sur le fondement d'une résolution des Nations unies ayant ordonné un embargo (Sentence CCI n° 18192 en 2014 : JDI 2019.912 obs. S. Colletier).

2 Connaissance de l'ordre public international établi

410 Pour connaître l'ordre public international qui émane des États, des organismes supranationaux régionaux et de l'Onu, il faut non seulement suivre les législations de ces autorités mais, bien plus encore, pratiquer une veille scrupuleuse des décisions de justice.

a Disposition légale

411 Exceptionnellement, l'ordre public international peut se trouver dans une disposition légale. C'est le cas, par exemple, du règlement de l'UE 1346/2000 du 29 mai 2000 relatif aux procédures d'insolvabilité (art. 26) qui définit l'ordre public que tout État membre peut invoquer pour refuser de reconnaître une procédure d'insolvabilité ouverte dans un État membre ou d'exécuter une décision prise dans le cadre d'une telle procédure, comme celui tenant « à ses principes fondamentaux ou aux droits et aux libertés individuelles garantis par sa Constitution ».
Sans en fixer le contenu, le Code de commerce uniforme des États-Unis donne une directive pour déterminer l'ordre public de cette législation en se prononçant en faveur de l'interprétation restrictive de l'ordre public (art. 1.102.4).

b Décisions de justice

412 Bien souvent, l'ordre public international se trouve dans les décisions de justice. Il se forge ainsi au gré des litiges et il est révélé au hasard des publications ou des mises en ligne. Le connaître implique une veille permanente en attendant le « google » de l'ordre public international des États.

413 L'ordre public international **émanant** des juges n'est pas uniquement celui qui a pour effet attendu de s'opposer à la **validité d'une clause** d'un contrat ; c'est le cas seulement lorsqu'une décision de justice annule une clause contraire à une disposition considérée comme impérative. Il existe également un ordre public international distinct qui est mis en œuvre lorsqu'il s'agit de **refuser l'exequatur** d'une décision de justice étrangère ou d'une sentence arbitrale ; en effet, dans ce cas, le juge ne se fonde plus sur la validité de la clause litigieuse par rapport à un ordre public donné ; il se détermine en fonction de ce que son ordre juridique peut tolérer, ce qui peut le conduire, comme le montrent les décisions relatives à l'exequatur présentées n°s 417 s., à refuser l'exequatur d'une décision qui a pourtant validé la clause pour sa compatibilité avec la loi applicable au contrat.

Il en résulte qu'il convient de distinguer l'ordre public international du juge de l'application du contrat, juge du fond du droit commandant la délivrance du titre exécutoire, du juge de l'exequatur, juge de l'autorisation d'exécuter le titre exécutoire accordé.

Ordre public international du juge de la validité du contrat

414 À partir d'une veille voulue aussi attentive et constante que possible, les décisions ci-après tendent à dresser un inventaire des décisions françaises et des illustrations de diverses décisions de common law qui ont statué sur la **validité d'un contrat au regard de l'ordre public international** du for.

415 Ordre public international français dans la jurisprudence : exemples

Règles jugées contraires à l'ordre public international français

Contrats et responsabilité. Ont été jugés contraires à l'ordre public international français :
- le fait du tiers qui, à l'étranger, se rend complice de la violation d'une obligation de non-concurrence (Cass. civ. 23-10-1912 : S. 1913.1.259) ;
- la méconnaissance de la règle tenant la faute lourde pour équivalente au dol (CA Aix-en-Provence 27-2-1980 : GP 1980.783 note Rodière) ;
- la dénaturation de documents contractuels (Cass. 1e civ. 20-12-1993 : Bull. civ. I p. 259) ;
- la modification unilatérale du contrat (CA Paris 8-2-2002 : JCP E 2002.pan.1808 : banque centrale du Nigéria ayant porté unilatéralement l'échéancier de ses dettes de 6 à 22 ans), interdiction qui perdure sous l'empire de l'article 1195 du Code civil, issu de l'ordonnance 2016-131 du 10 février 2016, admettant la modification du contrat en raison d'un changement de circonstances imprévisibles lors de la conclusion du contrat mais qui impose l'exécution du contrat jusqu'à ce que les parties parviennent à un accord et qui, à défaut d'accord, les renvoie devant le juge ;
- la prohibition du blanchiment d'argent qui n'implique pas que le juge de l'annulation d'une sentence internationale recherche si une partie à l'arbitrage peut être déclarée coupable du délit de blanchiment en application des dispositions pénales d'un ordre juridique national, mais implique seulement qu'il recherche si la reconnaissance ou l'exécution de la sentence est de nature à entraver l'objectif de lutte contre le blanchiment en faisant bénéficier une partie du produit d'activités de cette nature, telles que définies par les stipulations de la convention des Nations unies contre la corruption faite à Mérida le 9 décembre 2003, signée par 140 États et entrée en vigueur le 14 décembre 2005 (CA Paris 21-2-2017 n° 15/01650 : Rev. arb. 2017.915 note Audit et Bollée) ;
- l'article 245 du Code des obligations suisse qui fixe à un an, à compter de la livraison, l'action de l'acheteur en dénonciation des défauts de conformité de la chose vendue, même si l'acheteur n'a découvert les défauts que plus tard (CA Paris 10-4-2015 n° 13/07672 : JDI 2016.127 note Porcheron : exclusion de la loi suisse et application de la loi française).

Droits fondamentaux. Sont contraires à l'ordre public international français :
- le principe du respect des droits acquis et de la non-rétroactivité des lois (T. civ. Seine 26-5-1936 : GP 1936.2.329) ;
- l'atteinte au devoir de bonne foi (CA Paris 20-6-1996 : Rev. arb. 1996.657 obs. Hory) même implicite (Cass. 1e civ. 19-12-2012 n° 11-13.269) ;

– l'impossibilité pour une partie d'accéder au juge et d'exercer ainsi un droit qui relève de l'ordre public international consacré par le principe de l'article 6 de la convention européenne de sauvegarde des droits de l'Homme, car cela constitue un déni de justice (Cass. 1e civ. 1-2-2005 n° 02-15.237 : Bull. civ. I n° 53).

Régimes matrimoniaux et succession. Sont contraires à l'ordre public international français :

– l'application en France du régime matrimonial légal danois qui est pourtant un régime semblable à la communauté universelle de droit français, car, en France, la communauté universelle repose sur la volonté expresse des parties qui la choisissent, alors que la loi danoise prive un époux de son droit de propriété sur ses propres, sans qu'il en ait exprimé la volonté expresse ou sans y avoir été judiciairement forcé (CA Pau 28-11-2005 : JCP G 2006 I 193 n° 7 obs. Wiederkehr ; dans le même sens sur le respect de la volonté des parties, TGI Paris 26-11-2008 : Rev. crit. 2009.310 note Ancel) ;

Procédures collectives. Sont contraires à l'ordre public international français la violation des règles relatives :

– à l'égalité entre créanciers (Cass. com. 4-2-1992 : Rev. arb. 1992.663 obs. Moitry) ;

– à la suspension des poursuites individuelles (Cass. 1e civ. 6-5-2009 n° 08-10.281 : Bull. civ. I n° 86 ; CA Paris 27-2-2018 n° 16/01358 : Rev. arb. 2018.299.som., écartant la possibilité d'y renoncer et d'invoquer l'interdiction de se contredire au détriment d'autrui) ;

– à l'interruption des instances en cours lors de l'ouverture de la procédure collective (Cass. 1e civ. 5-2-1991 n° 89-14.382 : Bull. civ. I n° 44) ;

– à l'obligation de déclaration des créances (Cass. 1e civ. 28-9-2004 n° 02-16.754 : D. 2005.2159 note Henry) ;

– à la compétence du juge-commissaire pour vérifier les créances déclarées (CA Paris 27-2-1992 : Rev. arb. 1992.590 note B. Ancel) ;

– au dessaisissement du débiteur en liquidation judiciaire (Cass. 1e civ. 5-2-1991 n° 89-14.382 : Bull. civ. I n° 44).

Règles jugées compatibles avec l'ordre public international français

Contrats et responsabilité. Ne sont pas contraires à l'ordre public international français :

– la non-réparation intégrale du dommage (Cass. civ. 15-12-1969 : Rev. crit. 1971.512 note Bourel) et celle du préjudice moral (Cass. civ. 30-5-1967 : Rev. crit. 1967.728 note Bourel) ;

– la clause exonératoire des vices cachés puisqu'il est interdit aux juges du fond de l'écarter sans rechercher si la loi étrangère applicable à la vente interdit ou non une telle clause (Cass. civ. 4-10-1989 : Rev. crit. 1990.316 note Lagarde) et que les juges du fond peuvent écarter la présomption de connaissance du vice par le vendeur professionnel sous l'empire de la convention de Vienne sur la vente internationale de marchandises (cf. Cass. com. 4-11-2014 n° 13-10.776 : RJDA 5/15 n° 337) ;

– le taux d'intérêt qui dépasse légèrement le taux usuraire français (CA Paris 9-6-1983 : Rev. arb. 1983.497 note Vasseur) ;

– l'implantation d'un système de contrat de franchise américain qui a été adapté au droit français (CA Paris 15-2-1996 : D. 1996.IR.85) ;

– la cause (devenue la contrepartie depuis le 1-10-2016) d'une obligation déterminée qui se trouve dans l'opération globale dans laquelle cette obligation s'insère dès lors qu'elle est conforme au droit étranger applicable, tel celui de l'État de New York, la conception de la cause des obligations contractuelles retenue par le droit français n'étant pas, dans tous ses aspects, d'ordre public international (Cass. com. 13-9-2011 n° 10-25.533 : RJDA 11/11 n° 943) ;

– l'absence dans un cautionnement, donné par une personne physique à un créancier professionnel, des mentions exigées par la loi française lorsqu'une loi étrangère est applicable au cautionnement, ces exigences n'étant pas nécessaires pour la sauvegarde de l'organisation politique, sociale et économique du pays au point de régir impérativement la situation, quelle que soit la loi applicable, et de constituer des lois de police (Cass. 1e civ. 16-9-2015 n° 14-10.373 : RJDA 12/15 n° 810 ; dans le même sens, Cass. 1e civ. 2-12-2015 n° 14-25.147 : RJDA 3/16 n° 241 ; CA Paris 26-5-2015 n° 13/13174 : Rev. arb. 2015.som.654) ;

– la clause d'un contrat soumettant ce dernier à une loi étrangère et prévoyant que tout litige relatif à ce contrat serait soumis à une juridiction étrangère dès lors qu'elle est rédigée en termes suffisamment extensifs pour couvrir la rupture brutale du contrat en dépit du caractère délictuel de la responsabilité de cette rupture en droit interne (Cass. com. 21-6-2017 n° 16-11.828 F-D : RJDA 1/18 n° 74, les juges s'étant abstenus de soulever d'office l'exception d'ordre public de la responsabilité délictuelle) ;

– la loi italienne qui fixe à un an, à compter de la livraison, l'action de l'acheteur en dénonciation des défauts de conformité de la chose vendue, et à supposer qu'elle ne prévoie aucune dérogation

au point de départ du délai de prescription même dans le cas où l'acheteur est dans l'impossibilité d'agir, dès lors qu'elle est appliquée à l'acquéreur qui avait pu connaître le défaut de conformité qu'il dénonçait avant l'expiration du délai d'un an (Cass. com. 6-12-2017 n° 16-15.674 D : D. 2018.1986 D-1 obs. Witz) ;
– l'application de la loi du 31 décembre 1975 sur la sous-traitance à des travaux de sous-traitance réalisés à l'étranger, alors même que la loi française est applicable au contrat litigieux, car cette loi a seulement pour objet d'assurer l'existence d'une concurrence loyale sur le territoire français et, de ce fait, n'a pas lieu d'être appliquée aux contrats internationaux de sous-traitance exécutés à l'étranger (CA Paris 23-10-2018 n° 16/24374 : RDC 2019.79 obs. Laazouzi).
Procédure. Ne contrarient pas l'ordre public international français :
– la méconnaissance du principe de l'estoppel car elle ne caractérise pas, en l'absence de toute fraude procédurale, l'une des causes d'annulation d'une sentence arbitrale, notamment pas celle de la violation de l'ordre public (Cass. 1e civ. 19-12-2012 n° 11-13.269 : PA 30-4-2013 p. 7 note J. Maire Du Poset) ;
– l'adoption dans la clause compromissoire de l'amiable composition qui emporte renonciation à l'ordre public de protection dès lors qu'elle est confirmée par sa reprise dans l'acte de mission (cf. CA Paris 19-12-2017 n° 16/11404 : Rev. arb. 2018.292.som. qui tient cette solution pour valable au regard de l'ordre public interne et donc aussi au regard de l'ordre public international français par hypothèse moins exigeant) ;
Régimes matrimoniaux et succession. N'est pas une règle contraire à l'ordre public international français :
– l'immutabilité du régime matrimonial (Cass. 1e civ. 24-9-2014 n° 13-12.532 : JCP G 2014 n° 49-1265 § 5 obs. G. Wiederkehr) ;
– la loi étrangère désignée par la règle de conflit qui ignore la réserve héréditaire, sauf si son application concrète conduit à une situation incompatible avec les principes du droit français considérés comme essentiels (Cass. 1e civ. 27-9-2017 n° 16-13.151 : D. 2017.2185 note Guillaumé : absence d'incompatibilité au cas d'espèce).

416 Ordre public international de Common law dans la jurisprudence : exemples

Canada

S'agissant d'apprécier si l'Ordre des optométristes du Québec pouvait considérer qu'un vendeur de lentilles cornéennes établi en Colombie-Britannique contrevenait à la loi québécoise sur l'optométrie, exigeant qu'un vendeur au Québec soit inscrit à l'Ordre de cette profession, l'application de la loi québécoise a été écartée au motif qu'il existait en Colombie-Britannique des dispositions protectrices impératives, semblables à celles du Québec, qui auraient très bien pu accomplir cette fonction de protection (Ordre des optométristes du Québec c/ Costal contacts Inc., 2014 QCCS 5886, AZ-51130811, J.E. 2015-259 : JDI 2016.1551 obs. G.G et Z.Z).

États-Unis

En droit new-yorkais, est contraire à l'ordre public la mise en œuvre d'une clause exonératoire ou limitative de responsabilité en présence d'un acte de négligence manifeste ou d'une faute volontaire (Apache Bohai Corp. LDC c/ Texano China 27-2-2007 : GP 2007.som.2708 cité par E. Ordway et B. Derains).
Est valable un acte contraire à une règle d'ordre public dès lors que cette règle a été appliquée conventionnellement par les parties hors de son domaine propre (US Court of Appeals 19-9-1979 : DET 1980.32).
Afin de préserver l'intérêt des sûretés prévues par le Code de commerce uniforme de l'État de Californie et en particulier la sécurité juridique, les juges refusent en général d'appliquer les principes d'équité (Evans Products Company v. Jorgensen (1966) 245 Ore. 362 [421 p. 2d 978]) ; appliquer ces principes aux sûretés visées par le Code de commerce uniforme enlèverait tout intérêt à ce droit (SMP Sales Management, Inc. v. Fleet Credit Corp. 960F.2d 559) ; il est parfois préférable d'accepter les conséquences injustes de la loi plutôt que d'instaurer de l'insécurité juridique (Peerless Packing Co. V. Malone & Hyde, 376 S.E.2d 160).

Ghana

Fraude. L'existence d'une fraude justifie que soit admis comme preuve un moyen autre que le contrat écrit (Motor Parts Trading Co. c. Nunoo [1962] 2 G.L.R. 195 motif invoqué dans la cause par la juridiction de première instance).
Corruption. À propos d'un acte de corruption commis par un officier public, il a été jugé que la règle fondamentale en common law veut que, lorsqu'un contrat contrevient à l'ordre public d'un pays, cet ordre public a préséance sur toute autre législation étrangère qui pourrait s'appliquer (si le contrat comporte un ou plusieurs aspects internationaux) et justifie l'annulation dudit contrat par le juge de

ce pays (Ghana High Court Kessie v. Charmant [1973] 2 G.L.R. 194) : « [...] in the case of a public officer who uses his official position to procure a business advantage for another in return for a private reward. Such an act is injurious to the public interest and tends to undermine the high standards which one is entitled to expect of public officials in a responsible position of authority or influence »).

Hong-Kong (décision antérieure au rattachement de ce territoire à la Chine)
La compétence des juridictions chinoises a été écartée et celle de Hong-Kong retenue au motif que la compétence chinoise aurait abouti à un échec pour le demandeur : l'application du droit chinois, pourtant prévue par la clause d'un connaissement de transport maritime, aurait soumis l'action à une courte prescription de neuf mois ; en vertu des critères retenus pour apprécier la compétence d'une juridiction étrangère, il est prévu notamment qu'il y a lieu de vérifier si les plaignants risquent de se trouver lésés dans leur action ou dans la mise en œuvre du jugement, ou de se voir opposer un délai de prescription inapplicable au Royaume-Uni, ou de ne pas obtenir un juste procès pour des raisons politiques, raciales, religieuses ou autres (Hong-Kong District Court 4-8-2006, Zhoushan Xinhong Aquatic Co Ltd c/ Sino Trans Limited : Transidit 2007 n° 53 § 80).

Kenya
L'Aéroport du Kenya a obtenu que soit privée d'effet au Kenya une sentence arbitrale accordant à son cocontractant des dommages-intérêts de l'ordre de 8 600 000 US dollars pour exécution défectueuse d'un contrat qui avait été obtenu par le versement d'un pot-de-vin à une autorité étatique kenyane (The High Court of Kenya Admiralty & Commercial Division 5-10-2018 Kenya Airports Authority v. World Duty Free Company Limited T/A : http://kenyalaw.org/caselaw/cases/view/159886/).

Royaume-Uni
Nul n'a le droit d'exclure ou de limiter sa responsabilité en cas de dol (« fraud ») provoquant la formation du contrat (S. Pearson & Son Ltd v. Dublin Corp. (1902) AC 351 (House of Lords) ; H.I.H. Casualty and General Insurance Ltd v. Chase Manhattan Bank (2003) UKHL 6, (2003) 2 Llyod's Rep. 61, 76 et 122).
Le règlement CE 44/2001 du 22 décembre 2000 sur la compétence judiciaire, la reconnaissance et l'exécution des décisions en matière civile et commerciale ne fait pas obstacle à l'application des immunités diplomatiques ; en conséquence, ne peuvent pas être attraites devant la justice des personnes physiques ou morales domiciliées dans un État tiers pour des actions menées dans le cadre de l'exercice de l'autorité souveraine qui leur a été confiée par cet État tiers (High Court (Queen's Bench Division) 20-12-2005, Grovit c/ De Nederlandsche Bank : Rev. dr.eur. 2007.52 obs. E. Saulnier-Cassia, A. Ward et H. Jorry).
Un acte juridique est nul s'il a été obtenu grâce à une fraude, en l'espèce une sentence, dès lors que cette fraude a contribué de manière substantielle à l'obtention de la sentence litigieuse (The High Court of Justice Queen's Bench Division Commercial Court 6-017) et que l'auteur de la fraude a agi avec intention, c'est-à-dire avec la volonté de rechercher un effet contraire à celui qu'aurait produit la règle obligatoirement applicable et de léser, ce faisant, un intérêt protégé (Chancery division 1-12-1978 : The Weekly Law Reports 1979.3.332).

Ordre public international du juge de l'exequatur

417 Le refus de l'exécution forcée d'une **obligation contraire à l'ordre public du juge saisi d'une demande d'exequatur** d'un jugement étranger ou d'une sentence arbitrale est une **loi universelle** (pour une affirmation expresse de ce principe, voir Tribunal fédéral Suisse 17-7-1998 : GP 2003.som.1931). Nul ne peut échapper à cette réalité. La preuve en est fournie par les plateformes juridiques et juridictionnelles qui jugent en dehors de toute souveraineté étatique. Notamment, le Centre international financier créé à Dubaï (Dubaï International Financial Center – DIFC), qui offre au commerce international une législation et des juridictions calquées sur le modèle des justices étatiques, consacre un document spécial à l'exécution des décisions rendues sous son égide (DIFC Courts Enforcement Guide). Le Centre y insiste sur les accords qu'il conclut pour obtenir la reconnaissance de ces décisions mais reste lucide sur leur efficacité en soulignant que ces accords ne comportent que des promesses de compréhension mutuelle (« mutual understanding »).

418 **Autonomie de l'ordre public de l'exequatur** L'ordre public de l'exequatur est absolument autonome. Le juge saisi de la demande d'exequatur n'est pas lié par ce qui a été jugé pour décerner le titre exécutoire dont il lui est demandé d'autoriser l'exécution dans le ressort de sa compétence. Sa seule mission est d'apprécier si le jugement étranger ou la sentence arbitrale qui lui est soumis ne comporte pas une solution considérée intolérable par l'ordre juridique qu'il a la charge de préserver. En conséquence, il n'a pas à tenir compte notamment de ce qui a été jugé par ailleurs ; il en est ainsi tant devant les juridictions françaises que devant celles de common law.

419 **Solutions françaises** Il est de règle que la régularité des sentences est examinée au regard des règles applicables dans le pays où leur reconnaissance et leur exécution sont demandées (Cass. 1e civ. 8-7-2015 nº 13-25.846 : RJDA 11/15 nº 797), l'objet de l'exequatur étant d'accueillir dans l'ordre juridique français les sentences étrangères aux seules conditions qu'il a posées (CA Paris 21-5-2019 nº 17/19850 : Rev. arb. 2019.627 som.).

420 L'exequatur est refusé sans égard à ce qui a été jugé par ailleurs ; peu importe :
- ce qu'a jugé au fond la juridiction étrangère dès lors qu'elle a statué en violation d'une clause compromissoire qui, au cas où les parties ne s'accorderaient pas sur la nomination de l'arbitre unique, prévoyait que le litige devait être porté devant une juridiction nommément désignée qui n'était pas celle qui s'est prononcée (Cass. 1e civ. 3-5-1977 nº 76-10.737 : Bull. civ. I nº 199) ;
- ce que prévoit la loi étrangère invoquée par les parties car, pour savoir si un commissionnaire de transport peut bénéficier des limitations de responsabilité prévues par la loi étrangère, il suffit de constater que l'ordre public international s'oppose en France à ce que les limitations de responsabilité jouent au profit de ceux qui ont délibérément pris le risque de voir se réaliser le dommage en mettant à nu une marchandise ne supportant pas les frottements (CA Aix 27-2-1980 : GP 1980.783 note Rodière) ;
- qu'un autre juge de l'exequatur ait accordé l'exequatur de la sentence (Cass. 1e civ. 10-6-1992 : Rev. arb. 1997.376 note Fouchard : refus d'exequatur pour contrariété de la sentence à la chose déjà jugée en France) ;
- les appréciations retenues par la décision de justice étrangère dans l'évaluation du préjudice subi par une partie, dès lors que cette décision accorde, sous la qualification de « dommages punitifs », une réparation disproportionnée au regard du préjudice subi et des manquements aux obligations contractuelles du débiteur (Cass. 1e civ. 1-12-2010 nº 09-13.303 : Rev. crit. 2011.93 note Gaudemet-Tallon) ;
- les appréciations portées par le tribunal arbitral et les dispositions de la loi de fond choisie par les parties (CA Paris 27-9-2016 nº 15/12614), voire même la méconnaissance de la loi étrangère applicable au litige, sauf si des indices graves, précis et concordants démontrent que le contrat litigieux a été obtenu par corruption (CA Paris 16-5-2017 nº 15/17442 : GP 2017.som. nº 27 p. 34 note Bensaude) ;
- que les stipulations contractuelles aient correctement ou non été exécutées car le contrôle du juge de l'exequatur n'a pas pour objet de vérifier l'exécution des stipulations contractuelles, y compris les règles de conformité (« compliance »), mais seulement de s'assurer que la reconnaissance et l'exécution de la sentence n'ont pas pour effet, notamment, de donner force à un contrat de corruption (CA Paris 10-4-2018 nº 16/11182 : Rev. arb. 2018.475.som.).

421 L'exequatur est accordé sur le fondement de la seule appréciation des exigences de l'ordre public international français.

Exemple L'exequatur peut être accordé :
- à une sentence annulée par le juge d'un autre pays, la décision d'annulation ne devant être considérée qu'en fonction de ce que requiert l'ordre public du juge saisi de la demande d'exequatur (Cass. 1e civ. 23-3-1994 : RJDA 7/94 nº 886 ; Cass. 1e civ. 29-6-2007 nº 05-18.053 : RJDA 10/07 nº 1035 ; cf. CA Paris 24-11-2011 nº 10/16525 : Rev. arb. 2012.135 note Laazouzi ; dans le même sens, CA Paris 10-9-1998, 1e esp. : Rev. arb.2001.583 obs. J.-B. Racine ; CA Paris 14-5-2019 nº 17/19850) ; le titre exécutoire résultant de l'exequatur produit ses effets en France même si la sentence a été annulée par une juridiction du siège du tribunal arbitral qui l'a prononcée (CA Paris 5-10-2016 nºs 16/09363 et 16/02572) ;
- à la décision rendue en équité dès lors qu'elle n'est pas contraire à l'ordre public international (Cass. 1e civ. 30-1-2019 nº 17-28.555 F-PB) ;
- en dépit de la violation de l'ordre public interne du pays dans lequel la sentence a été rendue ; ainsi, en application du principe de validité de la convention d'arbitrage, la volonté des parties suffit à valider cette convention qui est soustraite à l'emprise des droits nationaux, ce qui rend indifférente

pour l'appréciation de l'efficacité de la clause compromissoire par le juge français la circonstance que le droit égyptien soumette à une autorisation ministérielle la conclusion par un établissement public d'un contrat prévoyant le recours à l'arbitrage pour la résolution des litiges relatifs à ce contrat et à son exécution et tienne cette règle pour d'ordre public interne (CA Paris 21-5-2019 n° 17/19850) ;
– alors même que les stipulations contractuelles de prévention de la corruption, règles de compliance, n'avaient pas été respectées, au motif retenu par les arbitres que l'inobservation de ces règles résultait d'un commun accord des parties (CA Paris 28-5-2019 n° 16/11182 : GP 2019 n° 24 p. 22 note D. Bensaude, rejetant l'argument invoquant le caractère d'ordre public international français de ces règles).

422 **Solutions de common law** **Île Maurice** : Le juge de l'exequatur n'a pas à trancher des questions de fond ; une violation de l'ordre public de l'Inde ne constitue pas en soi une violation de l'ordre public de Maurice et celui qui invoque l'ordre public doit montrer avec précision et clarté dans quelle mesure l'exécution de la sentence invoquée aurait une influence défavorable sur une politique publique internationale particulière à Maurice (Cour suprême de l'Île Maurice 28-3-2014, Cruz City 1 Mauritius Holdings v. Unitech Limited et Anor ; Cour suprême de l'Île Maurice 9-11-2015, Cruz City 1 Mauritius Holdings v. Arsanovia Limited, accordant l'exequatur d'une sentence condamnant une partie à payer à son cocontractant quelques centaines de millions de dollars américains).

États-Unis : N'est pas insupportable au regard des notions fondamentales de décence, de moralité et de justice telles que conçues aux États-Unis et ne constitue pas une violation de l'ordre public au sens de la convention de New York pour raisonnement juridique erroné l'annulation d'une sentence pour violation d'une règle impérative du règlement d'arbitrage (arbitrage selon le règlement d'arbitrage CCJA/Ohada) relative au montant des honoraires des arbitres, même si les parties à l'arbitrage étaient convenues d'un montant plus élevé (United States Court of Appeals for the district of Columbia circuit 7-7-2017, Getma International v. Republic of Guinea) ;

Royaume-Uni : Le juge anglais saisi d'une demande d'exequatur au Royaume-Uni jouit de la faculté d'autoriser ou non l'exécution d'une sentence, même si celle-ci encourt les griefs justifiant le refus de l'exequatur (cf. Arbitration Act 17-6-1996 art. 103 usant de l'expression « may be »).

L'exequatur d'une sentence peut être accordé dès lors que celle-ci a considéré que l'ordre public tant de la loi du contrat que de la loi du lieu d'exécution de celui-ci n'avait pas été méconnu, peu important que l'ordre public anglais eût pu avoir une vue différente (Court of Appeal 12-5-1999, Westacre Investments Inc. c/ Jugoimport-SPDR Holding Co Ltd et a., WLR 1999.3.811) ou dès lors qu'il a été constaté, par la sentence et la décision suisse d'exequatur, que le contrat d'intermédiaire, quoique contraire à la prohibition algérienne d'intervention auprès des autorités administratives en vue d'obtenir la conclusion d'un contrat, n'avait donné lieu à aucun acte de corruption, peu important que le droit anglais eût pu ou dû conduire à une solution différente (High Court of Justice, Queen's Bench Division, Commercial Court, 24-5-1999, Omnium de traitement et de valorisation (OTV) c/ Hilmarton Ltd : Rev. arb. 1999.867 obs. P. Lastenouse).

L'exequatur d'une sentence peut être refusé, quelle que soit la loi applicable à la convention d'arbitrage ou la loi du lieu de l'arbitrage, pour violation de l'ordre public international anglais, notamment au motif que la sentence avait condamné une partie à un contrat au paiement d'une somme au profit de son cocontractant en dépit de l'illégalité affectant leur contrat qui portait sur une vente de tapis illégalement exportés d'Iran (Court of appeal 19-2-1998, The Weekly Law Report 1998.3.811).

423 **Ordre public restreint** L'ordre public de l'exequatur est strictement lié à ce qui est admissible ou pas par l'ordre juridique du juge saisi. Il s'ensuit qu'il apparaît plutôt tolérant. C'est particulièrement le cas de l'ordre juridique français.

Exemple **Solutions françaises**
Est une **violation de l'ordre public international français** justifiant le **refus de l'exequatur** :
– l'actualisation de la dette du cocontractant débiteur d'une majoration de 25 % à seule fin de tenir compte de la dépréciation monétaire (CA Aix-en-Provence 27-2-1979 : Bull. Cour d'Aix 1979/1 p. 65) ;
– une demande se heurtant à l'autorité de la chose déjà jugée en France (Cass. 1e civ. 24-5-2018 n° 16-26.012 D).
N'a **pas** été tenue pour une **violation de l'ordre public international français** justifiant le refus de l'exequatur :

– la définition, différente de celle de la loi française, par une loi étrangère de la notion de travail en commun justifiant le prêt de main-d'œuvre entre les parties participant à l'exécution d'un même contrat (TGI Paris 24-11-1977 : JDI 1981.80 note Lyon-Caen) ;
– la convention conclue entre une société française et une société anglaise, portant sur le cours du cacao, dont le mécanisme contractuel mis en place était destiné à garantir à la société française la stabilité des cours (Cass. 1e civ. 16-3-1999 : RJDA 5/99 n° 523, l'arrêt précisant que l'article 1965 du Code civil permettant d'invoquer l'exception de jeu pour se soustraire au paiement d'une dette réclamée n'est pas applicable à un contrat régi par le droit anglais) ;
– l'ordonnance de la High Court anglaise à Londres prononçant une injonction Mareva au motif que cette ordonnance est une décision de droit privé et non une décision pénale dont la réception dans l'ordre juridique français n'est pas contraire à l'ordre public international au regard du respect des droits de la défense, ni même, indirectement, à une prérogative de souveraineté étrangère et, notamment, n'affecte pas, à la différence des « anti-suit injunctions », la compétence de l'État requis, dans la mesure où, interdisant au débiteur de disposer en tout lieu de ses biens, elle tend à préserver les droits légitimes du créancier (CA Paris 5-10-2000 : GP 2002.983 note M.-L. Niboyet et, sur pourvoi, Cass. 1e civ. 30-6-2004 : RJDA 4/05 n° 489, D. 2004 2743 note N. Bouche, Rev. crit. 2004.815 note H. Muir Watt, JDI 2005.112 note G. Cuniberti ; voir aussi, CA Paris, 14-6-2001, mêmes parties : Rev. crit. 2002.704 note H. Muir Watt) ;
– la condamnation au paiement d'une somme sur le fondement de l'apparence (Cass. 1e civ. 28-2-2006 : PA 2006 n° 76/77 p. 12 avis J. Sainte Rose ; D. 2006.1586 note Bouche, acceptant l'exécution en France d'une condamnation prononcée par une juridiction étrangère contre une commune dont le maire, en apparence mandaté pour le faire, a accordé une garantie de droit privé à des organismes financiers) ;
– le jugement américain liquidant une astreinte à hauteur de plus de 13 millions de dollars qui n'est pas contraire au principe fondamental de proportionnalité dès lors que le débiteur poursuivi devant les juridictions civiles américaines pour des infractions à la législation boursière était soupçonné d'avoir détourné environ 200 millions de dollars (Cass. 1e civ. 28-1-2009 n° 07-11.729 : Bull. civ. I n° 15, JDI 2009.comm. 17 par F. Marchadier) ;
– la méconnaissance des dispositions de l'article L 341-4 (devenu L 332-1) du Code de la consommation qui interdit au créancier professionnel de faire souscrire à la caution personne physique un engagement manifestement disproportionné à ses biens et revenus (Cass. 1e civ. 30-1-2013 n° 11-10.588 : RJDA 7/13 n° 682 ; Cass. 1e civ. 28-3-2018 n° 17-10.625 D) ;
– la sentence qui se prononce sur la répartition conventionnelle de la charge d'un impôt entre les parties (CA Paris 23-5-2017 n° 15/24578 : D. 2017.2562.som. obs. T. Clay) ;
– la décharge consentie par une juridiction des États-Unis au profit du débiteur de sa dette envers le cessionnaire d'une créance résultant d'une condamnation prononcée sur l'action civile par un juge pénal français, dès lors que la cession de cette créance n'avait pas eu pour effet de conférer au cessionnaire la qualité de victime (Cass. 1e civ. 10-1-2018 n° 16-20.416 F-PB).

Solutions de common law

États-Unis. L'exequatur d'une sentence arbitrale doit être refusé si la partie démontre que les arbitres, en application d'une loi étrangère, l'ont condamnée à acquitter le montant prévu dans une clause pénale qui avait pour objectif de punir et non de réparer le dommage subi ; en effet, dans ce cas, la sentence arbitrale est contraire à l'ordre public américain (Laminoires v. Southwire Co., 484 F. Supp. 1063 (N.D. Ga. 1980) ; sur l'évolution de la jurisprudence du Royaume-Uni sur ce sujet, voir n° 426 et sur la possible contradiction à invalider la clause pénale, car punitive, et à valider la condamnation aux dommages-intérêts punitifs disproportionnés, voir n° 420.

L'exequatur d'une décision canadienne, qui a interdit à la société Google d'afficher dans ses résultats de recherche les liens renvoyant au site web d'une société vendant partout dans le monde des produits contrefaits alors qu'elle avait été condamnée à cesser cette activité, aux motifs que l'exécution de cette décision éliminerait l'immunité prévue par la section 230 du Communication Decency Act pour les fournisseurs de services qui établissent des liens avec des sites web tiers et menacerait la liberté d'expression (Cour du district nord de Californie, division de San José 2-11-2017, Google LLC v. Équustek Solutions Inc. : PA 2018. n° 155 p. 11 obs. A Hyde).

Nigéria. A été refusé comme contraire au droit constitutionnel du Nigéria l'exequatur de la décision de la High Court of Justice, Queen's Bench Division, Commercial Court London du

31 juillet 2012 qui avait admis que la preuve de la dette d'une partie soit rapportée par ouï-dire (Federal High Court of Nigeria d 17-11-2014, Access Bank PLC c. Erastus Bankole Olapido Akingbola).

3 Détermination de l'ordre public international non établi

424 Si aucune disposition légale ni aucune décision de justice ne fixe l'ordre public international au regard de la question posée, il incombe aux **parties**, tant à celles qui invoquent l'ordre public qu'à celles qui le contestent, de **convaincre le juge** que la règle dont l'application est discutée n'est pas d'ordre public international. Pour ce faire, les parties doivent se fonder sur les trois directives suivantes.

425 L'ordre public international doit être **entendu restrictivement**.

Exemple **Solutions françaises**
En France, il a été jugé que :
– l'ordre public international tend à protéger les intérêts vitaux de l'État ou traduit un intérêt de bien commun à faire prévaloir dans les relations contractuelles internationales (en ce sens, Cass. 1e civ. 21-3-1979 n° 77-13.556 : Bull. civ. I n° 99 ; Cass. 1e civ. 14-3-1984 n° 82-16.765 : Bull. civ. I n° 97 ; CA Paris 3-10-1984 : Clunet 1986.156 note Goldman ; CA Versailles 2-10-1989 : GP 1991.213) ou encore tend à protéger des valeurs et des principes dont l'ordre juridique considéré, en l'espèce français, ne saurait souffrir la méconnaissance même dans un contexte international (CA Paris 16-1-2018 n° 15/21703 : GP 2018 n° 11 p. 27 note Bensaude) ;
– la contrariété de la règle en cause à la conception française de l'ordre public en matière internationale doit s'apprécier en considération de l'application concrète aux circonstances de l'espèce (Cass. com. 6-12-2017 n° 16-15.674 D : D. 2018 p. 1986 obs. C. Witz) ;
– la violation de la règle doit être flagrante ou manifeste, effective et concrète (CA Paris 16-1-2018 n° 15/21703 : GP 2018 n° 11 p. 27 note D. Bensaude), c'est-à-dire indiscutable dans le cas d'espèce.

Solutions de common law
Aux États-Unis, il a été jugé que l'exception d'ordre public ne peut être retenue à l'encontre d'une sentence que si celle-ci heurte les notions américaines les plus fondamentales de morale et de justice, ce qui est le cas du boycott arabe d'Israël, et si la règle d'ordre public méconnue est le fondement de la décision (Karen Maritime Limited c/ Omar International Inc. 2004, US Dist. Lexis 11390 (EDNY 2004), 23-4-2004, cité par E. Ordway et B. Derains, Panorama de jurisprudence américaine, Doct. : GP 2004. 3964) ; toutefois, la Cour suprême n'a pas explicité ce qu'elle entendait par « méconnaissance manifeste de la loi », et les actions intentées en se fondant sur cette expression ont presque toutes été rejetées (Brandeis Intsel Ltd. v. Calabrian Chemicals Corp., 656 F. Supp. 160, S.D.N.Y. 1987) ; néanmoins, il a été jugé que la « méconnaissance manifeste de la loi » qui autorise le juge à refuser l'exequatur d'une décision arbitrale doit être entendue très restrictivement (Trafalgar Shipping Co. v. International Milling Co., 401 F.2d 568, 573,2d Cir. 1968) et qu'il y a « méconnaissance manifeste de la loi » uniquement lorsque les arbitres ont énoncé et compris correctement la loi mais ont décidé de l'ignorer (Siegel v. Titan Industrial Corp., 779 F. 2d 891, 893, 2d Cir.1985).
Au Royaume-Uni, il a été jugé :
– en présence d'une demande d'exequatur d'une sentence rendue sur le fondement du droit suisse sur la base d'un arbitrage dont le siège était en Suisse, que la différence entre le droit anglais et le droit suisse ne justifiait pas le refus d'exequatur « en vertu de la politique de maintien en vigueur des sentences arbitrales internationales (High Court of Justice, Queen's Bench Division, Commercial Court, 24-5-1999, Omnium de traitement et de valorisation (OTV) c/ Hilmarton Ltd : Rev. arb. 1999.867 obs. P. Lastenouse) ;
– que la qualification d'ordre public doit être traitée avec une extrême précaution, la responsabilité des cours impliquant dans le commerce international de favoriser tout le temps le développement du commerce global et international (The High Court of Justice Queen's Bench Division Commercial Court 6-6-2017, Mr Justice Knowles CBE Between : (1) Anatolie Stati (2) Gabriel Stati (3) Ascom group S.A. (4) Terra Raf Trans traiding LTD Claimants and The Republic of Kazakhtan).

426 L'ordre public international est **évolutif** ; il n'est pas immuable et tend à épouser son temps. Cette directive ressort d'une décision française et de deux décisions de common law.

En France, la Cour de cassation a refusé de considérer la réserve héréditaire comme d'ordre public international français « en soi » en faisant abstraction des conséquences concrètes de l'application de la loi étrangère (Cass. 1e civ. 27-9-2017 n° 16-13.151 : D. 2017.2185 note Guillaumé). Comme le relève Laurence Usunier (RTD civ. 2017 p. 833), les valeurs nationales les plus ancrées sont fragilisées si elles sont démenties par l'existence de principes opposés dans des États qui partagent avec l'État du for « une communauté de droit », ce qui réduit l'ordre public international français à « la portion congrue » ; elle en conclut que « la source de l'ordre public international n'est pas exclusivement interne à l'ordre juridique du for, car l'exigence d'ouverture à l'autre dont le mécanisme est porteur et le regard tolérant qu'il invite à poser sur les droits étrangers font aussi de ces derniers une force créatrice de la conception locale de l'ordre public international ».

Au Royaume-Uni, deux décisions de la Cour suprême du 4 novembre 2015 (Cavendish Square Holding BV v. Talal El Makdessi et ParkingEye Limited v. Beavis [2015] UKSC 67), présentées par Yves Wehrli (associé, Clifford Chance, Managing Partner Paris et Europe Continentale) sont relatives à l'évolution de la conception anglaise de la clause pénale (RDC 2015.817). Selon cet auteur, le critère traditionnel utilisé par les juges anglais opposait l'évaluation correspondant à une « honnête estimation du préjudice » (liquidated damages clauses) à celle, excessive, destinée à contraindre l'autre partie à exécuter son obligation (penalty clauses). La Suprême Court a décidé, le 4 novembre 2015, de maintenir le principe de la « penalty rule », tout en jugeant que ce critère posé de longue date pour qualifier les clauses litigieuses n'était plus adapté aux situations contractuelles complexes d'aujourd'hui. Le juge devra désormais apprécier si ce qui a été convenu entre les parties est en dehors de toute proportion eu égard à l'intérêt légitime du créancier à l'exécution de l'obligation. Si tel est le cas, la clause sera qualifiée de clause pénale et ne pourra pas être appliquée. Mais le juge pourra inversement reconnaître qu'une partie peut, en certaines circonstances, légitimement avoir un intérêt à obtenir l'exécution d'une obligation et pas seulement à obtenir réparation du préjudice découlant de sa non-exécution. La décision Laminoires. v. Southwire Co., 484 F. Supp. 1063 (N.D. Ga. 1980, voir n° 423) rendue, en 1980, aux États-Unis et refusant l'exequatur d'une décision appliquant une clause pénale comportant une peine et non la seule réparation des dommages pour violation de l'ordre public américain ne saurait donc désormais, telle quelle, être justifiée au regard de la nouvelle jurisprudence de Cour suprême du Royaume-Uni, qui oblige le juge à rechercher l'intérêt légitime du créancier à obtenir l'exécution, rejoignant ainsi la solution civiliste majoritairement partagée dans le monde.

L'évolution du droit anglais des contrats ressort également de l'ouvrage de C. Le Gallour et S. Wesley (Droit Anglais des Affaires : Précis Domat 2018). Il peut être ainsi relevé que :

- l'interprétation objective du contrat est atténuée par une interprétation subjective quand la première conduit à une solution inadmissible pour le sens commun (Droit Anglais des Affaires : Précis Domat 2018 n° 377) ;
- la solution courante selon laquelle le contrat doit être entendu strictement et toute obligation doit y trouver sa contrepartie, de sorte que le contrat n'oblige qu'à ce qui y est formellement exprimé, peut être dépassée, pratiquement lorsqu'il est raisonnable qu'il en soit ainsi (Droit Anglais des Affaires : Précis Domat 2018 nos 396, 398 et 415) ;
- le contractant qui sait doit informer la partie qui légitimement ne sait pas (Droit Anglais des Affaires : Précis Domat 2018 n° 463 : remise en cause du principe contraire posé en 1851 par une série d'exceptions).

427 Doivent être considérées comme d'ordre public international les règles servant l'**intérêt général** de l'État dont l'ordre juridique est en cause et celles protégeant un **intérêt privé** dont la violation est pour cet État intolérable même dans les échanges contractuels internationaux (en ce sens, International Law Association New Delhi Conference (2002) rapport final).

B Ordre public international des règles de procédure

Ordre public international applicable à la clause attributive de compétence

428 Lorsque les parties choisissent d'insérer une clause attributive de compétence dans leur contrat, elles doivent choisir la juridiction en tenant compte des règles de procédure d'ordre public que le juge devra appliquer pour juger de la validité de ce contrat et accorder le titre exécutoire recherché.

429 **Ordre public international des règles de procédure pour le juge français** Le juge français estime d'ordre public justifiant un refus de reconnaissance d'une décision les règles qui compromettent objectivement les intérêts d'une partie par une violation des **principes fondamentaux de la procédure** (Cass. 1e civ. 19-9-2007 n° 06-17.096 : Rev. crit. 2008.617 note Pataud), notamment ceux relatifs :
- aux droits de la défense (TGI Seine 10-4-1962 : Clunet 1963.1080 note Sialelli : délai de comparution de deux jours jugé insuffisant ; TGI Paris 3-12-1990 : Bull. inf. C. cass. 1991.643 : traduction en langue française de l'acte introductif d'instance, réclamée dès la délivrance de celui-ci, mais établie plus de six ans après) ;
- à la possibilité d'exercer des voies de recours (Cass. 1e civ. 6-2-1973 : Bull. civ. I p. 41) ;
- à la clarté d'exposition de l'argumentation, qui fait défaut si le juge français ne parvient pas à comprendre le sens de la décision en cause (Cass. civ. 11-7-1961, 2 arrêts : D. 1961.577 note Holleaux ; Cass. civ. 17-10-1972 : Rev. crit. 1973.556 note Francescakis ; CA Paris 18-1-1980 : Rev. crit. 1981.113 note Holleaux) ;
- à la motivation des décisions étrangères ; si celle-ci est jugée insuffisante par le juge français, le demandeur en exequatur doit produire des documents de nature à servir d'équivalent à la motivation (Cass. 1e civ. 28-11-2006 n° 1671 : Bull. civ. I n° 520 ; Cass. 1e civ. 22-10-2008 n° 06-15.577 : D. 2009.59 note Motte-Suaniti ; Cass. 1e civ. 1-9-2015 n° 14-13.641 : Bull. civ. I n° 187) ; cette motivation défaillante ne peut pas être complétée par une décision interprétative rendue postérieurement à la saisine du juge de l'exequatur (Cass. 1e civ. 14-11-2012 n° 11-23.871 : JDI 2013.1176 note Chalas) ou par une attestation du juge étranger ayant rendu le jugement impropre à constituer une motivation (Cass. 1e civ. 9-9-2015 n° 14-13.641 : RJDA 12/15 n° 886) ;
- au prononcé d'une condamnation qui, en droit français, suppose que la condamnation ait été demandée (TGI Paris 24-11-1977 : JDI 1981.80 note Lyon-Caen) ;
- à l'impartialité et à l'indépendance des juridictions en cause qui ont participé à la décision (cf. Cass. 1e civ. 3-12-1996 n° 94-20.986 : Bull. civ. I n° 427 ; cf. Cass. 1e civ. 30-1-2013 n° 11-10.588 : RJDA 7/13 n° 682) ;
- au principe de l'égalité des armes, mais auquel il peut être renoncé car il n'est qu'un ordre public de protection (CA Paris 14-5-2019 n° 16/16502, jugeant que les conditions des pièces produites par une partie constitue une violation du principe auquel la partie l'invoquant n'avait pas renoncé) ;
- à la loyauté procédurale, désormais aussi reconnue sous l'appellation d'« estoppel », qui interdit à une partie d'invoquer une prétention qui contredit une prétention qu'elle a exprimée antérieurement (cf. Cass. 1e civ. 10-4-2019 n° 18-12.805 FD : RJDA 8-9/19 n° 553, solution retenue dans l'ordre interne mais qui est transposable dans l'ordre public international français, la loyauté procédurale ayant été imposée en matière d'arbitrage international : n° 432).

430 En revanche, n'est **pas contraire** à l'ordre public international français de procédure :
- la limitation de la possibilité de faire appel (Cass. 1e civ. 17-1-2006 : JCP G 2006.IV.1292) ;
- la décision qui a été rendue par défaut du fait de la défaillance volontaire du défendeur dûment assigné (Cass. 1e civ. 23-1-2008 n° 07-11.768 : Rev. crit. 2008.636 note Ancel) ;
- la décision dépourvue de motivation, dès lors que le juge s'est assuré, par des motifs pertinents, que la juridiction étrangère s'était expliquée dans sa décision, de manière implicite mais nécessaire, sur le moyen de défense qu'elle avait écarté, tiré de l'existence d'une fraude (Cass. 1e civ. 15-5-2018 n° 17-13.453 F-D : RJDA 2/19 n° 156).

431 **Ordre public international de procédure du juge de common law** Comme le juge français, le juge de common law anglaise veille au respect des droits de la défense comme le révèle la décision rendue à Hong-Kong précitée n° 416.

Il en est de même du juge de common law canadienne pour lequel seul un motif sérieux (« strong cause ») peut faire échec à l'attribution de compétence à un tribunal étranger dans un contrat commercial ; un motif sérieux peut tenir notamment aux faits suivants :
- vice du consentement ;
- refus ou incompétence du tribunal désigné ;
- nature du recours ou circonstances ne correspondant pas aux attentes raisonnables des parties telles qu'appréhendées au moment de la conclusion de la clause ;
- changement de circonstances depuis la conclusion de la clause faisant qu'un procès équitable n'est plus envisageable devant le tribunal désigné ;
- violation manifeste de l'ordre public (CA Ontario, Expedition Helicopters Inc. c/ Honeywell Inc. : JDI 2011.163 obs. G. Saumier).

Ordre public international applicable à la clause d'arbitrage

432 Les parties qui choisissent de recourir à l'arbitrage doivent s'assurer que la juridiction du lieu où la sentence doit être prononcée accepte le recours à l'arbitrage et, dans l'affirmative, que la clause d'arbitrage est compatible avec l'ordre public de cette juridiction. De ce point de vue, les solutions suivantes sont à noter.

Solutions françaises. Les tribunaux français jugent que le recours à l'arbitrage n'est pas exclu du seul fait que des dispositions impératives, fussent-elles constitutives d'une loi de police, sont applicables (Cass. 1e civ. 7-6-2006 n° 963 : Rev. arb. 2007.545 obs. J. Rouche ; Cass. 1e civ. 8-7-2010 n° 09-67.013 : Rev. arb. 2010.513 note R. Dupeyré, D. 2010.2884 note M. Audit et O. Cuperlier, JCP E 2011.1109 n° 3 obs. J. Béguin, PA 2011 n° 36 p. 12 note C. Bouttie). Il s'ensuit que les décisions invalidant la clause d'arbitrage pour violation de l'ordre public sont pratiquement inexistantes, du moins à notre connaissance.

Mais le principe de la loyauté procédurale, visé au n° 429, a été appliqué à la partie qui avait introduit un recours en annulation d'une sentence arbitrale et qui, ensuite, avait plaidé l'irrecevabilité de son recours au motif que la sentence critiquée n'en était pas finalement une (CA Paris 11-5-2006 : Rev. arb. 2006.som.489).

Solutions anglaises. Les juridictions anglaises interdisent que la clause d'arbitrage écarte les dispositions obligatoires de l'Arbitration Act de 1996 concernant les voies de recours contre la sentence en cas d'incompétence du tribunal arbitral ou d'irrégularité grave de la procédure (C. c/ D. : GP 2007.som.4172 obs. Dr. Julian DM Lew QC et Norah Gallagher) ;

Solutions de la Cour européenne des droits de l'Homme. La clause d'arbitrage doit être conforme aux conditions du procès équitable fixées par l'article 6 de la convention européenne des droits de l'Homme, là où cette convention est applicable.

Saisie d'une requête sur le droit à l'accès à un tribunal à propos d'une procédure d'arbitrage, la Cour européenne des droits de l'Homme (CEDH 9-12-1994, Raffineries grecques Stran et Stratis Andreadis, Série A, volume 300, 1995, p. 65-104, spécialement n° 39 p. 78 ; Rev. arb. 1996.283 et commentaire A. Bencheneb, Rev. arb. 1996.181) a retenu la violation de l'article 6, al. 1 de la convention européenne des droits de l'Homme au motif que cet article s'applique indépendamment de la qualité des parties, et de la nature de la loi régissant la contestation et l'autorité compétente pour trancher ; il suffit que l'issue de la procédure soit déterminante pour des droits et obligations de caractère privé. En l'espèce, une loi grecque avait prononcé l'invalidité d'une clause compromissoire acceptée par l'État grec ainsi que la sentence arbitrale rendue sur son fondement et le Gouvernement grec avait invoqué pour sa défense, aux termes de l'arrêt, que la clause d'arbitrage constituait un privilège accordé dans un cadre législatif bien particulier et concernait exclusivement les relations contractuelles entre le régime militaire et les requérants.

Par ailleurs, le tribunal de grande instance de Paris (TGI Paris 28-1-1987 : Rev. arb. 1987.371) a affirmé la « vocation » du tiers préconstitué (une institution d'arbitrage) « à prendre dans le respect de son règlement, les initiatives qui s'imposent pour donner à chacune des parties (...) les garanties essentielles propres à assurer un « procès équitable » au sens du droit interne et des engagements internationaux souscrits par la France, spécialement de l'article 6 de la convention européenne des droits de l'Homme et de l'article 14 du Pacte de New York relatif aux droits civils et politiques ». La cour de Paris

(CA Paris 18-11-1987 : Rev. arb. 1988.657 note Ch. Fouchard et commentaire approbatif de Ch. Jarroson) a, à son tour, reconnu aux arbitres la mission d'assurer eux-mêmes, en conscience et sous leur responsabilité, les conditions d'un « procès équitable » conforme aux principes généraux et fondamentaux du droit et, en tant que de besoin, aux dispositions de l'article 6 de la convention de sauvegarde des droits de l'Homme et de l'article 14 du pacte de New York, relatif aux droits civils et politiques.

Indirectement, la Cour de cassation a reconnu l'application à la procédure d'arbitrage de l'article 6 de la convention européenne des droits de l'Homme en relevant que le recours en annulation d'une sentence concluant un arbitrage international avait à bon droit été rejeté par les juges du fond car aucune méconnaissance de cet article n'était caractérisée par la décision arbitrale (Cass. 1e civ. 6-10-2010 n° 09-10.530 FS-PBI : RJDA 1/11 n° 94, D. 2010.2442.som. obs. X. Delpech).

Au sujet de l'application de la convention européenne, voir aussi les études suivantes : J.-F. Flauss : GP 1986.doctr.407 ; Ph. Fouchard : Rev. arb. 1987.256 ; E. Krings et L. Matray : Rev. dr. intern. et dr. comp., Bruxelles 1982.227 ; D. Wedam-Lukicin « Arbitration » : Journal of the Chartered Institute of Arbitrators.1998 n° 1.16.

CHAPITRE 3

Ordres publics particuliers

433 En écho à leur intérêt pratique et aux controverses dont ils sont l'objet, l'ordre public de l'Ohada, l'ordre public anglais et l'ordre public français sont présentés dans les développements qui suivent.

A Ordre public de l'Ohada

1 Dispositions textuelles applicables

434 À ce jour, l'Ohada a édicté des dispositions relatives à l'ordre public dans trois catégories de textes, qui sont :
- le Traité instituant l'Ohada (art. 25, al. 3 point 4) ;
- le Règlement d'arbitrage de la CCJA (Cour de justice et d'arbitrage de l'Organisation pour l'harmonisation en Afrique du droit des affaires) (art. 29 et 30) ;
- les Actes Uniformes dont particulièrement celui relatif au droit de l'arbitrage (art. 25 s. et 30 s.).

Ces dispositions subordonnent la validité et l'exécution des sentences arbitrales à leur compatibilité avec « l'**ordre public international** ». Elles supposent donc que soit déterminés le domaine d'application de cet ordre public et son contenu.

435 Aucune disposition de la législation de l'Ohada ne traite de la **reconnaissance et** de l'**exécution** des **décisions de justice étrangères**. Ces mesures relèvent donc de la législation de chaque État partie. Sauf promulgation de nouveaux textes depuis l'indépendance des États parties, elles sont régies, en vertu d'une disposition propre à leur Constitution, par le droit applicable au jour des indépendances (Boubacar Diambou, De l'application du droit étranger au Mali et par-delà dans les pays francophones de l'espace Ohada » : RDAA Juillet 2015, http://www.institut-idef.org/De-l-application-du-droit-etranger.html).

2 Champ d'application de « l'ordre public international »

436 Les textes susvisés au n° 434 subordonnent tous la validité et l'exequatur d'une sentence arbitrale par une formule identique qui impose le respect de « l'ordre public international ». À la lettre des textes, cet ordre public, s'applique :
- d'abord, aux **sentences rendues en vertu d'un arbitrage international**, c'est-à-dire en vertu d'un arbitrage relatif à un litige comportant un élément d'extranéité par rapport à tous les États parties de la zone de l'Ohada ou mettant en jeu les intérêts du commerce international de la zone avec les États qui lui sont étrangers ;
- ensuite, aux **sentences rendues en vertu d'un arbitrage** relatif à un litige n'ayant de liens **qu'avec des États parties** ou ne mettant en jeu que les intérêts du commerce réalisé à l'intérieur de la zone de l'Ohada ;
- enfin, aux **sentences rendues en vertu d'un arbitrage** relatif à un litige n'ayant de lien **qu'avec un seul État partie** et ne mettant en jeu que les intérêts du commerce interne à cet État.

437 À notre connaissance, le domaine d'application de « l'ordre public international » n'a été soulevé qu'une fois dans un arbitrage relatif à un litige interne à un État partie à l'Ohada impliquant deux sociétés immatriculées dans cet État et portant sur une activité interne audit État, à savoir le Bénin ; en l'espèce, a été écarté le moyen invoquant « l'ordre public international » en vue d'obtenir l'annulation de la sentence qui ne précisait pas en quoi la sentence attaquée n'était pas contraire à cet ordre public (CCJA 30-6-2011 nº 04, Sonapra c/ SHB : Le Juris-Ohada nº 2/2011 avr.-juin 2011 p. 12 ; Ohadata J-12-137). Quoique de portée limitée à l'hypothèse de l'espèce, cette décision laisse penser que le moyen pris de la violation de l'ordre public international a été écarté comme une évidence car la sentence n'avait qu'une portée interne au Bénin et ne concernait en rien des relations contractuelles internationales impliquant au minimum des relations entre deux États. En conséquence, « l'ordre public international » concerne sûrement la sentence relative à un **litige** qui n'a rien d'**interne** à la **zone de l'Ohada**.

438 À notre avis, l'ordre public international ne concerne pas la sentence ayant tranché un litige interne à la zone Ohada même s'il met en cause des relations entre deux États Parties. En effet, un tel litige a trait au commerce propre à la zone. Dès lors, il ne met pas en cause les intérêts extérieurs à celle-ci mais affecte les intérêts du commerce intérieur à la zone. En effet, l'ordre public international ne peut pas à la fois concerner le commerce extérieur à la zone et le commerce intérieur à celle-ci ; le commerce intérieur à la zone est, comme le dit l'expression qui s'est naturellement installée sous plusieurs plumes, le « **commerce communautaire** » qui, tout aussi naturellement, relève de « l'ordre public communautaire », distinct de « l'ordre public international » et de « l'ordre public interne à un État partie ou national ».

439 Il en résulte que **trois ordres publics** différents sont susceptibles de faire obstacle à l'exequatur d'une sentence demandé à une juridiction de la zone Ohada : l'ordre public international de la zone, l'ordre public communautaire de la zone et l'ordre public d'un État partie de la zone. Dans les développements qui suivent, seuls l'ordre public international de la zone et l'ordre public communautaire de celle-ci seront étudiés.

3 Contenu de « l'ordre public international » de l'Ohada

440 « L'ordre public international » n'est pas **défini** par les dispositions qui le visent (nº 434).

À notre connaissance, une seule décision de la CCJA a, sans le dire formellement, tenu pour impérative la disposition de son règlement d'arbitrage sur les honoraires des arbitres, dans sa rédaction antérieure au nouveau règlement en vigueur depuis le 23 février 2018, en précisant que « tout accord séparé entre les arbitres et les parties en violation de cette interdiction est nul et non avenu » (CCJA Ass. plén. 19-11-2015 nº 139/2015, République de Guinée c/ Getma International : http://www.ohada.com/jurisprudence/ohadata/J-16-132.html), étant précisé que cette disposition doit être considérée par les arbitres comme demeurant d'ordre public, l'article 24.4 du nouveau règlement d'arbitrage disposant que « Toute fixation d'honoraires sans l'aval de la Cour est nulle et de nul effet, sans que cela puisse constituer une cause d'annulation de la sentence ».

441 « L'ordre public international » est donc à **déchiffrer**.

Conformément aux règles relatives à la détermination d'un ordre public international non établi (nºs 424 s.), le contenu de cet ordre public est fonction de l'intérêt général de la zone Ohada et des intérêts particuliers dont la violation ne saurait être supportée par l'ordre juridique de l'Ohada.

Ces intérêts sont à apprécier en fonction des objectifs du Traité de l'Ohada mentionnés en son article 1, selon lequel : « Le présent traité a pour objet l'harmonisation du droit des affaires dans les États parties par l'élaboration et l'adoption de règles communes simples, modernes et adaptées à la situation de leurs économies ».

Au titre de la situation des économies des États parties doivent aussi être prises en considération les dispositions des traités fondant : l'Union économique et monétaire Ouest Africaine (UEMOA) (pour une application, voir CA com. Abidjan 6-12-2018 nº 0180/2018 : JCP E 2019.1252 nº 13 obs. P. Fieni, jugeant qu'un usage entre une banque et son client ne peut pas déroger aux dispositions des articles 80 et 84 du règlement 15/2002/CM/UEMOA relatif aux systèmes de paiement), la

Communauté économique des États de l'Afrique de l'Ouest (Cedao), la Communauté économique et monétaire de l'Afrique Centrale (Cemac). Doivent également être prises en considération les dispositions de la Charte africaine des droits de l'Homme (par exemple, celles relatives aux droits des populations autochtones).

4 Contenu de l'ordre public communautaire de l'Ohada

442 L'ordre public communautaire de l'Ohada est constitué par toute règle impérative qui s'impose aux juridictions africaines. Sont des éléments de cet ordre public :
– les dispositions des **actes uniformes** en vigueur au jour de la décision d'exequatur expressément dites d'ordre public, sanctionnées par la nullité ou le réputé non-écrit de l'acte contraire car les actes uniformes sont partie intégrante de l'ordre juridique de chaque État partie ;
– les dispositions des **traités** qui s'imposent en raison de leur autorité supérieure à toutes autres, à savoir les traités de l'UEMOA, de la Cedao, de la Cemac ainsi que la Charte africaine des droits de l'Homme ;
– les intérêts supérieurs qui font la finalité du traité instituant l'Ohada tels qu'ils ressortent de l'article 1 de ce traité selon lequel : « Le présent traité a pour objet l'harmonisation du droit des affaires dans les États-parties par l'élaboration et l'adoption de règles communes simples, modernes et adaptées à la situation de leurs économies ».
L'ordre public communautaire est donc plus étendu que « l'ordre public international » qui est limité (nº 441) aux dispositions des traités et tend spécialement au respect des intérêts vitaux de la zone.

B Ordre public anglais interne et international

443 Les développements qui suivent tendent à compléter les diverses solutions présentées sous la rubrique « Royaume-Uni » des développements qui précèdent. En raison de l'origine anglaise du « common law » qui a essaimé dans le monde et des références usuelles qui lui sont faites, les lignes suivantes tentent de cerner l'ordre public anglais interne et international plus fondamentalement. La démarche est menée à partir de l'ouvrage de Cécile Le Gallou et de Simon Wesley (Droit Anglais des Affaires : Précis Domat 2018).

Ordre public interne

444 Sont certainement d'ordre public interne :
– les **règles** qui sont **sanctionnées** ou qui peuvent l'être par la **nullité** de l'acte contraire : insanité d'esprit (Droit Anglais des Affaires : Précis Domat 2018 nºs 445 et 446) ; acte du représentant légal d'une personne morale en dehors de l'objet social (Droit Anglais des Affaires : Précis Domat 2018 nº 456) ; fait d'induire en erreur le cocontractant, sauf les cas d'exclusion de l'annulation (Droit Anglais des Affaires : Précis Domat 2018 nºs 466 s.) ; clause excluant ou limitant les remèdes à l'inexécution du contrat en cas de déclaration d'une partie induisant l'autre en erreur (Droit Anglais des Affaires : Précis Domat 2018 nº 556) ; clause résultant d'une incitation de la partie faible à l'accepter ou qui a été acceptée par cette partie sans qu'elle ait eu conscience de sa portée (Droit Anglais des Affaires : Précis Domat 2018 nº 557) ; le prix non déterminé ou non déterminable (Droit Anglais des Affaires : Précis Domat 2018 nº 620) ;
– la **sanction** de toute attitude **frauduleuse** (Droit Anglais des Affaires : Précis Domat 2018 nºs 465, 468, 556).

Ordre public international

445 Lorsque le caractère d'ordre public international d'une règle n'a pas été déterminé, comme il l'a été dans les solutions exposées aux n°s 414 s., il doit être apprécié selon les directives exposées aux n°s 424 s.

En contemplation de ces directives, notamment de celle posée par les juges anglais recommandant une interprétation restrictive de l'ordre public international d'un État, il apparaît que pourraient être retenues les solutions suivantes.

Devrait être **qualifiée d'ordre public international** :

- la règle refusant d'admettre la validité d'une modification orale des clauses écrites du contrat si les parties ont par une clause du contrat exclut toute modification orale (Droit Anglais des Affaires : Précis Domat 2018 n° 511) ;
- la vente de la chose d'autrui (Droit Anglais des Affaires : Précis Domat 2018 n° 553) ;

En revanche, ne devraient **pas** être **qualifiées d'ordre public international anglais** les règles suivantes :

- la règle généralement rapportée selon laquelle le juge doit apprécier les négociations du contrat, sa validité et son exécution sans tenir compte de la bonne ou mauvaise foi des parties, puisque les juges ont admis des exceptions, telles l'obligation de négocier de bonne foi ou l'obligation de résoudre un différend de bonne foi, et que beaucoup s'accordent à admettre la clause imposant d'apprécier dans des circonstances définies le comportement des parties en fonction de la bonne foi (Droit Anglais des Affaires : Précis Domat 2018 n°s 517 s.) ; ainsi, ne serait pas une clause que le juge anglais ne pourrait souffrir celle qui prévoirait que les attentes des parties concrètement exposées au contrat seront interprétées à la lumière de la bonne foi des parties ; il importe, en outre, de préciser que la bonne foi est admise dans les common law autres qu'anglaises : Australie, Canada, États-Unis, Singapour (Droit Anglais des Affaires : Précis Domat 2018 n° 520 ; sur la bonne foi tenue pour une règle universelle, voir Cour suprême des États-Unis 17-6-1974, précité n° 406) ;
- la clause de force majeure (Droit Anglais des Affaires : Précis Domat 2018 n° 527) ;
- la clause qui refuserait à une partie le pouvoir discrétionnaire d'apprécier certains faits et d'en tirer les conséquences car il s'agit d'une exception au principe universel fondant le contrat sur le consentement mutuel des parties (Droit Anglais des Affaires : Précis Domat 2018 n° 521) ;
- la clause qui sanctionnerait l'inexécution d'une obligation par le droit du cocontractant créancier d'obtenir l'exécution forcée en nature de cette obligation, le juge anglais pouvant l'accorder si certaines conditions sont remplies (Droit Anglais des Affaires : Précis Domat 2018 n° 569) ;
- la clause qui sanctionnerait expressément la violation de l'obligation essentielle pour perte de sa substance car cette suppression de la contrepartie vaudrait en droit anglais l'absence de considération.

Règles supplétives

446 Plusieurs règles peuvent être considérées comme ne revêtant pas un caractère d'ordre public ; ce sont notamment les règles relatives :

- au mandat (Droit Anglais des Affaires : Précis Domat 2018 n° 489), notamment celle admettant le mandat apparent (Droit Anglais des Affaires : Précis Domat 2018 n° 585) ;
- au transfert des obligations souscrites par le propriétaire d'un immeuble à l'acquéreur pour tout contrat (Droit Anglais des Affaires : Précis Domat 2018 n° 490) ;
- à la validité des clauses exclusives ou limitatives de responsabilité raisonnables, telles la clause qui est la contrepartie du risque pris dans le contrat par la partie bénéficiaire, la clause qui est proportionnée au rapport de force des parties ou la clause relative à la fourniture d'un bien ou d'un service fait sur mesure pour la partie faible (Droit Anglais des Affaires : Précis Domat 2018 n° 557) ;
- à la liberté de fixer le prix TTC ou hors taxe (Droit Anglais des Affaires : Précis Domat 2018 n° 621) ;
- à la faculté de qualifier de déterminante une déclaration non essentielle (warranty) et d'en faire une obligation (Droit Anglais des Affaires : Précis Domat 2018 n° 629) ;
- à l'obligation de livrer une chose conforme à sa destination en considérant cette condition comme devant constituer un élément de sa qualité (Droit Anglais des Affaires : Précis Domat 2018 n° 631).

C Ordre public interne français

Champ d'application

447 L'ordre public interne français est appliqué aux contrats qui ne comportent aucun élément d'extranéité ou aucun rapport avec le commerce international au sens défini au n° 402.

Cet ordre public est constitué par toutes les **dispositions impératives** de l'ordre juridique français, quel que soit le nom par lequel elles sont désignées.

Selon la terminologie en usage dans l'ordre juridique français, les règles qui s'imposent aux parties à un contrat sont, selon le cas, dites d'ordre public, impératives, publiques, de police, d'application immédiate ou créant des droits dont les parties n'ont pas la libre disposition. Emportant l'interdiction faite aux parties d'y déroger, elles sont assimilables à des règles d'ordre public. C'est pourquoi nous les confondons dans nos développements sous l'expression « ordre public ».

Des juges partagent cette conception et qualifient d'ordre public des règles que les auteurs tiennent généralement pour des lois de police (Cass. com. 9-5-1983 : JCP G 1983.II.20045 note Eck : textes relatifs au contrôle des changes ; Cass. soc. 25-5-1977 : JCP G 1977.IV.185 : dispositions relatives aux conditions de travail ; CA Versailles 19-12-1994 X191294-1001 : D. 1995.IR.65 : droit moral d'auteur). Il en est de même de la part des arbitres (Sentence CCI n° 4132 en 1983 : Yearbook 1985.49 : « The national public law, antitrust law, price law, fair trade law, is by nature of public order. Usually, the very application of those public laws is based upon consideration of national public policy »).

Sources de l'ordre public interne français

448 L'ordre public interne français est inscrit dans les **traités et le droit dérivé**, notamment celui de l'Union européenne, les conventions internationales, les lois, les ordonnances et les règlements lorsque ceux-ci disposent expressément que telle disposition est d'ordre public, ou qu'elle est applicable nonobstant toute convention contraire ou quelles que soient les stipulations des parties, ou encore que toute convention contraire est nulle ou non écrite.

Le seul fait qu'une disposition soit pénalement sanctionnée n'implique pas nécessairement que la mesure est d'ordre public dans les relations privées et que toute convention contraire doit être annulée.

449 Dès lors que la **loi** ou le **règlement** ne **précise pas** lui-même **s'il est ou s'il n'est pas d'ordre public**, il appartient au juge de décider de son caractère d'ordre public. Le juge est alors quasiment maître du contenu de l'ordre public. C'est pourquoi il est recommandé aux parties de provoquer elles-mêmes dans leurs conclusions un débat sur la qualification d'ordre public pour forcer le juge à motiver sa décision, comme le lui demande la Cour de cassation (Cass. civ. 28-2-1984 : GP 1984.350).

Détermination de l'ordre public français non établi

Mémento Droit commercial n°s 74259 s.

450 Si aucune disposition ni aucune décision de justice n'a qualifié la règle en cause d'ordre public, il appartient aux cocontractants de se demander si la règle est d'intérêt général français ou protectrice d'intérêts privés déterminés.

Cette appréciation se fait sous le couvert du principe qui veut que la liberté des conventions est le principe, l'ordre public étant l'exception, ce qui entraîne une interprétation stricte de l'ordre public.

Sanction de l'ordre public interne français

Mémento Droit commercial n°s 16650 s. et 74275 s.

451 L'atteinte à l'ordre public interne français est principalement sanctionnée par la nullité du **contrat vicié pour illicéité**.

L'atteinte à l'ordre public de direction est sanctionnée par une nullité absolue que tout intéressé peut demander et ne peut pas être ratifiée ; l'obligation illicite doit être l'objet d'un nouvel engagement conforme à la règle méconnue.

L'atteinte à l'ordre public de protection est sanctionnée par une nullité relative ne pouvant être demandée que par la partie protégée ; cette dernière peut renoncer à cette nullité mais seulement lorsque la cause de la nullité est apparue et que la partie protégée a eu conscience qu'elle pouvait se soustraire à son obligation viciée.

Ces critères sont légalisés par l'article 1179 du Code civil issu de l'ordonnance 2016-131 du 10 février 2016 aux termes duquel : La nullité est absolue lorsque la règle violée a pour objet la sauvegarde de l'intérêt général ; elle est relative lorsque la règle violée a pour seul objet la sauvegarde d'un intérêt privé.

452 Lorsque la loi le prévoit ou lorsque le juge le décide de lui-même, la **clause contraire** à l'ordre public interne peut être réputée non écrite. Dans ce cas, le contrat contenant cette clause survit.

Annexes

Précisions sur certains concepts et certaines pratiques

Annexes

500 Les solutions qui suivent sont de droit français, sauf indication contraire.

Homologation judiciaire

501 L'homologation judiciaire d'un acte a pour effet de donner à cet acte la valeur d'un titre exécutoire qui permet à son bénéficiaire de mettre en œuvre la voie d'exécution forcée adéquate à l'obtention du résultat attendu dudit titre. Il s'ensuit notamment que :
- la validité d'un accord transactionnel homologué peut être contestée devant le juge de l'exécution (Cass. 2e civ. 28-9-2017 n° 16-19.184 D : RTD civ. 2018.220 obs. Cayrol) ;
- une sentence ne devient jamais un jugement, même si elle a été homologuée par une juridiction étrangère ; ainsi, par exemple, l'homologation d'une sentence par la Haute Cour d'Angleterre ne peut pas avoir pour effet de lui rendre applicable la convention franco-britannique relative à l'exécution des jugements étrangers (Cass. civ. 14-6-1960 : JCP G 1961.II.12273 note Motulsky) ;
- un jugement étranger d'homologation d'un acte sous signature privée, qui a reçu l'exequatur en France, ne peut pas, en tant que tel, être exécuté au fond en France s'il est contraire à l'ordre public français ; par exemple, un testament ne peut être exécuté sur des immeubles situés en France que dans la mesure où il n'entame pas la réserve héréditaire (Cass. 1e civ. 4-7-2018 nos 17-16.515 et 17-16.522 FS-PB).

Inexécution fautive rentable mais non dommageable

502 La Cour suprême du Canada a jugé que l'inexécution rentable correspond à ce que les économistes décrivent comme l'optimum de Pareto : une partie peut être avantagée sans qu'aucune autre ne soit désavantagée ; en d'autres termes, personne n'y perd. Les tribunaux ne devraient pas décourager l'inexécution rentable. Cette absence de désapprobation rappelle que les dommages-intérêts pour inexécution contractuelle accordés par les tribunaux équivalent habituellement à la valeur du marché pour le demandeur » (Banque d'Amérique du Canada c/ Société de Fiducie Mutuelle, (2002) 2 RCS 601, spéc. § 31, cité par Laithier, La consécration par la Cour suprême du Canada d'un principe directeur imposant l'exécution du contrat de bonne foi : D. 2015.746 note 86).

La Cour de cassation de France a, pour sa part, jugé qu'une faute d'imprudence ne pouvait pas conduire à une indemnisation lorsqu'il n'en était résulté aucun préjudice (Cass. 1e civ. 22-5-2019 n° 18-16.150 PB). Agir de la sorte n'est pas juridiquement fautif puisqu'aucun tort n'est causé. Ce n'est pas non plus commettre une faute lucrative car celle-ci comporte un perdant puisqu'elle entraîne un dommage avec l'espoir que l'indemnisation sera d'un coût inférieur au profit retiré de la faute (Cass. com. 5-6-1920 : S. 1921.293).

Médiation

503 Le Baromètre de la médiation 2019 du Centre de la Médiation et de l'Arbitrage (JCP E 2019.483) donne des indications chiffrées concernant la pratique de la médiation qui sont instructifs sur l'usage et l'utilité de ce mode de règlement. Ces informations peuvent servir ceux qui s'interrogent sur l'adoption de cette procédure.

On apprend que :
- le coût moyen d'une médiation est de 5 000 à 6 000 € ;
- le montant en litige supérieur à 3 millions d'euros a augmenté de 13 points ;
- 72 % des dossiers portent sur un enjeu dépassant 150 000 € ;
- le taux d'accord obtenu est de 69 %.

Obligation essentielle

504 L'attention des parties est attirée sur l'extrême importance que revêt la détermination de l'obligation essentielle et de sa conformité à l'ordre public ; c'est de sa formulation que dépendra le respect par le juge de la qualification que les parties sont convenues de lui donner (sur un exemple de cette importance, voir dans la jurisprudence des États-Unis : CA du 5e Circuit de La Nouvelle Orléans 8-1-2018 : DMF 2019.153 commentaire Thomas).

L'obligation essentielle est :
- si le contrat est de vente, d'échange, d'apport en société, de prêt ou de rente viagère, la délivrance de la chose due ou prêtée ;
- si le contrat est de bail d'immeuble ou de location de meuble, la délivrance de la chose louée ;
- si le contrat est de garantie, l'objet de la garantie.

Portée des obligations promises

505 **Qualification des obligations en fonction de leur portée** Selon le cas, les obligations sont de résultat ou de moyen. Cette distinction est établie concrètement « au vu de l'ensemble des éléments de la cause » (Cass. 1e civ. 8-1-1985 n° 83-15.084 : Bull. civ. I n° 12) ; ainsi, un conseil en recrutement peut être, selon la formulation de ses engagements, tenu d'une obligation de moyen (CA Aix 24-4-1991 : JCP G 1992. IV.330) ou de résultat (CA Paris 18-10-1990 : D. 1990.IR.284).

506 **Obligation de moyen ou clause de best efforts** Dans les articles du Modèle de contrat (nos 100 à 335), les obligations contractées par les parties sont formulées comme des obligations de résultat. Toutefois, si les parties souhaitent ériger certaines de ces obligations en obligation de moyen, elles trouveront ci-après un éclairage sur la définition et la portée de cette obligation.
L'obligation de moyen impose au débiteur d'agir au mieux de ses facultés pour exécuter l'obligation.

Exemple **Obligation de moyen au sens du droit français**
Dans les relations d'affaires, ont été jugés être une obligation de moyen :
- l'obligation pour l'acheteur d'un bien mobilier avec clause de réserve de propriété de veiller à sa conservation (Cass. com. 26-5-2010 n° 09-66.344 : RJDA 10/10 n° 939) ;
- l'engagement pris par un professionnel de réaliser des placements de capitaux qui ne garantit pas aux clients les résultats prévisionnels des participations à un niveau maximal de rentabilité (CA Aix 13-4-1981 : Bull. Cour d'Aix 1981/2 p. 22) ;
- l'engagement pris par une société de réaliser une étude de marché qui, sauf promesse précise, ne garantit pas les ventes que cette étude prévoit, peu important que sa prévision soit très optimiste (CA Paris 12-6-1992 : JCP E 1992.pan.1089) ;
- la promesse de « s'efforcer » d'obtenir un résultat donné (Cass. com. 13-9-2011 n° 10-15.732 : RJDA 1/12 n° 46 som.) ou de « faire en sorte » d'obtenir un résultat déterminé (CA Paris 14-6-2017 n° 15/00827 : RJDA 11/17 n° 726).

Obligation de moyen au sens du droit des États-Unis
De l'article de D. Caramalli (Remarques et mise en garde pour la rédaction de clauses de « meilleure diligence » - « best efforts » : PA 2003 n° 116 p. 4), il ressort que les tribunaux américains, en général, fixent des limites aux obligations de « best efforts » ; ainsi :
- pour honorer ces obligations, le débiteur n'est pas obligé de subir des pertes substantielles (Zig v. Prentice-Hall (717 F.2d 671 énd Circ. 1983) ou de faire plus d'investissements que ceux prévus dans le contrat si de tels investissements doivent lui faire supporter des risques commerciaux supplémentaires (Macksey V. Egan, 36 Mass. App. Ct. 463 (Mass. App. Ct. 1994) ;
- le débiteur n'est tenu d'agir que dans la limite de ses capacités et de ses compétences et, notamment, peut se fier à son jugement professionnel de bonne foi (In re Chateugay Corp. et al. V. L/TV Corporation, et al. 186 B.R. 561 (S.D.N.Y. 1995) ;
- les parties sont encouragées à indiquer des éléments objectifs permettant aux juges de mesurer les efforts que le débiteur doit fournir (Tumberline Development L.L.C. v. Kromman, 702 N.Y.S. 2d 237) ; par exemple, jugé que la « meilleure diligence signifie que le débiteur fournira les ressources financières et humaines nécessaires et appropriées pour honorer les obligations stipulées » (United States v. City & Country of San Francisco, Case n° C-84-7089 MHP (consolitated), 1997 U.S. Dist. Lexis 21514, November 26, 1997).

Annexes

Perte d'une chance

507 Il y a perte d'une chance chaque fois qu'est constatée la disparition d'une éventualité qui aurait pu être favorable à celui qui l'invoque (Cass. 1e civ. 22-3-2012 n° 11-10.935 : Bull. civ. I n° 68), serait-elle même faible (Cass. 1e civ. 10-1-2013 n° 12-14.439 : RJDA 12/13 n° 977). C'est le cas si celui qui l'invoque peut établir qu'il aurait pu éviter ou retirer un profit si l'acte qu'il dénonce ne l'avait pas privé de cette possibilité ; par exemple, une entreprise soumissionnaire à un marché a perdu la chance d'obtenir le marché si elle a été écartée de l'adjudication par une décision illégale de l'administration.

Réparation du gain manqué

508 Il ressort d'une étude portant sur des sentences arbitrales du cabinet PricewaterhouseCoopers (F.S. Giaoui, Une évaluation innovante des dommages-intérêts pour traduire les faits en règles de droit et réduire l'imprévisibilité judiciaire : RDC 2019 p. 164, spécialement p. 172 s.) que les tribunaux arbitraux réparent le gain manqué en accordant très exceptionnellement des indemnités élevées (plus de 100 millions de dollars) et se limitent à 37 % du montant demandé avec 31 % des sentences prononçant 20 % ou moins du montant demandé et à 13 % du montant quantifié par les experts du demandeur. En revanche, lorsque les évaluations du défendeur se rapprochent de celles du demandeur, les arbitres en tiennent compte.
Les parties ont donc intérêt à s'efforcer de fixer elles-mêmes l'évaluation du gain manqué ou d'arrêter le montant maximum de cette évaluation ou, tout au moins, de déterminer les éléments à prendre en compte pour déterminer l'évaluation du gain manqué.

Rentabilité du contrat

509 Les dommages-intérêts comprennent l'indemnisation correspondant au gain que la partie lésée était en droit d'attendre de l'exécution du contrat. Selon le cas, ce gain correspond :
- à la rentabilité du Contrat à coûts constants ;
- au taux de retour sur investissement (TRI), dans le cas où une partie a dû procéder à un investissement pour obtenir les résultats commerciaux attendus du Contrat (par exemple lorsqu'une partie devient concessionnaire de la fourniture d'une prestation) ;
- à la marge brute que l'exécution du Contrat doit procurer, dans le cas d'une indemnisation d'un préjudice (par exemple celui d'une rupture brutale).

Exemple **Clauses d'indemnisation du manque à gagner**

France. L'indemnisation de la rentabilité escomptée du contrat, notamment dans le cas de la résiliation d'un contrat de crédit-bail a été ainsi prévue : « le locataire doit régler au bailleur (...) une somme HT égale à la différence entre, d'une part, la somme représentative de la rentabilité escomptée de l'opération (total des loyers HT dus jusqu'au terme du contrat et de la valeur résiduelle) et, d'autre part, le prix d'achat HT dudit matériel majoré des loyers HT perçus (...) » (Cass. com. 26-10-1993 : RJDA 2/94 n° 188).
La réparation intégrale requise en droit interne n'est pas d'ordre public international français (Cass. civ. 15-12-1969 : Rev. crit. 1971.512 note Bourel), notamment celle du préjudice moral (Cass. civ. 30-5-1967 : Rev. crit. 1967.728 note Bourel).

États-Unis. Une clause de paiement, en cas de résiliation du bail en raison d'un manquement du locataire à ses obligations, de tous les loyers dus jusqu'au terme fixé dans le contrat est valable (clause d'accélération) (Cumming Props. LLC v. National Communications Corp., 449 Mass. 490, 869 N.E.2d617 (2007)).
Un bailleur ne peut recouvrer tous les loyers qui auraient été dus, si le bail n'avait pas été résilié (pour inexécution contractuelle du locataire), que si le bail contient une clause spécifique en ce sens (clause d'accélération). Dans le cas contraire, le bailleur n'a le droit qu'aux loyers dus jusqu'à la date de la résiliation (Pierce v. Hoffstot, 211 Pa.Super. 380, 236 A.2d 828, 1967).

Signalons que, selon le droit de l'État de Pennsylvanie, la clause d'accélération du loyer ne peut s'appliquer que si le locataire peut retourner dans le local (Pierce v. Hoffstot, 211 Pa.Super, 380, 236 A.2d 828, 1967). Lorsque le locataire abandonne les lieux, le bailleur peut reprendre le local et demander l'application de la clause d'accélération des loyers ; le bailleur doit toutefois rendre compte au locataire des loyers qu'il aurait reçu d'un nouveau locataire (Ferrick v. W. Bianchini 69 A.3d 642 (2013)).

Royaume-Uni. La mise en jeu d'une clause résolutoire expresse au profit d'une partie pour tout manquement de son cocontractant à ses obligations contractuelles a été refusée au motif qu'elle n'était pas justifiée par les nécessités commerciales (« commercial commun sense »), les manquements du cocontractant n'ayant pas privé la partie les invoquant de l'entier bénéfice du contrat (Rice c/ Great Yarmouth Borough Council : RDC 2004.483 obs. B. Fauvarque-Cosson).

Retrait litigieux

510 Aux termes de l'article 1699 du Code civil, celui contre lequel on a cédé un droit litigieux peut s'en faire tenir quitte par le cessionnaire, en lui remboursant le prix réel de la cession avec les frais et loyaux coûts, et avec les intérêts à compter du jour où le cessionnaire a payé le prix de la cession à lui faite. Cette disposition, qui date de 1804, connaît dans le contentieux devant les tribunaux français des applications régulières. Si le retrait porte atteinte au droit de propriété du cessionnaire d'un droit de créance en l'évinçant, cette atteinte est, à la fois, justifiée par des motifs d'intérêt général, en ce qu'elle permet d'éviter la spéculation sur les créances litigieuses et d'abréger les instances engagées en vue de leur paiement, et proportionnée à ce double objectif, puisque le retrayé reçoit la somme à laquelle il a lui-même évalué la créance, après avoir mesuré les coûts associés à son recouvrement, la chance d'obtenir tout ou partie de son montant nominal et le risque d'exercice du retrait par le débiteur cédé (Cass. com. QPC 14-4-2016 n° 15-24.131 FS-D : RJDA 12/16 n° 1850 ; Cass. com. 7-7-2016 n° 16-11.389 : RJDA 3/17 n° 172 som.). Cette justification, fondée sur des considérations économiques d'intérêt général et de justice, est susceptible d'être validée par tout juge, peu important que la législation qu'il applique ne connaisse pas la faculté de retrait, car elle prend en compte les objections qui pourraient être avancées à l'encontre du retrait litigieux au titre de l'exception d'ordre public du juge saisi de la validité de la clause d'un contrat instituant ce retrait.

Sommaire analytique

Chapitre 2

L'avant-contrat

Chapitre 3

Contrat définitif

36893-487 (I) - AH 70 g - NOR (LCO)
Achevé d'imprimer en mars 2023 par CPI Bussière
18200 Saint-Amand-Montrond
N° d'impression : 2070406
Dépôt légal : mars 2023

Imprimé en France